suhrkamp taschenbuch
wissenschaft 1075

»Ein rares Exempel eines zutiefst humanen Buches ist die Sammlung verschiedener Schriften des Psychoanalytikers M. Masud R. Khan. Der Titel *Erfahrungen im Möglichkeitsraum* deutet bereits den mehrdimensionalen Zugang zum verborgenen Selbst an, den Khan anhand von Lebensgeschichten darstellt.« (Rainer Appell)

»Die klinische Arbeit, von der ich in diesem Buch erzähle, beansprucht keineswegs, eine ›wissenschaftliche‹ Abhandlung über das Leiden des *Anderen* anzubieten. Vielmehr ist sie ein Versuch zum gemeinsamen Diskurs zwischen mir und dem *Anderen*, in dem jeder von uns seine eigenen Beiträge liefert – oder sich ihrer auch enthält. So finden in dem von Freud erfundenen Übergangsraum, der gewöhnlich als analytische Situation bezeichnet wird, Begegnungen statt, in denen das vorhandene Nicht-Vertrauen auf beiden Seiten nur allmählich abgebaut und es mitunter möglich wird, daß jeder sein verborgenes Selbst mit dem Anderen teilt. Neugierde ist hierbei nur störend, unser metapsychologisches Vokabular ein Hindernis. Man lernt, das Unerklärliche zu tolerieren, um das Gespräch zu ermöglichen und auf diese Weise jenes unvorhersagbare Wachstum zu erzeugen, das, wenn es sich verwirklicht, ›Heilung‹ genannt wird.«

Von M. Masud R. Khan ist im Suhrkamp Verlag außerdem erschienen: *Entfremdung bei Perversionen*, 1983 und 1989 (stw 775).

M. Masud R. Khan

Erfahrungen im Möglichkeitsraum

Psychoanalytische Wege zum verborgenen Selbst

Übersetzt von Elisabeth Vorspohl

Suhrkamp

Titel der Originalausgabe:
Hidden Selves.
Between Theory and Practice in Psychoanalysis
The Hogarth Press, London 1983

Die Deutsche Bibliothek – CIP-Einheitsaufnahme
Khan, M. Masud R.:
Erfahrungen im Möglichkeitsraum :
psychoanalytische Wege zum verborgenen Selbst /
M. Masud R. Khan.
Übers. von Elisabeth Vorspohl. –
1. Aufl. – Frankfurt am Main :
Suhrkamp, 1993
(Suhrkamp-Taschenbuch Wissenschaft ; 1075)
Einheitssacht.: Hidden selves <dt.>
ISBN 3-518-28675-7
NE: GT

suhrkamp taschenbuch wissenschaft 1075
Erste Auflage 1993

Satz und Druck: Wagner GmbH, Nördlingen
Printed in Germany
Umschlag nach Entwürfen von
Willy Fleckhaus und Rolf Staudt

1 2 3 4 5 6 – 98 97 96 95 94 93

Inhalt

Danksagung 9
Vorwort 11

1. Freud und die Wendepunkte psychotherapeutischer Verantwortung 13
2. Jenseits des Traumerlebens 63
3. Der Mißmut des Hysterikers 77
4. Niemand kann seine Verrücktheit aussprechen . . 91
5. Von der Verschlossenheit zum gemeinsamen Leben 139
6. Das Geheimnis als Möglichkeitsraum 155
7. Der leere Kopf 173
8. Die böse Hand 223
9. Frühe Kindheit, Alleinsein und Wahnsinn 291
10. Brachliegen 295

Chronologische Bibliographie 305
Literatur 306
Namen- und Sachregister 319

Zur Erinnerung an
Anna Freud

Danksagung

In den Jahren, in denen die hier veröffentlichten Schriften entstanden, setzte mir eine beinahe tödlich verlaufende körperliche Erkrankung zu: Krebs. Ich möchte den im folgenden genannten Freunden, die mir geholfen haben und für mich da waren, wann immer ich sie brauchte, meinen Dank aussprechen: Professor Robert Stoller und Frau, Los Angeles; Henri und Martine Cartier-Bresson, J.-B. Pontalis und Dr. Victor Smirnoff, alle Paris; Sardar und Begum Jamil Nishtar aus Pakistan; Harry Karnac, London; Seine Exzellenz General Yakub-Khan, während dieser Jahre Botschafter Pakistans in Washington, Moskau und Paris; Mme. Tarfa Salem und ihren Töchtern, Lina und Mehreen, die alles Erdenkliche für mich taten, wenn es mir schlecht ging. Einen sehr persönlichen Dank möchte ich auch Dr. Barrington Cooper aussprechen, der sich als Arzt ohne Unterlaß um mich kümmerte.

John Charlton, Direktor der Hogarth Press, und Patricia White, meiner Literaturagentin, die meine Schriften und meinen Namen mit selbstlosem Eifer und Wohlwollen weiterhin im Umlauf hielten, möchte ich von Herzen danken.

Dank sagen möchte ich auch Marie Glucksman für ihre Hilfe bei der Druckvorbereitung dieses Bandes; Dr. John Gibson, der das Register zusammenstellte; und den Lektoren und Herausgebern der Zeitschriften und Bücher, in denen einige der Kapitel dieses Buches erstmals erschienen. Genaue Angaben zu den Erstveröffentlichungen finden sich in der Chronologischen Bibliographie, S. 305.

Februar 1983 *M. Masud R. Khan*

Vorwort

Geh, geh, geh, sprach der Vogel: die Menschen
Ertragen nicht sehr viel Wirklichkeit.
T. S. Eliot, Burnt Norton

Wenn man eine gute Erziehung genossen hat, zuweilen erfolgreich war und anderen aus vollen Händen gegeben hat, dann gelangt man an einen Punkt, an dem die Vergangenheit zum Nährboden wird, der die Gegenwart befruchtet. Diese Befruchtung des Selbst ist immer etwas, das man intensiv sucht, aber niemals vollständig erreicht, denn im tiefsten Innern haben wir Menschen Angst, selbst vor dem, was uns wachsen läßt. Also leben wir verborgen und im Innern gespalten, hin und wieder teilen wir ein wenig mit dem *Anderen,* vorwiegend aber verheimlichen wir, wachend wie träumend.

Die klinische Arbeit, von der ich in diesem Buch erzähle, beansprucht keineswegs, eine »wissenschaftliche« Abhandlung über das Leiden des *Anderen* anzubieten. Vielmehr ist sie ein Versuch zum gemeinsamen Diskurs zwischen mir und dem *Anderen,* in dem jeder von uns seine eigenen Beiträge liefert – oder sich ihrer auch enthält. So finden in dem von Freud erfundenen Übergangsraum, der gewöhnlich als analytische Situation bezeichnet wird, *Begegnungen* statt, in denen das vorhandene Nicht-Vertrauen auf beiden Seiten nur allmählich abgebaut und es mitunter möglich wird, daß jeder sein verborgenes Selbst mit dem Anderen teilt. Neugierde ist hierbei nur störend, unser metapsychologisches Vokabular ein Hindernis. Man lernt, das Unerklärliche zu tolerieren, um das Gespräch zu ermöglichen und auf diese Weise jenes unvorhersagbare Wachstum zu erzeugen, das, wenn es sich verwirklicht, »Heilung« genannt wird. Und *Heilung* heißt, die lustvolle Beschwerlichkeit jener Aufgabe zu leben – und zu erfahren.

Ich habe mit Hilfe von Metapher und Anekdote versucht mitzuteilen, wie der klinische Prozeß nach und nach zwei Personen in eine gemeinsame Beziehung verwebt und sie, wenn alles gut geht, rechtzeitig befähigt, sich würdevoll und zu den verborgenen Bereichen ihres Selbst erwacht voneinander zu trennen.

Mai 1982 *M. Masud R. Khan*

1

FREUD UND DIE WENDEPUNKTE PSYCHOTHERAPEUTISCHER VERANTWORTUNG

... self exiled in upon his ego...
Joyce, Finnegans Wake

Die meisten kritischen Würdigungen von Freuds Werk weisen nach, daß er der Tradition und den Methoden der Medizin, Psychiatrie und Neurologie am Ende des neunzehnten Jahrhunderts verpflichtet ist. Meine These lautet nun, daß Freud an einem kritischen Punkt der Entwicklung der Moderne in den europäischen Kulturen auftrat. Trilling (1955) sagte völlig richtig:

> Wenn ich das Verhältnis betrachte, in dem Freud zur Literatur steht, kommt mir als erstes in den Sinn, daß die Literatur sich dem Versuch widmet, eine Vorstellung vom Selbst zu entwickeln [...]. In nahezu jeder entwickelten Gesellschaft ist die Literatur in der Lage, sich vom Selbst – und dem Selbstsein der anderen – eine weit intensivere Vorstellung zu bilden, als die allgemeine Kultur es jemals vermag.

Da Freud sich nahezu ausschließlich mit dem Schicksal der Selbsterfahrung des Individuums beschäftigen sollte, war er schon aufgrund der Natur und des Materials seiner klinischen wie metapsychologischen Forschungen in die Tradition neuzeitlichen Denkens der europäischen Kulturen eingebunden.

Die Moderne hat sich in einem historischen Prozeß von mehr als drei Jahrhunderten entwickelt, bis ihre Identität sich gegen Ende des neunzehnten Jahrhunderts herauskristallisierte.

T. S. Eliot hat in seinem berühmten Essay »The Metaphysical Poets« (1921) behauptet: »Im siebzehnten Jahrhundert setzte eine Dissoziierung der Sensibilität ein, von der wir uns nie wieder erholt haben.«

Der französische Philosoph und Historiker Foucault ([1966] 1971) beschließt sein Buch über die Epistemologie »des Subjekts« mit den Sätzen:

> Eines ist auf jeden Fall gewiß: der Mensch ist nicht das älteste und auch nicht das konstanteste Problem, das sich dem menschlichen Wissen gestellt hat. Wenn man eine ziemlich kurze Zeitspanne und einen begrenzten geographischen Ausschnitt herausnimmt – die europäische Kultur seit dem sechzehnten Jahrhundert –, kann man sicher sein, daß der Mensch eine junge Erfindung ist. (S. 462)

An den Anfang seines Buches *Das Ende der Aufrichtigkeit* ([1972] 1980) stellt Trilling die Behauptung,

> daß das moralische Leben Europas sich an einem bestimmten Punkt seiner Geschichte um ein neues Element erweitert hat, nämlich den Zustand oder die Eigenschaft des Selbst, die wir als Aufrichtigkeit [*sincerity*][1] bezeichnen.
>
> So wie wir das Wort heute verwenden, bezeichnet es in erster Linie die Übereinstimmung von mitgeteiltem und wirklichem Fühlen. (S. 12)

Ich habe diese Autoren zitiert, um nachzuweisen, daß in der Epistemologie der Selbsterfahrung des europäischen Menschen ein radikaler Wandel vor sich gegangen ist. Niemand kann seine genauen Anfänge bestimmen: irgendwann im

1 Hier und im folgenden: eckige Klammern kennzeichnen Ergänzungen der Übersetzerin.

sechzehnten Jahrhundert setzt der Prozeß der Moderne ein. Welche Faktoren ihn auslösten, ist genauso unklar: es finden sich nicht zwei Gelehrte, die über diesen Punkt Einigung erzielten. Die Komplexität wie auch die Ambiguität der unzähligen, kulturell wirksamen Kräfte zwingen jeden von uns zu einem eigenen Versuch, die entscheidenden Elemente herauszuarbeiten.

Seit den Anfängen menschlicher Kulturen hat der Mensch, soweit wir wissen, seine eigene *Existenz* immer durch *den Anderen* erfahren, wahrgenommen und empfunden. Dieser *Andere* war immer ein nicht-menschliches Wesen: ein Fetisch (wie in den primitiven afrikanischen Kulturen); ein Idol (das beste Beispiel ist Buddha); anthropomorphe, übermenschliche Wesen (die Götter der Griechen liefern hier Beispiele in Hülle und Fülle) oder Gott, jene einzigartige Erfindung der monotheistischen Religionen (Judentum, Christentum und Islam). Irgendwann im sechzehnten Jahrhundert begann all dies sich zu verändern (vgl. Gay 1966).

Das revolutionärste Kennzeichen des neuzeitlichen Denkens ist der Entschluß des europäischen Menschen, der alleinige Zeuge [die einzige und selbständige Gewissens- und Erkenntnisinstanz] seiner selbst zu sein und Gott aus seinem inneren Verhältnis zu sich selbst und seiner persönlichen Beziehung zu anderen Menschen nach und nach auszuschließen. Das Resultat dieser Entwicklung stellte Nietzsche ([1882] 1966) in seiner Parabel vom »tollen Menschen« dar:

> *Der tolle Mensch.* – Habt ihr nicht von jenem tollen Menschen gehört, der am hellen Vormittage eine Laterne anzündete, auf den Markt lief und unaufhörlich schrie: »Ich suche Gott! Ich suche Gott!« – Da dort gerade viele von denen zusammenstanden, welche nicht an Gott glaubten, so erregte er ein großes Gelächter. Ist er denn verlorengegangen? sagte der eine. Hat er sich verlaufen, wie ein Kind? sagte der andere. Oder hält er sich versteckt? Fürchtet er sich vor uns?

> Ist er zu Schiff gegangen? ausgewandert? – so schrien und lachten sie durcheinander. Der tolle Mensch sprang mitten unter sie und durchbohrte sie mit seinen Blicken. »Wohin ist Gott?« rief er, »ich will es euch sagen! *Wir haben ihn getötet* – ihr und ich! Wir alle sind seine Mörder!« (S. 126 f.)

Gleichzeitig mit der Zurückweisung Gottes durch den europäischen Menschen kommt ein weiterer Prozeß in Gang: die Vergottung der Maschine. Am Ende des neunzehnten Jahrhunderts wurde das Leben der Menschen nicht nur von Maschinen beherrscht, vielmehr war *die Maschine* selbst zum Modell geworden, nach dem der Mensch seine eigene Natur und seinen Charakter zu erklären, zu verstehen und zu steuern begann. Zwei Konsequenzen aus der Allgegenwart der Technik in den Beziehungen des Menschen bestimmen den Charakter der Neuzeit. Bei der ersten handelt es sich um die Verlagerung der Worte aus der gesprochenen und gemeinsamen Rede in die Erzeugnisse des Buchdrucks (vgl. McLuhan [1962] 1968); bei der zweiten um die Erfindung des neuen photographischen Bildes. Sie brach mit der humanistischen Tradition der Bildkunst in Europa und weckte mit dem Aufkommen der Filmtechnik zugleich das Verlangen nach ebenso halluzinatorischen wie asyntaktischen visuellen Erlebnissen (vgl. Ortega y Gasset [1925] 1978).
Bisher habe ich die kulturellen Prozesse angedeutet, die die Modernität prägen. Nun werde ich mich mit drei Gestalten befassen, denen das neuzeitliche Denken seine besondere, spezifische Richtung und seinen Charakter verdankt: Montaigne, Descartes und Rousseau.

Michel de Montaigne (1533-1592)

In dem Versuch des europäischen Menschen, sich selbst zu erforschen und zu erkennen, markieren die *Essais* (1580-

1588)[2] von Montaigne einen revolutionären Neuansatz. Ihre Einzigartigkeit beruht auf der Tatsache, daß Montaigne sich das Recht nimmt, alleiniger Zeuge seiner selbst zu sein, und zwar sowohl in der Privatheit des Umgangs mit sich selbst als auch in seinen Beziehungen zu anderen Menschen, denn »es gibt keinen so sicheren Zeugen, wie es jeder einzelne sich selbst gegenüber ist« (II. Buch, 16. Kap.). Noch wichtiger ist dabei, daß Montaigne weder ein absolutes Wissen noch eine idealisierte Erfahrung des Menschen anstrebt. Einer seiner letzten Essais, »Von der Eitelkeit«, in dem er sein Bedürfnis rechtfertigt, die Essais zu schreiben und über sein Leben Zeugnis abzulegen, schließt mit den Worten:

> Wenn sich andere ebenso aufmerksam betrachteten, wie ich mich, so würden sie sich ebenso, wie ich mich, voller Nichtigkeit und Torheit finden. Sie ausmerzen kann ich nicht, ohne mich selber mit auszumerzen. Wir sind alle ganz durchtränkt davon, die einen wie die andern; aber jene, die es wissen, kommen dabei ein wenig besser weg, und auch dessen bin ich nicht sicher. (Montaigne [1984], S. 783)

Die Akzentverschiebung von der Weisheit auf das Bewußtsein lenkte die Epistemologie der Selbsterfahrung in eine empirische Richtung. Im selben Essai durchschaut Montaigne die ganze Widersprüchlichkeit, die die Weisheit für uns zur Folge hat:

> Die menschliche Weisheit kam noch nie den Aufgaben nach, die sie sich selbst vorgeschrieben hatte, und wenn sie ihnen nachgekommen wäre, hätte sie sich weitergehende vorge-

2 Im folgenden zitiert nach: Michel de Montaigne, *Essais*, ausgewählt und übersetzt von Herbert Lüthy, Zürich (Manesse), 5. Auflage 1984; die Übersetzung der in Lüthys Textauswahl nicht enthaltenen und hier ohne Seitenangabe zitierten Stellen erfolgte nach der französischen Ausgabe der *Essais*, hg. von A. Thibaudel und M. Rat, Paris (Gallimard) 1962.

schrieben, denen sie ebenso nachstreben und die sie sich vorgeben würde, so sehr ist unsere Befindlichkeit der Feind des Beständigen. Der Mensch gebietet sich selbst, sich notwendigerweise im Irrtum zu befinden.

Für Montaigne gibt es Bewußtsein nur aus gelebter Erfahrung, das Mittel der Selbsterforschung ist sein Urteilsvermögen, und was er erstrebt, ist das gute, gewöhnliche Leben. Ebensowenig idealisiert er seine Berufung zum Schriftsteller:

> Wie immer ich sei, ich will es anderswo als auf dem Papier sein. Meine Kunst und meinen Fleiß habe ich darauf gewendet, selbst tüchtiger zu werden; meine Bücher, um handeln, nicht um schreiben zu lernen. Ich habe alle meine Kräfte daran gesetzt, mein Leben zu gestalten. Das ist mein Beruf und mein Werk. Ich bin weniger ein Büchermacher als der Mann jedes andern Geschäfts. (»Über die Ähnlichkeit der Kinder mit ihren Vätern«, Montaigne [1984], S. 597f.)

Und das Bewußtsein beruht für Montaigne auf der Psychologie, nicht auf der Moral, denn Ziel des Bewußtseins ist das Streben nach Glück, d. h. nach dem Freisein von Schmerz, und zwar nicht dadurch, daß die Schattenseiten der menschlichen Natur verdrängt oder verleugnet werden. Das formuliert er ausdrücklich in seiner »Apologie des Raimund Sebundus«:

> Ich bin froh, wenn ich nicht krank bin, aber wenn ich es bin, will ich wissen, daß ich es bin; und wenn man mich ätzt oder schneidet, will ich es spüren. In Wahrheit würde derjenige, der die Kenntnis des Schmerzes ausrottete, zugleich die Kenntnis der Lust ausrotten, und damit schließlich den Menschen vernichten [...].

Weiter unten werde ich erläutern, auf welchem Weg Freud in der Psychotherapie zu demselben Schluß kommen sollte.

Ich hoffe, daß diese Zitate eine gewisse Vorstellung von Montaignes grundsätzlicher Denkweise vermitteln konnten. Es gibt aber einige Umstände in seinem Leben, die erwähnt werden müssen, weil sie wesentlich zur Entwicklung seines Denkens beigetragen haben.

Montaigne wurde in Bordeaux von einem Vater, der ihn liebte, in einem wohlhabenden, adligen Hause erzogen. Die schicksalhafteste Beziehung seines Lebens war die zu seinem Freund Étienne de la Boétie, der etwa drei Jahre älter war als er. Sie hatten sich wahrscheinlich 1559, als Montaigne Mitglied des *parlement* von Bordeaux wurde, kennengelernt, und ihre Freundschaft war ebenso kurz wie intensiv und gegenseitig. Ganz plötzlich starb La Boétie, sehr jung, im Jahre 1563. Eben diese Freundschaft sollte Montaigne während seines ganzen Lebens gegenwärtig bleiben. Ich habe die Rolle, die diese außerordentlich wichtige Freundschaft für die Entstehung der *Essais* spielte, an anderer Stelle erörtert (Khan [1970a] 1988). Frame (1965) hat durchaus recht mit seiner Behauptung: »Vieles deutet darauf hin, daß die *Essais* selbst – neben anderen Faktoren – eine Kompensation des Verlustes von La Boétie darstellen«. 1571, acht Jahre nach dem Tod seines Freundes, zog sich Montaigne – »seit langem der Bürden des Parlaments und der öffentlichen Pflichten müde, in voller Lebenskraft in den Schoß der gelehrten Musen«[3] –, auf das Anwesen seiner Vorfahren, Schloß Montaigne, zurück. Er hatte das achtunddreißigste Lebensjahr noch nicht vollendet.

Diese zwei konkreten Elemente seiner Erfahrung, nämlich die Internalisierung einer *verlorenen* menschlichen Bezie-

3 Aus einer lateinischen Inschrift an einer Wand der Bibliothek im Schloß Montaigne, zitiert nach Herbert Lüthy, »Einleitung«, in: Montaigne (1984), S. 43f. [Anm. d. Übers.]

hung, die lebendig war und auf Gegenseitigkeit beruhte, sowie die Einrichtung eines säkularen Raumes, in dem er sich auf sich selbst beziehen und über sich selbst nachdenken konnte, verdienen besondere Aufmerksamkeit. Es wäre ein Irrtum, sich Montaigne als völlig zurückgezogen lebenden Gelehrten vorzustellen. Seinem Handeln lagen mitnichten mystische oder religiöse Motive zugrunde. Bis an sein Lebensende hielt er, während er seine *Essais* schrieb, ein lebhaftes Interesse am Leben und an anderen Menschen wach. Luther (1483-1546) und Calvin (1509-1564) hatten den europäischen Christen bereits in eine unmittelbare, persönliche Beziehung zu Gott gestellt, die keiner Vermittlung durch die Kirche mehr bedurfte (vgl. Bainton 1967). Montaigne führte dies noch einen Schritt weiter, indem er den Menschen zum alleinigen Zeugen seiner selbst – sowohl im privaten Umgang mit sich als auch im persönlichen Umgang mit anderen Menschen – macht. In dieser Hinsicht legt Montaigne uns mit seinen *Essais* das erste intime und persönliche Protokoll einer Selbsterfahrung vor, das außer dem gelebten menschlichen Leben keine anderen Bezüge kennt. Montaigne machte die menschliche Existenz zum vornehmsten Anliegen der Menschen. So hat Erich Auerbach (1964) zutreffend bemerkt: »Die obligatorische Grundlage der Methode Montaignes ist das beliebige eigene Leben.« (S. 283) In seinem Essai »Von der Reue« (III. Buch, 2. Kap.) hatte Montaigne selbst seine Methode prägnant formuliert:

> Andere bilden den Menschen; ich schildere ihn und stelle einen Einzelnen dar, der gar übel gebildet ist und den ich, wenn ich ihn neu zu formen hätte, wahrlich ganz anders erschaffen würde, als er ist. Doch es ist getan. [...] Ich zeige nicht das Sein, ich zeige den Übergang; nicht einen Übergang von einem Alter zum andern, oder, wie das Volk sagt, von sieben zu siebzig Jahren, sondern von Tag zu Tag, von Minute zu Minute. [...] Wenn meine Seele festen Fuß fassen

könnte, so würde ich mich nicht versuchen, ich würde beschließen: doch sie ist immer in der Lehre und in der Prüfung.
Ich trage ein niedriges und ruhmloses Leben vor, doch was verschlägt es. Man gründet ebensowohl die ganze Moralphilosophie auf ein gemeinsames und namenloses Leben, wie auf ein Leben von reichstem Glanz: jeder Mensch trägt in sich das ganze Bild der Menschlichkeit.
Die Schriftsteller zeigen sich dem Publikum in irgendeiner besonderen und ungewöhnlichen Eigenschaft; ich als erster in meinem ganzen Wesen, als Michel de Montaigne, nicht als Sprachgelehrter oder Dichter oder Rechtskundiger. Wenn sich die Leute darüber beklagen, daß ich zuviel von mir spreche, so beklage ich mich darüber, daß sie nicht einmal an sich denken. (Montaigne [1984], S. 622 ff.)

Was Montaigne für die bewußte Selbstwahrnehmung des Menschen leistete, sollte Freud – drei Jahrhunderte später – dem Unbewußten des Menschen abfordern. Montaigne verkörperte in seiner Person nicht allein den europäischen Menschen der Renaissance, sondern wies bereits auf den modernen Menschen des Existentialismus, in all seiner natürlichen Bewegtheit, seiner Aufrichtigkeit und Absurdität, voraus (vgl. Krailsheimer 1971). Deshalb ist Sainte-Beuves (1849) Bemerkung »Il y a un Pascal dans chaque Chrétien, de même qu'il y a un Montaigne dans chaque homme purement naturel« [»In jedem Christen steckt ein Pascal, so wie in jedem ganz natürlichen Menschen ein Montaigne steckt«] so scharfsinnig.
Das Geniale an Montaignes Stil in den *Essais* ist seine Fähigkeit, inmitten unzähliger widersprüchlicher Selbsterfahrungen eine enigmatische Unentschiedenheit aufrechtzuerhalten (vgl. Olney 1972). Montaignes *Que sais-je?* [Was weiß ich?] ist weder Zweifel noch Skeptizismus; es ist der Prozeß der Selbstwahrnehmung. Eben diesen Prozeß bezeugen und

schildern die *Essais*. So schreibt Montaigne, wie Auerbach (1964, S. 293) formuliert, »das erste Buch der laienhaften Selbstbesinnung«. Montaigne selbst hatte für seine *Essais* den Anspruch erhoben:

> Ich wage nicht nur, von mir zu sprechen, sondern sogar einzig und allein von mir zu sprechen; ich gerate auf Abwege, wenn ich von etwas anderem schreibe und mich meinem Gegenstand entziehe. Ich liebe mich nicht so unbedachtsam, ich hänge nicht so sehr an mir und bin von mir nicht so eingenommen, daß ich mich nicht abgesondert und von ferne betrachten kann, so wie einen Nachbarn oder einen Baum. Es ist ebenso verfehlt, nicht zu sehen, wie weit unser Wert reicht, wie darüber mehr zu sagen, als man sieht. Wir schulden Gott mehr Liebe als uns und kennen ihn weniger, und doch sprechen wir über ihn aus voller Herzenslust. (Aus: »Von der Kunst des Gesprächs«)

Voltaire, jener Gnomiker und Hohepriester der Aufklärung, faßte Montaignes Tugenden in einem Brief zusammen, den er am 21. August 1746 aus Paris an den Comte de Tressan schickte:

> Er gründet seine Gedanken auf die der berühmten Gestalten der Antike; er schätzt sie ein; er ringt mit ihnen. Er führt Gespräche mit ihnen, mit seinem Leser und mit sich selbst. Immer originell in der Darstellung seiner Gegenstände, immer voller Einbildungskraft, immer ein Maler; und was mir gefällt, ist die Tatsache, daß er immer zu zweifeln vermochte.

René Descartes (1596-1650)

Ungefähr fünfzig Jahre liegen zwischen dem Erscheinen der *Essais* Montaignes und Descartes' *Abhandlung über die Methode des richtigen Vernunftgebrauchs* ([1637] 1973). Ich habe nicht die Absicht, die Cartesische Philosophie zu erörtern. Ich möchte lediglich andeuten, auf welche Weise Descartes, auch wenn er eine bestimmte Tradition des Skeptizismus und der »laienhaften Selbstbesinnung« mit Montaigne teilte, die *Ganzheit* individueller Selbsterfahrung in Scherben schlug, die das höchste Ziel des Renaissance-Menschen war (vgl. Wade 1971). Die *Abhandlung* ist, wie die *Essais,* in autobiographischem Stil verfaßt. Im ersten Kapitel erzählt uns Descartes:

> Denn ich befand mich in einem Gedränge so vieler Zweifel und Irrtümer, daß ich von meiner Lernbegierde keinen anderen Nutzen gehabt zu haben schien, als daß ich mehr und mehr meine Unwissenheit einsah. [...] so hielt ich alles bloß Wahrscheinliche schon beinahe für falsch. [...] Deshalb gab ich das Studium der Wissenschaften vollständig auf, sobald das Alter mir erlaubte, aus der untergebenen Stellung des Schülers herauszutreten. Ich wollte keine andere Wissenschaft mehr suchen, als die *ich in mir selbst oder in dem großen Buche der Welt würde finden können, und so verwendete ich den Rest meiner Jugend auf Reisen* [...]. (S. 6ff.)

Augenblicklich beschleicht einen das unheimliche Gefühl, daß Descartes bereits weiß, was zu finden er sich anschickt. Es geht nicht um Montaignes willkürliche und vielseitige, vielschichtige Selbsterkenntnis, sondern um eine Selbsterkenntnis von entschieden vorsätzlichem Charakter. Im zweiten Kapitel verkündet Descartes: »Meine Absicht hat sich nie weiter erstreckt als auf den Versuch, meine eigenen Gedanken zu reformieren und auf einem Grunde aufzubauen, der *ganz in mir* liegt.« (S. 15) Dann nennt er uns die vier Regeln, zu deren ständiger Befolgung er sich entschlossen hat:

> Die *erste* war: niemals eine Sache als wahr anzunehmen, die ich nicht als solche sicher und einleuchtend erkennen würde, das heißt sorgfältig die Übereilung und das Vorurteil zu vermeiden und in meinen Urteilen nur soviel zu begreifen, wie sich meinem Geist so klar und deutlich darstellen würde, daß ich gar keine Möglichkeit hätte, daran zu zweifeln.
> Die *zweite:* jede der Schwierigkeiten, die ich untersuchen würde, in so viele Teile zu zerlegen als möglich und zur besseren Lösung wünschenswert wäre.
> Die *dritte:* meine Gedanken zu ordnen; zu beginnen mit den einfachsten und faßlichsten Objekten und aufzusteigen allmählich und gleichsam stufenweise bis zur Erkenntnis der kompliziertesten, und selbst solche Dinge irgendwie für geordnet zu halten, von denen natürlicherweise nicht die einen den anderen vorausgehen.
> Und die *letzte:* überall so vollständige Aufzählungen und so umfassende Übersichten zu machen, daß ich sicher wäre, nichts auszulassen. (S. 18 f.)

Hier haben wir die erste Darstellung jener Obsession, Sachverhalte zwecks Untersuchung, Quantifizierung und Generalisierung in ihre Bestandteile zu zerlegen, die zur Praxis des wissenschaftlichen Denkens und Forschens in den nachfolgenden Jahrhunderten werden sollte. Und dies veranlaßt Descartes zu der Feststellung, »daß es von jeder Sache nur *eine* Wahrheit gibt und daß, wer diese Wahrheit auch findet, von der Sache so viel weiß, als man überhaupt wissen kann« (S. 21). Jede Sache also wird durch absolute Quantifizierung erkennbar. Im dritten Kapitel teilt Descartes uns mit, er habe sich »vor der Hand eine Moral nur aus drei oder vier Grundsätzen« gebildet. Der dritte Grundsatz verdient besondere Beachtung:

> Mein *dritter* Grundsatz war, immer bemüht zu sein, lieber mich als das Schicksal zu besiegen, lieber meine Wünsche als die Weltordnung zu verändern, und überhaupt mich an den Glauben zu gewöhnen, daß nichts vollständig in unserer Macht sei als *unsere Gedanken;* daß mithin, wenn wir in Betreff der Dinge außer uns unser Bestes getan haben, alles, was am Gelingen fehlt, in Rücksicht auf uns vollkommen unmöglich ist.« (S. 25)

Die Ironie liegt nun darin, daß dieses höchst bescheidene Ziel Descartes' zur militantesten Form des Materialismus führen sollte, als nämlich – mit der industriellen Revolution – der Mensch als »denkendes Ding« (Descartes [1641] 1972, S. 67) die gesamte Umwelt in seine Hand nahm, um sie zu bezwingen und »uns auf diese Weise zu Herrn und Eigentümern der Natur zu machen« ([1637] 1973, S. 58).
Das vierte Kapitel hält alle grundlegenden Lehrsätze der Cartesischen Logik und Methode fest:

> [...] so meinte ich [...] alles, worin sich auch nur das kleinste Bedenken auffinden ließe, als vollkommen falsch verwerfen [zu müssen], um zu sehen, ob danach nichts ganz Unzweifelhaftes in meinem Fürwahrhalten übrigbleiben würde. [...] Alsbald aber machte ich die Beobachtung, daß, während ich so denken wollte, alles sei falsch, doch notwendig *ich,* der das dachte, irgend etwas sein müsse, und da ich bemerkte, daß diese Wahrheit *»ich denke, also bin ich«* so fest und sicher wäre, daß auch die überspanntesten Annahmen der Skeptiker sie nicht zu erschüttern vermöchten, so konnte ich sie meinem Dafürhalten nach als das erste Prinzip der Philosophie, die ich suchte, annehmen. [...] Ich erkannte daraus, daß ich eine Substanz sei, deren ganze Wesenheit

oder Natur bloß im *Denken* bestehe und die zu ihrem Dasein weder eines Ortes bedürfe noch von einem materiellen Dinge abhänge, so daß dieses *Ich,* das heißt die *Seele,* wodurch ich bin, was ich bin, vom Körper völlig verschieden und selbst leichter zu erkennen ist als dieser und auch ohne Körper nicht aufhören werde, alles zu sein, was sie ist. [...] Da ich nun weiter bedachte, daß ich zweifelte und also mein Wesen nicht ganz vollkommen wäre, denn ich sah klar, daß es vollkommener sei, zu erkennen als zu zweifeln, so verfiel ich auf die Untersuchung, woher mir der Gedanke an ein vollkommneres Wesen als ich selbst gekommen, und ich sah ohne weiteres ein, daß er von einem Wesen herrühren müsse, das in der Tat vollkommner sei. [...] Und so blieb nur übrig, daß [jene Idee] in mich gesetzt war durch ein in Wahrheit vollkommneres Wesen als ich, welches alle Vollkommenheiten, von denen ich eine Idee haben konnte, in sich enthielt, das heißt, um es mit einem Worte zu sagen, durch *Gott.* [...] Aber ich hatte schon an mir sehr klar eingesehen, daß die denkende Natur von der körperlichen unterschieden sei; da nun, wie ich erwog, jede Zusammensetzung Abhängigkeit, und jede Abhängigkeit offenbar ein Mangel war, so urteilte ich von hier aus, daß es in Gott keine Vollkommenheit sein könnte, aus diesen beiden Naturen zusammengesetzt zu sein, und daß er es folglich nicht wäre; aber wenn es in der Welt einige Körper oder Geister oder andere Naturen gäbe, die nicht ganz vollkommen wären, so müßte ihr Wesen von der Macht Gottes dergestalt abhängen, daß sie ohne ihn nicht einen einzigen Augenblick sein könnten. [...] Denn zuletzt, ob wir wachen oder schlafen, dürfen wir doch nur der einleuchtenden Klarheit unserer Vernunft vertrauen. Wohlgemerkt, ich sage unserer *Vernunft* und nicht unserer Einbildung oder unseren Sinnen [...]. (S. 30-38)

Ich habe deshalb ausführlich aus einem so bekannten Text zitiert, weil Descartes selbst – im sechsten Kapitel – künftige Generationen eindringlich aufforderte, »nie etwas, das man ihnen als *cartesianisch* bezeichnen wird, dafür zu halten, wenn ich es nicht *selbst* veröffentlicht habe« (S. 65). Was das europäische Denken, was vor allem die Naturwissenschaft der cartesianischen Methode verdankt, will ich nicht schmälern. Descartes ist der eigentliche Verkünder der mechanistischen Konzeption, der behauptete, daß das Universum als Ganzes wie auch in seinen einzelnen Teilen nur als mechanisches System zu begreifen sei – und zwar allein durch die Vernunft. Ich möchte nur nachweisen, daß Descartes mit seiner Behauptung »meine Wesenheit [besteht] allein darin [...], daß ich ein denkendes Ding bin« (»Sechste Meditation« [1641] 1972, S. 67) jene Trennung von Geist und Körper begründete, die Eliot in den »Metaphyhsical Poets« als »einen Mechanismus der Sensibilität« diagnostizierte, »der jede Art von Erfahrung verschlingen könnte«.

Was bei Montaigne Erfahrung, ungehindert treibende Selbsterforschung und Versuch [Essai] war, wandelte sich zur Absolutheit des Denkens, zur Notwendigkeit des Zweifels und zu jener ideellen Wirklichkeit, die Gott ist (vgl. Hazard 1935).

In Wades (1971) monumentaler Studie über die Französische Aufklärung heißt es:

> Montaigne und Descartes stimmen völlig darin überein, daß die Bildung einer Persönlichkeit im Grunde genommen ein epistemologisches Problem darstellt. Sie sind darin einer Meinung, daß die Persönlichkeit eines bestimmten Anreizes bedarf, um sich zum Ausdruck zu bringen. Beide sind davon überzeugt, daß das Bewußtsein von sich selbst Beweis für die Existenz des Selbst ist; daß dieses Selbst sich durch seine Fähigkeit beweist, sich zu anderen in Beziehung zu setzen, d. h. sich anderen gegenüber darzustellen. Beide

gestalten diese Beziehung so genial und aufrichtig wie nur denkbar. Dennoch ist es mit dieser Einführung des »je« in die Geschichte des Universums noch nicht getan. Es muß mit Hilfe bestimmter Prozeduren stimuliert werden: durch die Entschlossenheit, die verschiedenen Arten der Charaktere, Gesellschaften, Länder zu beobachten und miteinander zu vergleichen; durch das Reisen als eine Möglichkeit, aus erster Hand Material für einen solchen Vergleich zu finden, indem man aus diesen Erfahrungen mit der Außenwelt eine bestimmte Verhaltensweise oder zumindest eine allgemeine, auf dem Vergleich dieser Länder, ihrer Sitten und ihres allgemeinen Charakters beruhende ethische Position gewinnt. Diese verarbeiteten Erfahrungen schließlich sollten dem Wissen von sich selbst, den eigenen Möglichkeiten, dem eigenen Charakter Impulse geben. Die vorläufige Ethik Descartes' ist in Wahrheit insgesamt nichts anderes als eine Wiederholung der moralischen Position Montaignes.

In der Tat gibt es keinen Zweifel, daß Montaigne und Descartes zwei Ecken eines epistemologischen Dreiecks bilden, nämlich *Que sais-je?* [*Was weiß ich?*] und *Je pense, donc je suis!* [*Ich denke, also bin ich!*] Rousseau blieb es überlassen, für die dritte Ecke zu sorgen, mit der sich dieses epistemologische Dreieck schließt: *Moi seul. Je sens mon coeur et je connais les hommes.* [*Ich allein. Ich spüre mein Herz und ich kenne die Menschen.*]

Jean-Jacques Rousseau (1712-1778)

Rousseau ist, verglichen mit Montaigne oder Descartes, als Mensch vielschichtiger und als Denker revolutionärer. Er war nicht nur auf seine unschuldige Einzigartigkeit bedacht, sondern auch fest entschlossen, die gesellschaftliche Ordnung der Menschheit zu verändern; er war einer, der »das

Unrecht wieder gutmachen« wollte (*Bekenntnisse*). Cassirer (1932) hat eben diesen Aspekt in Rousseaus Leben und Werk treffend zusammengefaßt:

> Rousseaus ethisch-politische Theorie rückt die Verantwortung an eine Stelle, an der sie vor ihm niemals gesucht worden war. Ihre eigentliche historische Bedeutung und ihr systematischer Wert besteht darin, daß sie ein neues Subjekt der Zurechnung, der »Imputabilität« schafft. Dieses Subjekt ist nicht der einzelne Mensch, sondern die menschliche Gesellschaft. Der Einzelmensch als solcher, wie er aus den Händen der Natur hervorgeht, steht noch außerhalb des Gegensatzes von Gut und Böse. Er überläßt sich seinem natürlichen Selbsterhaltungstrieb; er wird vom *»amour de soi«* beherrscht; aber diese Selbstliebe artet bei ihm noch in Eigenliebe *(amour propre)* aus, die sich in der Unterdrückung anderer gefällt und nur durch sie befriedigt werden kann. Diese Art der Eigenliebe fällt ausschließlich der Gesellschaft zur Last. (Cassirer [1932] 1973, S. 209)

An dieser Stelle möchte ich mich nur mit Rousseaus Beitrag zur Epistemologie der Selbsterfahrung beschäftigen. Wie Montaigne und Descartes, erfährt und artikuliert Rousseau seine Lebens-Erfahrung im Bezug auf das »Ich« (*Je*) – aber mit welch einem Unterschied! Während Montaigne die Erfahrung seiner selbst im Leben realisierte, Descartes seine Identität in seinem Denken gewann, benutzt Rousseau die *Bekenntnisse* ([1782 a] 1959) als Instrument, um sein Selbst, sein *wahres* Selbst, zu werden. Sein Schreiben *erschafft* sein Dasein. Darin liegt für Pontalis (1973) in seinem Vorwort zur französischen Taschenbuchausgabe der *Bekenntnisse* der entscheidende Punkt:

> Für seinen Verfasser wie auch für uns selbst ist dieses Buch in erster Linie ein Akt. Ein Akt des Bekennens und nicht des

Erinnerns, auch wenn die Erzählung chronologisch strukturiert ist. Es ist ein pathetischer, verführerischer Appell an den Anderen, der im Leser abwechselnd ein Gefühl intimer Komplizenschaft und irritierter Distanzierung auslöst, aber es ist keine Suche nach einer verlorenen Zeit. Eine Apologie, keine Bilanz. Ein leidenschaftlicher Diskurs einer grenzenlosen und unsteten Subjektivität, die ihre Rechte erklärt; kein beschaulicher *Essay,* den jemand im stillen Kämmerlein, dem passenden Schlupfwinkel für seine heimlichen Gedanken, über sich selbst verfaßt hat. Es ist eine Selbstdarstellung, die von der äußeren Erscheinung ins Innere vordringt, kein Porträt, das äußere Linien nachzeichnet. Mehr noch, es ist ein *Gründungsakt,* und wir haben die Pflicht, die ersten Worte der stolzen, einleitenden Erklärung: *Ich plane ein Unternehmen, das kein Vorbild hat,* zur Kenntnis zu nehmen, damit wir die folgenden: *und dessen Ausführung auch niemals einen Nachahmer finden wird,* anfechten können.

Dieser *Akt* war Rousseaus neuartiger Gebrauch von Sprache und *écriture.* Inhalte dieses *Akts* sind Gefühle, nicht Gedanken oder Taten. Im »Siebten Buch« der *Bekenntnisse* beschreibt Rousseau detailliert und anschaulich die Methode, nach der er sein Wesen durch *sein Schreiben erschafft.*

Ich habe nur einen treuen Führer, auf den ich mich verlassen kann: die Kette der Empfindungen, welche die Entwickelung meines Wesens bezeichnen, und dank ihrer die Kette der Ereignisse, die ihre Ursache oder ihre Wirkung gewesen sind. Mein Unglück vergesse ich leicht, aber nicht meine Fehler und noch viel weniger meine guten Regungen. Die Erinnerung an sie ist mir allzu teuer, als daß sie jemals in meinem Herzen erlöschen könnte. Ich kann Tatsachen vielleicht auslassen und mich, was die Zeiten anbetrifft, vielleicht irren, aber in dem, was ich empfunden und was meine Empfindungen mich haben begehen lassen, kann ich mich nicht täuschen, und darum handelt es sich ja auch vornehmlich. Der eigenste Zweck meiner Bekenntnisse besteht in dem Wunsche, genau mein Inneres in allen Umständen meines Lebens zu enthüllen. Ich habe die Geschichte meiner Seele versprochen, und um sie getreulich zu schreiben, bedarf es keiner anderen Hilfsmittel, ich brauche nur, wie ich es auch bis hierher getan habe, tief in mich selbst zu blicken. (Rousseau [1782a] 1959, S. 350)

Mit diesen scheinbar naiven Beteuerungen – ›ich kenne mich selbst und kann meinen Nächsten gut verstehen‹, ›jemanden wie mich gibt es auf der ganzen Welt nicht noch einmal, ich bin etwas ganz Besonderes‹ – stellt Rousseau das Grundsatzprogramm einer Erkenntnislehre auf, die für alle Romantiker bis auf den heutigen Tag ihre Gültigkeit bewahrt hat. Neben Descartes' *Ich denke, also bin ich* setzte Rousseau das Korrektiv *Ich fühle, also bin ich,* das zu der Spitze werden sollte, die das epistemologische Dreieck vollendete. Und innerhalb des Raumes, den dieses Dreieck umschließt, sollten all die Windungen und Widersprüche von den Romantikern und ihren Nachfolgern bis auf den heutigen Tag ausgelebt werden. Die wesentlichen Merkmale romantischer Empfindsamkeit finden sich allesamt in Rousseaus Leben und Werk: ein brennendes Verlangen nach der Subjektivität des Selbst; ein Idealismus in bezug auf das gesellschaftliche Leben des Menschen, dem auf der anderen Seite eine militante und egozentrische Mißachtung gesellschaftlicher Verhaltensnormen entgegensteht; ein quälendes, aber unablässiges Streben, das Selbst allen anderen zu entfremden, und jener Überdruß, den ein unnachgiebiger Hochmut gegenüber der Bestürzung [seiner Mitmenschen] gebiert. Am Ende seines Lebens, im »Ersten Spaziergang« der *Träumereien eines einsamen Spaziergängers,* formuliert Rousseau ([1782b] 1978) seinen Fall mit der für ihn typischen Eindringlichkeit:

> Für mich ist auf Erden alles zu Ende. Hier kann man mir weder Gutes noch Böses mehr zufügen. Ich habe für diese Welt nichts mehr zu hoffen, noch zu fürchten, und ich bin in der Tiefe des Abgrundes ruhig, ein armer, unglücklicher Sterblicher, aber unerschütterlich wie Gott selbst.
> [...] Ich darf und will mich nur mit mir selbst beschäftigen, weil ich mein ganzes übriges Leben allein zubringen werde und nur in mir selbst Trost, Hoffnung und Frieden finden kann. (S. 643 f.)

Rousseau ([1762] 1959), der vom Menschen gesagt hatte: »Das höchste Glück liegt darin, mit sich selbst zufrieden zu sein. Um diese Zufriedenheit zu erwerben, sind wir auf Erden und mit Freiheit begabt«, fand dieses »höchste Glück« weder in der Zufriedenheit mit sich selbst noch mit irgend jemand anderem. Was Rousseau aber fand, war jene Erschaffung von Raum und Realität in Sprache und *écriture,* die seine Existenz für ihn selbst wie für alle nachfolgenden Generationen verwirklichte. Wir teilen die Erfahrung mit Montaigne und denken mit Descartes, mit Rousseau aber haben wir teil an einem *Akt,* der seine *Existenz,* erschaffen durch das geschriebene Wort, ist. Rousseau hat den Menschen nicht, wie Montaigne, beschrieben oder ihn, wie Descartes, erdacht: er *erschuf* den Menschen mit seiner Sprache, aus der Vorstellungskraft und aus Gefühlen. In prägnanter Weise plädiert Starobinski (1971 b) für Rousseau:

> Die Beredsamkeit Jean-Jacques Rousseaus ist die eines mittellosen Menschen, ohne jeden anderen Anspruch als den auf Wahrheitsliebe, der sich ganz auf jene Mittel beschränkt sieht, die er aus seinen eigenen Worten gewinnen kann.

Die romantischen Steigerungen: von Blakes »Liedern der Unschuld und Erfahrung« (1789) zu Rimbauds »Eine Zeit in der Hölle« (1873)

Ich werde mich an dieser Stelle nicht mit der Dichtung der Romantiker beschäftigen, sondern mit ihrem kritischen Denken und ihren Leidenschaften des Geistes. Von Blakes ([1789] 1982) grüblerischem

> Tiger, Tiger, grelle Pracht
> in den Dickichten der Nacht,
> wes unsterblich Aug und Hand
> wohl dein furchtbar Gleichmaß band?

zu Rimbauds ([1873] 1963) Deklamationen

> Ich habe eine tüchtige Portion Gift verschluckt. – Dreimal gesegnet sei der Rat, der mir widerfahren ist! [...] Ich brenne nach allen Regeln der Kunst. Verschwinde, Teufel! [...] Unzählig sind die Wahnbilder. [...] Verzückung, Albdruck, Schlaf in einem Nest von Flammen. [...] Ich bin Meister in Zauberkünsten. Hört zu! [...]
> Ich bin in allen Künsten bewandert! – Hier ist niemand zu sehen und doch ist jemand da: ich möchte meine Perlen nicht vor die Säue werfen. – Wollt ihr Negergesänge hören, Tänze von Huris sehen? Wollt ihr, daß ich mich unsichtbar mache, daß ich ins Wasser tauche, um den *Ring* zu suchen? Wollt ihr? Ich kann Gold machen, Heilmittel herstellen. (S. 215 ff.)

hatte das innere Bedürfnis des abendländischen Menschen sich zur Suche nach Selbstheilung gewandelt. Der zum *Seher* gewordene Dichter war nun auch entfremdet, krank und ein Geisterbeschwörer geworden.

Wie sich diese Verwandlung in einem Zeitraum von vielleicht siebzig Jahren hatte vollziehen können, ist von den Literaturhistorikern ausführlich diskutiert und erörtert worden. Ich werde Abrams ([1953] 1978; 1971) folgen, dessen Darstellung der an dieser Entwicklung beteiligten Kräfte und Probleme ich für die gründlichste und einleuchtendste halte. Abrams argumentiert, daß das Verhältnis zwischen dem Künstler und seinen Hervorbringungen in Literatur und bildender Kunst von den Romantikern einer grundlegenden Veränderung unterzogen worden war. Der Künstler war nicht länger ein inspirierter oder erfinderischer Nachahmer von Objekten oder »Ideen«, sondern war zum Schöpfer geworden. Und was er schuf, waren Ausdrucksformen seiner eigenen Gefühle. Deshalb konnte Wordsworth verkünden, die Poesie sei ein »spontanes Überfließen machtvoller Gefühle«. Was die Epistemologie anbelangt, ist daran nichts Neues, denn Rousseau hatte die Gefühle bereits zur wahren Quelle und zum eigentlichen Inhalt menschlicher Erfahrung erklärt. Die Romantiker allerdings zerlegten die Einheit der Gefühle in ihre Bestandteile, in Wahrnehmungen und Sinnesempfindungen. Aufgabe der Einbildungskraft war es, diesen fragmentierten Sinneserfahrungen ein Maximum an Erfahrungsintensität sowie Unmittelbarkeit in Wahrnehmung und Ausdruck zu verleihen (vgl. Abrams 1971). In einer Randbemerkung zu Lavaters folgendem Aphorismus:

> Fürchte dich vor deinem Herzen, wenn du aus dem Strome der Veranlassung etwas Schaum mit deiner Hand auffassest, den Strom verläugnest und die zerplatzende Blase den Strom nennst. (Lavater 1788, Nr. 419)[4]

4 Blake benutzte die ebenfalls im Jahr 1788 von Heinrich Füssli unter dem Titel *Aphorisms on Man* in London vorgelegte, sehr freie Übersetzung der *Vermischten unphysiognomischen Regeln zur Menschen- und Selbstkenntniß* Johann Kaspar Lavaters. Die hier nach dem Original zitierte Regel Nr. 419

hatte Blake reumütig festgestellt:

Ich beklage, daß ich diesen Fehler gemacht habe.

Seiner Klage zum Trotz behauptete Blake die Überlegenheit von Intensität, Unmittelbarkeit und Einbildungskraft stärker als jeder andere englische Dichter. »Überschwang ist Schönheit«[5]; »Leidenschaft und Ausdruck sind die Schönheit selbst«[6]; ›Alle Dinge existieren in der menschlichen Einbildungskraft‹; ›Allein die Einbildungskraft macht zum Dichter.‹ Und der Feind der Einbildungskraft ist die »kalte Vernunft« oder das »Gespenst« Vernunft [*reasoning spectre*].[7] Und schließlich: »Einbildungskraft hat nichts zu tun mit dem Gedächtnis.«[8] (Vgl. auch Damon 1973) Es ist jedoch Coleridge (1817), dem wir die maßgebliche romantische Definition der Einbildungskraft verdanken:

> Ich betrachte die Einbildungskraft also entweder als primäre oder als sekundäre. Die primäre *Einbildungskraft* halte ich für die lebendige Kraft und die erste Instanz aller menschlichen Wahrnehmung, für eine im endlichen Geist stattfindende Wiederholung des ewigen Schöpfungsaktes im unendlichen

trägt in den *Aphorisms* die Nr. 486; der vom Autor ohne Quellenangabe zitierte Text lautet: »Distrust your heart and the durability of fame, if from the stream of occasion you snatch a handful of foam: deny the stream, and give its name to the frothy bursting bubble.« [Anm. d. Übers.]

5 William Blake ([1790?] 1907), *The Marriage of Heaven and Hell;* deutsch: *Die Vermählung von Himmel und Hölle,* in: ders., *Die Ethik der Fruchtbarkeit,* übersetzt und hg. von Otto von Taube, S. 16. [Anm. d. Übers.]

6 Vgl. ders., »Aus Prosaschriften, Notizen und Briefen«, a.a.O., S. 139. [Anm. d. Übers.]

7 Ders. [1804], *Jerusalem,* ebd., S. 82: »Dieses ist das Vermögen der Vernunft, / Ein abstraktes widerstreitendes Vermögen, das jedes Ding verneint, / Dies ist das ›Spectre‹ des Menschen, das heilige Vermögen der Vernunft, / Und in ihrer Heiligkeit ist Greuel und Trostlosigkeit verschlossen.« [Anm. d. Übers.]

8 Ders., »Aus Prosaschriften, Notizen und Briefen«, a.a.O., S. 135. [Anm. d. Übers.]

Ich bin. Die sekundäre Einbildungskraft betrachte ich als ein Echo der primären, das neben dem bewußten Willen existiert, dennoch aber mit der primären identisch ist in der *Art* ihrer Tätigkeit und sich nur im Grad und in ihrer Wirkungsweise von ihr unterscheidet. Sie scheidet, zerstreut und löst auf, um neu zu schaffen; oder wo dieser Prozeß unmöglich wird, bemüht sie sich dennoch, auf jeden Fall zu idealisieren und zu vereinen. Sie ist im wesentlichen *lebendig,* auch wenn alle Objekte (*als* Objekte) im wesentlichen erstarrt und tot sind.

Mit Blake, Wordsworth und Coleridge verweilen wir noch immer bei dem transzendentalen, idealistischen Wertsystem, und der westliche Mensch hält an einer ebenso edlen wie vergeistigten Vorstellung von seiner Existenz und Lebensbestimmung fest. Auch klammert er sich nostalgisch an seinen Glauben an eine angeborene natürliche Unschuld, die allein durch den Umgang der Menschen miteinander verdorben wird und verlorengeht. Es war der französische Dichter Baudelaire (1821-1867), der das säkularisierte Menschenbild unwiderruflich in der ästhetischen Erfahrung fixierte und der Unschuld selbst einen unverbrauchten und neuen menschlichen Wert verlieh.

Es ist bekannt, daß das Erscheinen der *Fleurs du Mal* im Jahre 1857 Paris schockierte, für einen Skandal sorgte und eine neue Sensibilität der poetischen Erfahrung einleitete, nämlich die einer transparenten Dunkelheit und einer grenzenlosen, nagenden Verzweiflung. Weitaus seltener nimmt man von Baudelaires Beiträgen zur Ästhetik und Epistemologie Notiz. In »Der Salon 1846« hielt er fest:

Genießen ist eine Wissenschaft, und der Gebrauch der fünf Sinne verlangt eine besondere Einweihung, die nur der gute Wille und das Bedürfnis zuwege bringen.

Und die Kunst ist euch ein Bedürfnis. (Baudelaire [1846] 1977, Bd. 1, S. 193)

Im selben Artikel heißt es etwas später: »Die Romantik liegt eigentlich weder in der Wahl des Gegenstandes noch in der Genauigkeit der Wiedergabe, sondern in der Art des Empfindens.« (Ebd., S. 199) Wichtig ist hier zu beachten, daß diese »Art des Empfindens« *[manière de sentir]* keine unschuldige und spontane mehr ist, sondern daß sie einem *Willen* und *Bedürfnis* entstammt und durch diese auch geprägt wird. Dieser Gleichsetzung sollte Baudelaire zwei weitere Elemente hinzufügen: die Neugierde und die Genesung. Dies schildert Baudelaire ([1863] 1906) sehr anschaulich in seiner Diskussion des Werkes eines Malers, Constantin Guys:

> Nun ist aber die Genesung wie eine Rückkehr zur Kindheit. Der Genesende erfreut sich, wie das Kind, im höchsten Grade der Fähigkeit, sich lebhaft für die Dinge, für die scheinbar trivialsten sogar, zu interessieren. Kehren wir, wenn's möglich ist, durch eine retrospektive Bemühung der Vorstellungskraft zu unseren jüngsten, morgendlichsten Eindrücken zurück und wir werden erkennen, daß sie eine seltsame Verwandtschaft mit den so lebhaft gefärbten Eindrücken hatten, die wir später im Anschluß an eine physische Krankheit empfingen, vorausgesetzt, daß diese Krankheit unsere geistigen Fähigkeiten rein und intakt gelassen hat. Das Kind sieht alles im Lichte der ›Neuheit‹; es ist immer ›berauscht‹. Nichts gleicht mehr dem Zustande, den wir Inspiration nennen, als die Freude, mit der das Kind Formen und Farben in sich aufnimmt. Ich wage sogar noch weiter zu gehen; ich behaupte, die Inspiration hat eine gewisse Beziehung zur ›Kongestion‹, und jeder erhabene Gedanke wird von einer mehr oder minder starken Nervenerschütterung begleitet, die ihre Ausläufer bis ins Kleinhirn sendet. Der Mann von Genie hat starke Nerven; das Kind hat schwache. Bei dem einen hat die Vernunft einen beträchtlichen Platz eingenommen; beim andern beherrscht

die Sensibilität fast das ganze Wesen. Aber das Genie ist doch nichts anderes als die freiwillig *wiedergefundene Kindheit,* die nun, um sich Ausdruck zu verschaffen, begabt ist mit mannbaren Organen und mit dem analytischen Geist, der es erlaubt, die Gesamtheit des unwillkürlich aufgespeicherten Materials zu ordnen. Auf diese tiefe und genußreiche Neugier muß man den starren, tierisch ekstatischen Blick der Kinder zurückführen, wenn er auf etwas ›Neues‹ fällt, welcher Art es auch sei, ein Gesicht oder eine Landschaft, ein Licht, eine Vergoldung, Farben, schillernde Stoffe, Bezauberung durch eine Schönheit, die die Toilette noch schöner macht. Einer meiner Freunde erzählte mir eines Tages, daß er einmal, als er noch sehr klein war, der Toilette seines Vaters zugeschaut und daß er mit einer Bestürzung, in die sich Entzücken mischte, die Muskeln der Arme, die Farbenabstufungen der rosa und gelb getönten Haut und das bläuliche Geflecht der Venen betrachtet habe. Das Bild des äußeren Lebens erfüllte ihn schon mit Ehrfurcht und bemächtigte sich seines Gehirns. Schon bezwang und besaß ihn die Form. Die Prädestination zeigte früh schon ihre Nasenspitze. Die ›Verdammung‹ hatte sich vollzogen. (S. 277 ff.)

Abrams' (1971) Kommentar zu diesen Zeilen Baudelaires ist knapp und überzeugend:

In dem Absatz Baudelaires klingen jedoch Untertöne an, die in der Ästhetik des unschuldigen Auges eine Wende signalisieren. Das Genie ist ›ein ewiger Genesender‹, weil es an einer unheilbaren Krankheit leidet; die künstlerische Inspiration ist eine Art Gehirnschlag; und das erhalten gebliebene Wahrnehmungsvermögen für Neuartiges ist das Resultat einer Hyperästhesie: »Ich wage sogar noch weiter zu gehen; ich behaupte, die Inspiration hat eine gewisse Beziehung zur ›Kongestion‹, und jeder erhabene Gedanke wird von einer mehr oder minder starken Nervenerschütterung begleitet, die ihre Ausläufer bis ins Kleinhirn sendet.« Der geborene Künstler ist ein *artiste maudit* [*der Verdammung anheimgefallener Künstler*], denn da es sich zeigte, daß er als Kind bereits von äußeren Objekten und Formen »bezwungen und besessen« war, offenbarte sich die »Prädestination«, und »la *damnation* était faite« [»die *Verdammung* hatte sich vollzogen«].

Hatte Baudelaire der Ästhetik eine neue Richtung und Dimension verliehen, so begründete er mit seinen Prosa-Gedichten (»Le Spleen de Paris« [»Pariser Spleen«], »Les paradis artificiels« [»Die künstlichen Paradiese«], »Journaux intimes« [»Intime Tagebücher«]) eine neue Epistemologie, in der die Selbsterfahrung sich in einem prismatischen Bewußtsein bricht und eindringliche, augenblickliche Hellsichtigkeit an die Stelle der Erzählung tritt. Von hier aus ist es nicht weit bis zu Rimbauds berühmtem »Lettre du voyant« [Brief des Sehers] an Paul Demeny (15. Mai 1871):

Rimbaud war noch keine siebzehn Jahre alt, als er seinem Lehrer, Georges Izambard, am 13. Mai 1871 von Charleville aus schrieb:

> Zur Zeit wühle ich mich soviel nur möglich in Lumpereien hinein. Warum? Ich will Dichter werden, und ich arbeite daran, mich *sehend* zu machen: Sie werden es durchaus nicht begreifen, und ich wüßte es Ihnen kaum zu erklären. Es geht darum, durch die Entregelung *aller Sinne* beim Unbekannten anzukommen. Die Leiden sind ungeheuerlich, aber man muß stark sein, als Dichter geboren sein, und ich habe mich als Dichter erkannt. Nicht im geringsten ist das meine Schuld. Es ist falsch zu sagen: Ich denke. Man müßte sagen: Es denkt mich. Entschuldigen Sie das Wortspiel.
> ICH ist ein Anderes. Um so schlimmer für das Holz, das sich als Geige vorfindet, und Hohn über die Ahnungslosen,

die an dem herumkritteln, was sie überhaupt nicht kennen! (Rimbaud 1964, S. 19ff.)

Zwei Tage später hatte Rimbaud seinem Freund Paul Demeny die ganze Methode seiner ästhetischen Suche auseinandergesetzt:

Die Romantik ist nie recht beurteilt worden. Wer hätte über sie geurteilt? Die Kritiker!! Die Romantiker, die so klar beweisen, daß der Gesang so selten das Werk, das heißt der gesungene *und verstandene* Gedanke des Sängers ist?
Denn ICH ist ein Anderes. Wenn das Blech als Trompete aufwacht, ist es nicht selbst daran schuld. Dies ist mir offensichtlich: helfend tätig habe ich an der Erschließung meines Gedankens teil: ich sehe und höre ihn: ich tue einen ersten Bogenstrich: in den Tiefen setzt sich der Zusammenklang in Bewegung oder er kommt jäh in einem Sprung auf die Bühne.
Wenn die alten Schafsköpfe nicht vom Ich nur die falsche Bedeutung gefunden hätten, brauchten wir nicht diese Millionen von Skeletten wegzufegen, die seit endloser Zeit die Erzeugnisse ihres einäugigen Verstandes aufgehäuft haben, indem sie sich als Autoren davon ausriefen!
[...]
Das erste, was der Mensch erarbeiten muß, der Dichter sein will, ist die volle Kenntnis des Eigenen; er sucht seiner Seele nach, gewinnt Einblicke in sie, versucht sie, macht sich die Erfahrung ihres Wesens zu eigen. Sobald er um sie weiß, muß er sie aufbilden! Das scheint einfach: in jedem Kopf vollzieht sich eine natürliche Entfaltung; daher erklären sich soviel *Egoisten* zu Autoren; es gibt viele andere, die ihren geistigen Fortschritt *sich selbst* zuschreiben! – Aber es handelt sich darum, die Seele ungeheuerlich zu machen: nach Art der Kinderhändler, was! Stellen Sie sich einen Menschen vor, der sich Warzen ins Gesicht pflanzt und großzüchtet.

Ich sage, daß es nottut, *Seher* zu sein, sich *sehend* zu machen.
Der Dichter macht sich *sehend* durch eine lange, gewaltige und überlegte *Entregelung aller Sinne*. Alle Formen von Liebe, Leiden, Wahnsinn; er sucht sich selbst, er erschöpft alle Giftwirkungen in sich, um nur den innersten Kern davon zu bewahren. Unsägliche Qual, wo er des vollen Vertrauens, der gesammelten übermenschlichen Kraft bedarf, wo er unter allen der große Kranke, der große Gesetzbrecher, der große Verdammte wird, – und der höchste Wissende! – Denn er kommt an beim *Unbekannten!* Weil er seine schon reiche Seele weiter hinaus gebildet hat, weiter als irgend jemand sonst! Er kommt an beim Unbekannten, und wenn er, überwältigt, daran endete, daß er das Verständnis seiner Gesichte verliert, so hat er sie doch gesehen! Soll er nur zerbrechen in seinem riesigen Sprung durch die unerhörten und unnennbaren Dinge: kommen werden andere furchtbare Arbeiter; sie werden bei den Horizonten anfangen, wo der Vorgänger sich erschöpft hat! (Rimbaud 1964, S. 23 ff.)

Gegen Ende des neunzehnten Jahrhunderts sah sich der abendländische Mensch, der an den Anfang der Säkularisierung des Selbst so hochfliegende Ideale wie die Authentizität der Erfahrung (Montaigne), die Souveränität des Denkens (Descartes) und die Unverletzbarkeit des Gefühls (Rousseau) gestellt hatte, einerseits in die erhabene Position des Wissenschaftlers, des Materialisten und des *voyant* versetzt, andererseits war er nun ein Kranker, ein Entfremdeter und Selbstbeschwörer geworden.
Ich bin mir wohl bewußt, daß ich die Beiträge der Romanciers zur romantischen Sensibilität nicht erwähnt habe. Indem sie zu *Sehern* und *Beschwörern* wurden, hatten die Lyriker einem neuen »objet« Gestalt verliehen: dem in der ikonischen Verschlossenheit seiner Symbolik und seiner

halluzinatorischen Bilderwelt versiegelten *Gedicht,* dessen Apotheose Comte de Lautréamonts *Gesänge des Maldoror* ([1868] 1976) darstellen. Die Verantwortung dafür, das Individuum in seinem Verhältnis zu sich selbst, zu anderen und zur Gesellschaft *wiederzuspiegeln,* blieb den Romanciers überlassen. Eigentlich waren es die Romanciers und nicht die Lyriker, durch die die humanistischen Hoffnungen des neunzehnten Jahrhunderts sich verwirklichen sollten. Man muß nur einen Augenblick innehalten, um sich ihrer überwältigenden Gegenwärtigkeit bewußt zu werden: Scott, Thackeray, Dickens, Charlotte Brontë, George Eliot, Meredith und Hardy in England; Balzac, Hugo, Flaubert, Zola und Maupassant in Frankreich; Gogol, Turgenjew, Dostojewsky und Tolstoj in Rußland. Dennoch muß man zugeben, daß die Romanciers, trotz ihrer gewaltigen Visionen und Schöpfungen, nicht in der Lage waren, eine neue Ästhetik zu begründen. Es war der Lyriker – in Rimbauds apokalyptischer Ausdrucksweise: *le grand maudit* –, der die Wendepunkte der Epistemologie im zwanzigsten Jahrhundert bestimmen sollte.

Sigmund Freud (1856-1939): Der Patient wird zur Person

Wenn Montaigne sein eigener Zeuge, Descartes sein eigener Schöpfer, Rousseau der Verkünder seiner eigenen Gefühle war und die Romantiker zu Beschwörern ihrer Empfindsamkeit wurden, so lagen Genie und Mut Freuds darin, daß er zu seinem eigenen Patienten wurde. Ein Jahrzehnt, nachdem er seine Privatpraxis als Neuropathologe in Wien eröffnet hatte, schrieb Freud an seinen Freund Wilhelm Fließ (14. August 1897):

Nachdem ich hier schon sehr fidel geworden war, genieße ich jetzt eine grantige Periode. Der Hauptpatient, der mich beschäftigt, bin ich selbst. Meine kleine, aber durch die Arbeit sehr gehobene Hysterie hat sich ein Stück weiter gelöst. Anderes steckt noch. Davon hängt meine Stimmung in erster Linie ab. Die Analyse ist schwerer als irgendeine andere. Sie ist es auch, die mir die psychische Kraft zur Darstellung und Mitteilung des bisher Gewonnenen lähmt. Doch glaube ich, es muß gemacht werden und es ist ein notwendiges Zwischenstück in meinen Arbeiten. ([1950a] 1975, S. 185)

Drei Monate später (14. November 1897) teilt er Fließ mit:

Meine Selbstanalyse bleibt unterbrochen. Ich habe eingesehen, warum. Ich kann mich nur selbst analysieren mit den objektiv gewonnenen Kenntnissen (wie ein Fremder), eigentliche Selbstanalyse ist unmöglich, sonst gäbe es keine Krankheit. Da ich noch irgendein Rätsel bei meinen Fällen habe, so muß mich dies auch in der Selbstanalyse aufhalten. ([1950a] 1975, S. 202)

Wie sehr doch Freuds »wie ein Fremder« an Rimbauds »Je est un autre« erinnert. Und dennoch – welch ein Unterschied! Freud hatte nicht vor, die Sprache als Ventil für eine Abreaktion zu benutzen, sondern wollte durch den Diskurs sich selbst kennenlernen. Und er entschloß sich, diesen Diskurs mit dem für das Ende des neunzehnten Jahrhunderts typischen Fall zu führen: der Hysterikerin. Die seine Jugendzeit betreffenden Dokumente in Jones' Biographie lassen uns darüber nicht im Zweifel. 1882 hatte der sechsundzwanzigjährige Freud an seine Verlobte geschrieben: »Wenn du wüßtest, wie toll es in mir jetzt aussieht« (Freud 1960, S. 17). Freud war ein Mann mit einer intensiven, aber *kontrollierten* Gefühlswelt. Man könnte auf Rousseaus Formulierung zurückgreifen und von Freud sagen, daß er sein eigenes Herz kannte und den hysterisch Kranken verstand. Und der Weg, der zu diesem Verstehen führte, war für Freud lang und beschwerlich.

Als Freud 1885-1886 seine Pilgerfahrt zu dem berühmten Charcot an der Salpêtrière in Paris unternahm, waren die hysterischen Symptome unter Charcots Einfluß bereits respektabel geworden. Freuds Nachruf auf Charcot (1893 f.) vermittelt uns von diesem neuen Rang und Schicksal des Hysterikers eine deutliche Vorstellung:

> Diese rätselhafteste aller Nervenkrankheiten, für deren Beurteilung die Ärzte noch keinen tauglichen Gesichtspunkt gefunden hatten, war gerade damals recht in Mißkredit geraten, der sich sowohl auf die Kranken als auf die Ärzte erstreckte, die sich mit der Neurose beschäftigten. Es hieß, bei der Hysterie ist alles möglich, und den Hysterischen wollte man nichts glauben. Die Arbeit Charcots gab dem Thema zunächst seine Würde wieder; man gewöhnte sich allmählich das höhnische Lächeln ab, auf das die Kranke damals sicher rechnen konnte; sie mußte nicht mehr eine Simulantin sein, da Charcot mit seiner vollen Autorität für die Echtheit und Objektivität der hysterischen Phänomene eintrat. Charcot hatte im kleinen die Tat der Befreiung wiederholt, wegen welcher das Bild Pinels den Hörsaal der Salpêtrière zierte. Nachdem man nun der blinden Furcht entsagt hatte, von den armen Kranken genarrt zu werden, welche einer ernsthaften Beschäftigung mit der Neurose bisher im Wege gestanden war, konnte es sich fragen, welche Art der Bearbeitung auf dem kürzesten Wege zur Lösung des Problems führen würde. Für einen ganz unbefangenen Beobachter hätte sich folgende Anknüpfung dargeboten: Wenn ich einen Menschen in einem Zustande finde, der alle Zeichen eines so schmerzhaften Affekts an sich trägt, im Weinen, Schreien, Toben, so liegt mir der Schluß nahe, einen seelischen Vorgang in diesem Menschen zu vermuten,

dessen berechtigte Äußerung jene körperlichen Phänomene sind. (S. 30)

Aber hier übertreibt Freud zugunsten Charcots. Die Hysterikerin war auch in Charcots berühmter Abteilung noch immer ein *Schaustück*, das zwar ärztlich versorgt, nicht aber verstanden wurde, das man öffentlichen Untersuchungen aussetzte, mit dem aber niemand sprach, dem niemand zuhörte.

Die hysterisch Kranken hatten in den europäischen Kulturen eine lange und bewegte Reise zurückgelegt: im Mittelalter als Hexen verbrannt, wurden sie vom fünfzehnten bis hinein ins achtzehnte Jahrhundert mit den Verrückten und Geisteskranken zusammen in Leprosorien eingesperrt und mit den medizinischen Praktiken im Zeitalter der Vernunft nur noch weiteren, totalen Restriktionen unterworfen. Zwar hatte Pinel die Hysterikerin nach der Französischen Revolution aus den Ketten befreit; um aber für Charcot zu einem legitimen neurologischen Fall zu werden, mußte sie nach wie vor das Stigma der Empfindungslosigkeit tragen, so wie das Teufelsmal die Hysterikerin für den Inquisitor als Hexe gekennzeichnet hatte (vgl. Foucault [1961] 1969, Veith 1970).

Freuds einzigartiger Beitrag zur Verantwortlichkeit der Psychotherapie war die Entdeckung einer Methode, der Psychoanalyse, mit der sich die Symptome des hysterisch Kranken im zwischenmenschlichen Diskurs (der Übertragung) dechiffrieren ließen.

Die Kämpfe, die es ihn gekostet hatte, zu seiner wahren Berufung im Leben zu finden, hat Freud selbst in zwei kurzen Beiträgen geschildert (Freud 1914 d, 1925 d). In der Medizin hatte er nicht den Beruf seiner Wahl gesehen, aber einem ehrgeizigen und begabten jungen Juden standen im habsburgischen Wien nicht allzu viele Wege offen. Seiner Verlobten hatte er 1886 aus Paris geschrieben, er sei sich sicher, daß er einmal zu den »oberen Zehntausend« gehören werde. Dies erwies sich als Untertreibung. Er sollte einer der beiden Männer sein, die das Verhältnis, das der Mensch im zwanzigsten Jahrhundert zu sich selbst und zu anderen hat, radikal veränderten. Karl Marx war der andere. Zurückblickend sollte Freud Jahrzehnte später schreiben:

> Nach 41jähriger Tätigkeit sagt mir meine Selbsterkenntnis, ich sei eigentlich kein richtiger Arzt gewesen. Ich bin Arzt geworden durch eine mir aufgedrängte Ablenkung meiner ursprünglichen Absicht, und mein Lebenstriumph liegt darin, daß ich nach großem Umweg die anfängliche Richtung wieder gefunden habe. [...] In den Jugendjahren wurde das Bedürfnis, etwas von den Rätseln dieser Welt zu verstehen und vielleicht selbst etwas zu ihrer Lösung beizutragen, übermächtig. Die Inskription an der medizinischen Fakultät schien der beste Weg dazu, aber dann versuchte ich's – erfolglos – mit der Zoologie und der Chemie, bis ich unter dem Einfluß Brückes, der größten Autorität, die je auf mich gewirkt hat, an der Physiologie haften blieb, die sich damals freilich zu sehr auf Histologie einschränkte. Ich hatte dann bereits alle medizinischen Prüfungen abgelegt, ohne mich für etwas Ärztliches zu interessieren, bis ein Mahnwort des verehrten Lehrers mir sagte, daß ich in meiner armseligen materiellen Situation eine theoretische Laufbahn vermeiden müßte. So kam ich von der Histologie des Nervensystems zur Neuropathologie und auf Grund neuer Anregungen zur Bemühung um die Neurosen. Ich meine aber, mein Mangel an der richtigen ärztlichen Disposition hat meinen Patienten nicht sehr geschadet. Denn der Kranke hat nicht viel davon, wenn das therapeutische Interesse beim Arzt affektiv überbetont ist. Für ihn ist es am besten, wenn der Arzt kühl und möglichst korrekt arbeitet. (Jones [1953] 1960-62, S. 48 f.)

Freud hat es nie für nötig gehalten, das Leiden anderer einfach auszutreiben oder sich zu seinem Komplizen zu machen. Er war überzeugt davon, daß nur Einsicht und Selbsterkenntnis helfen würden. Ich habe diesen Punkt in zwei früheren Aufsätzen (Khan [1970 b], [1972 d] 1988) bereits erläutert; hier möchte ich kurz den Weg beschreiben, der Freud zur Entdekkung seiner psychoanalytischen Methode führte.

Das geheimnisvolle Los des Hysterikers hatte Freud schon sehr früh beeindruckt. Als er 1881 sein ärztliches Examen ablegte, beschränkten sich die medizinischen Techniken zur »Abfertigung« des hysterisch Kranken (viel mehr vermochten diese Methoden nicht zu leisten) auf Hypnose sowie galvanische und Faradaysche Elektrotherapie. Schon 1883, als er seinen ersten Privatpatienten behandelte, den er während einer Abwesenheit Breuers übernommen hatte, schrieb er seiner Verlobten Martha Bernays: »In solchen Fällen wirkt man nicht mit Therapie, sondern mit seiner Persönlichkeit.« (Jones [1953] 1960-62, Bd. 1, S. 241) Aber Josef Breuer (1842-1925), ein bekannter Wiener Arzt, der in den mühevollen Anfangsjahren zu Freuds erstem väterlichen Freund wurde, hatte ihm seine schicksalhafte Begegnung mit einer begabten Hysterika, Frl. Anna O., die als klassischer Hysteriefall berühmt wurde, bereits anvertraut (Freud 1895 d). Fräulein Anna O., ein einundzwanzigjähriges Mädchen von ungewöhnlicher Intelligenz und *»völlig unsuggestibel«*, hatte ein veritables Arsenal von Neurosen entwickelt, die mit der tödlichen Krankheit ihres Vaters in Zusammenhang standen. Noch interessanter aber waren ihre zwei unterschiedlichen Gemütszustände: »die Kranke [war] in zwei Persönlichkeiten zerfallen, von denen die eine psychisch normal und die andere geisteskrank war« (Freud 1895 d, S. 39). Als Breuer der Patientin im Jahre 1880 erstmals begegnet war, hatte sie sich in einem ihrer »somnolenten Zustände« befunden, d. h. sie war auto-hypnotisiert. Die Patientin hatte zu Breuer eine sehr positive Bindung entwickelt, auf die er mit entsprechender Sympathie reagierte. Es war Frl. Anna O., die Breuer zwang, ihrer *talking cure* (»Rede-Kur«) oder dem *chimney sweeping* (»Schornsteinfegen«) (beide Bezeichnungen stammen von ihr) zuzuhören, da das Erzählen ihre Symptome zum Verschwinden brachte. Was Breuer betrifft, so war es in der Tat ein für jene Zeit ganz ungewöhnlicher Akt edelmütiger Hingabe, tagtäglich seine Zeit damit zuzubringen, ein und derselben Hysterikerin zuzuhören. Breuers Darstellung seines Falls endet wie folgt:

> [sie] war nun frei von all den unzähligen Störungen, die sie früher dargeboten hatte. Dann verließ sie Wien für eine Reise, brauchte aber doch noch längere Zeit, bis sie ganz ihr psychisches Gleichgewicht gefunden hatte. Seitdem erfreut sie sich vollständiger Gesundheit.

Mehr als siebzig Jahre später sollte Jones ([1953] 1960-62) unter Berufung auf eine vertrauliche Mitteilung Freuds schildern, was in Wirklichkeit zum Abbruch der Behandlung von Frl. Anna O. geführt hatte:

> Freud hat die seltsamen Umstände, unter denen diese neuartige Behandlung ein Ende nahm, dem Biographen ausführlicher erzählt, als er sie in seinen Schriften schilderte. Offensichtlich hatte Breuer für seine interessante Patientin das entwickelt, was wir heute eine starke Gegenübertragung nennen. Auf alle Fälle scheint er von nichts anderem gesprochen zu haben, so daß es seiner Frau lästig zu werden begann und sie schließlich eifersüchtig wurde. Sie zeigte es zwar nicht offen, aber sie wurde mißmutig und reizbar. Als Breuer, der mit seinen Gedanken anderswo weilte, nach langer Zeit endlich den Grund ihres Gemütszustandes erriet, kam es bei ihm zu einer heftigen Reaktion – wahrscheinlich eine Mischung von Liebe und Schuldgefühl –, und er be-

schloß, mit der Behandlung aufzuhören. Er teilte dies Anna O. mit, der es jetzt viel besser ging, und verabschiedete sich von ihr. Aber noch am selben Abend holte man ihn wieder zu ihr, und er traf sie in einem Zustand höchster Erregung. Die Patientin, die er bisher für ein völlig geschlechtsloses Wesen gehalten, und die während der ganzen Behandlung nie eine Anspielung auf dieses verpönte Thema gemacht hatte, befand sich jetzt in den Wehen einer hysterischen Geburt (Pseudocyesis), dem logischen Abschluß einer Phantomschwangerschaft, die sich während Breuers Behandlung als deren Folge unsichtbar entwickelt hatte. Trotz seines Schreckens gelang es ihm, sie durch Hypnose zu beruhigen, bevor er entsetzt das Weite suchte. Tags darauf fuhr er mit seiner Frau nach Venedig auf eine zweite Hochzeitsreise; seine Tochter, die auf dieser Reise gezeugt wurde, sollte sechzig Jahre später Selbstmord begehen, um sich der Deportierung durch die Nazis zu entziehen.« (S. 267 f.)

Als Freud 1885 nach Paris gereist war, dachte er an diesen Fall und wollte ihn mit Charcot diskutieren, aber Charcot zeigte kaum Interesse. Freud war auf der Suche nach einer Frage, und alles, was er fand, waren Antworten, die an der Frage vorbeigingen. Es gibt keinen Zweifel daran, daß Charcots Persönlichkeit, sein Genie und seine Arbeitsweise Freuds Aufmerksamkeit auf den Hysteriker als Modellfall lenkten; wirklich gelernt aber hat er von Charcot nur wenig. Als er sich 1886 in seiner Privatpraxis niederließ, probierte er alle Methoden aus, die damals en vogue waren, um sie dann wieder fallenzulassen, weil sie sich als nutzlos erwiesen. Freud war sich sicher, daß ein psychischer Vorgang die hysterischen Symptome hervorrief, dessen Wesen und Funktion die neurophysiologischen Techniken und das Brimborium der Hypnose-Tricks aber völlig unkenntlich gemacht hatten. Er hatte sich zwei disparate Traditionen angeeignet: in seiner Adoleszenz die humanistische Tradition der imaginativen Neugierde auf die Selbsterfahrung des Individuums; später von der Medizin seiner Zeit die wissenschaftlich-mechanistische Tradition des mühseligen Faktenstudiums im Labor. Freud hat es in der Hypnosetechnik nie weit gebracht; die Einschüchterung entsprach weder seiner Natur noch seinem Charakter. Er reiste 1889 sogar nach Nancy, um von den spektakulären Kunststücken, die Bernheim mit seinen Patienten veranstaltete, mehr über den Hypnotismus zu lernen. Er überredete eine aufsässige Patientin, ihn zu begleiten, um zu sehen, ob es Bernheim gelingen würde, sie erfolgreicher zu hypnotisieren. Es klappte nicht, bestärkte Freud aber in seiner Überzeugung, daß das Wesentliche der Hypnosebehandlung in der emotionalen Beziehung lag, die der Patient zu seinem Arzt aufbaute. In seiner Autobiographie (1925 d) erzählt Freud von einem Zwischenfall mit einer seiner Patientinnen während seiner frühen Praxiszeit in den neunziger Jahren, der ihn endlich von der Sinnlosigkeit der Hypnose überzeugte:

> Auch hatten sich mir mit zunehmender Erfahrung zwei schwere Bedenken gegen die Anwendung der Hypnose selbst im Dienste der Katharsis ergeben. Das erste war, daß selbst die schönsten Resultate plötzlich wie weggewischt waren, wenn sich das persönliche Verhältnis zum Patienten getrübt hatte. Sie stellten sich zwar wieder her, wenn man den Weg zur Versöhnung fand, aber man wurde belehrt, daß die persönliche affektive Beziehung doch mächtiger war als alle kathartische Arbeit, und gerade dieses Moment entzog sich der Beherrschung. Sodann machte ich eines Tages eine Erfahrung, die mir in grellem Lichte zeigte, was ich längst vermutet hatte. Als ich einmal eine meiner gefügigsten Patientinnen, bei der die Hypnose die merkwürdigsten Kunststücke ermöglicht hatte, durch die Zurückführung ihres Schmerzanfalls auf seine Veranlassung von ihrem Leiden befreite, schlug sie beim Erwachen ihre Arme um meinen

Hals. Der unvermutete Eintritt einer dienenden Person enthob uns einer peinlichen Auseinandersetzung, aber wir verzichteten von da an in stillschweigender Übereinkunft auf die Fortsetzung der hypnotischen Behandlung. Ich war nüchtern genug, diesen Zufall nicht auf die Rechnung meiner persönlichen Unwiderstehlichkeit zu setzen, und meinte, jetzt die Natur des mystischen Elements, welches hinter der Hypnose wirkte, erfaßt zu haben. Um es auszuschalten oder wenigstens zu isolieren, mußte ich die Hypnose aufgeben. (S. 58)

Wann genau Freud die Methode der *freien Assoziation* entdeckte, ist nicht sicher, aber es war irgendwann zwischen 1889 und 1895. Da Freud immer von den Bedürfnissen seiner Patienten geleitet wurde, kann man zwei andere wichtige Episoden herausgreifen, die zu ihrer Entdeckung führten. Die erste findet sich in seiner Fallgeschichte von Frau Emmy von N., bei der er noch immer die Hypnose praktizierte:

Ich *gab ihr auf,* sich bis morgen daran zu erinnern. Nun sagte sie recht mürrisch, ich solle nicht immer fragen, woher das und jenes komme, sondern *sie erzählen lassen,* was sie mir zu sagen habe. Ich gehe darauf ein. (Freud 1895 d, S. 63)

Ich habe die Formulierung »gab ihr auf« im obigen Zitat hervorgehoben, weil Freud der erste Kliniker in der Psychotherapie war, der die Wahrheit von seiner Patientin zu erfahren suchte, anstatt sie ihr zu diktieren. Weder Charcot noch Bernheim noch Breuer sprachen mit dem Patienten. Sie isolierten das Symptom als einen Fremdkörper und attackierten es mit dem Ziel, die Patientin von ihm zu befreien. Charcots berühmte Fallgeschichte von Ler in seinen *Leçons sur les maladies du système nerveux* (1887) ist ein anschauliches Beispiel dafür, wie der kranke Mensch als Schaustück behandelt wurde. Freud lernte von den *Personen*, deren *Symptome* sie zu *Patienten* gemacht hatten, wie er mit ihnen sprechen und wie er ihnen helfen konnte, mit ihm zu sprechen. Deshalb habe ich auch seine Formulierung »sie erzählen lassen« hervorgehoben. Freud war auch der erste psychiatrische Arzt, der, anstatt Symptome wegzuerklären, nach der Bedeutung suchte, die sie für den Patienten besaßen. Freud gestand dem Symptom die Funktion einer intrapsychischen Mitteilung zu, die sich, besonders bei der Hysterie, des Körpers bedient, um zu sprechen. Es war freilich noch ein langer Weg, bis er seine analytische Methode vollständig entwickelt hatte. Zunehmend aber ließ er die Techniken fallen, die er von seinen Lehrern übernommen hatte. Im Fall der Elisabeth von R. beschloß er, generell auf die Hypnose zu verzichten:

> Wenn man eine derartige kathartische Behandlung unternimmt, wird man sich zuerst die Frage vorlegen: Ist der Kranken Herkunft und Anlaß ihres Leidens bekannt? Dann bedarf es wohl keiner besonderen Technik, sie zur Reproduktion ihrer Leidensgeschichte zu veranlassen; das Interesse, das man ihr bezeugt, das Verständnis, das man sie ahnen läßt, die Hoffnung auf Genesung, die man ihr macht, werden die Kranke bestimmen, ihr Geheimnis aufzugeben. Bei Fräulein Elisabeth war mir von Anfang an wahrscheinlich, daß sie sich der Gründe ihres Leidens bewußt sei, daß sie also nur ein Geheimnis, keinen Fremdkörper im Bewußtsein habe. [...]
>
> Ich konnte also zunächst auf die Hypnose verzichten, mit dem Vorbehalte allerdings, mich später der Hypnose zu bedienen, wenn sich im Verlaufe der Beichte Zusammenhänge ergeben sollten, zu deren Klärung ihre Erinnerung etwa nicht ausreichte. So gelangte ich bei dieser ersten vollständigen Analyse einer Hysterie, die ich unternahm, zu einem Verfahren, das ich später zu einer Methode erhob und ziel-

bewußt einleitete, zu einem Verfahren der schichtweisen Ausräumung des pathogenen psychischen Materials, welches wir gerne mit der Technik der Ausgrabung einer verschütteten Stadt zu vergleichen pflegten. Ich ließ mir zunächst erzählen, was der Kranken bekannt war, achtete sorgfältig darauf, wo ein Zusammenhang rätselhaft blieb, wo ein Glied in der Kette der Verursachungen zu fehlen schien, und drang dann später in tiefere Schichten der Erinnerung ein, indem ich an jenen Stellen die hypnotische Erforschung oder eine ihr ähnliche Technik wirken ließ. Die Voraussetzung der ganzen Arbeit war natürlich die Erwartung, daß eine vollkommen zureichende Determinierung zu erweisen sei; [...]

Die Leidensgeschichte, welche Fräulein Elisabeth erzählte, war eine langwierige, aus mannigfachen schmerzlichen Erlebnissen gewebte. Sie befand sich während der Erzählung nicht in Hypnose, ich ließ sie aber liegen und hielt ihre Augen geschlossen, ohne daß ich mich dagegen gewehrt hätte, wenn sie zeitweilig die Augen öffnete, ihre Lage veränderte, sich aufsetzte u. dgl. (Freud 1895d, S. 111 f.)

Bis zum Jahr 1897 hatte Freud alle entscheidenden Bestandteile seiner psychoanalytischen Methode entdeckt und theoretisch fundiert. Wir wollen nun untersuchen, wie Freud die therapeutischen Pflichten zwischen Patient und Analytiker aufteilte.

Die entscheidende Verantwortung des Psychoanalytikers besteht darin, daß er mit Hilfe des Patienten die Bedeutung zu verstehen sucht, die die Krankheit für diesen hat (vgl. Pouillon 1972). Das Symptom galt nicht länger als ein »Fremdkörper«, der dem Patienten ausgetrieben werden mußte. Freud faßte es als eine besondere Kommunikationsweise des Patienten auf, gleichgültig, wie entstellt und verzerrt es war und wie fremd es diesem selbst erscheinen mochte. Um diese Kommunikation zu dechiffrieren, räumte Freud dem Patienten drei Grundrechte ein: einen völlig abgeschiedenen, privaten Raum; Sitzungen von bemessener Dauer und gemeinsam vereinbarter Häufigkeit; und eine Beziehung, die für die zwei beteiligten Parteien Vertragscharakter hatte und auf die gemeinsame Arbeit zielte. Der Patient konnte sich Zeit nehmen, um, ohne innere oder äußere Zensur, alles zu sagen, was ihm in den Sinn kam. Das ist es, was man gewöhnlich als freie Assoziation bezeichnet. Diese Begegnung rechnete mit der Kommunikationsunfähigkeit des Patienten, die sie als Ergebnis einer Verdrängung verstand, d. h. als Folge intrapsychischer Vorgänge. Ebenso wurde die Kooperationsverweigerung des Paitienten nicht als bösartige, negative Einstellung zur Person des Analytikers aufgefaßt, sondern als Widerstand, der die unvermeidbare interpersonale Manifestation derselben Kräfte darstellte, die zur Verdrängung geführt hatten. Der Analytiker stellte seine wachsame und unaufdringliche Aufmerksamkeit zur Verfügung. Auch wenn Freud nun dem Patienten in Form von Fürsorge und Verständnis so vieles gab, verlangte seine *Methode* doch auch einiges vom Patienten. In erster Linie hatten die Patienten die Verantwortung für ihre Symptome zu übernehmen. Dem Leiden, das sie mit sich brachten, zum Trotz stellten die Symptome eine eigene, individuelle Hervorbringung der Person dar, ohne deren Bereitschaft, die Verantwortung für ihre Urheberschaft zu übernehmen, sie nicht zu verstehen waren. Und das Gespräch wurde zum ausschließlichen Beziehungsmodus zwischen Analytiker und Patienten erklärt: »Es geht nichts anderes zwischen ihnen vor, als daß sie miteinander reden.« (Freud 1926e, S. 213) Eben diese eigentümliche und spezialisierte Form der gegenseitigen Beziehung war es, die Freuds Erfindung einer von Analytiker und Patient gemeinsam getragenen Verantwortung so einzigartig machte. In seiner Autobiographie sagt er:

> Es ist ganz richtig, daß auch die Psychoanalyse mit dem Mittel der *Suggestion* arbeitet wie andere psychotherapeutische Methoden. Der Unterschied ist aber, daß ihr – der Suggestion oder der Übertragung – hier nicht die Entscheidung über den therapeutischen Erfolg überlassen wird. Sie wird vielmehr dazu verwendet, den Kranken zur Leistung einer psychischen Arbeit zu bewegen – zur Überwindung seiner Übertragungswiderstände –, die eine dauernde Veränderung seiner seelischen Ökonomie bedeutet. Die Übertragung wird vom Analytiker dem Kranken bewußtgemacht, sie wird aufgelöst, indem man ihn davon überzeugt, daß er in seinem Übertragungsverhalten Gefühlsrelationen *wiedererlebt,* die von seinen frühesten Objektbesetzungen, aus der verdrängten Periode seiner Kindheit, herstammen. Durch solche Wendung wird die Übertragung aus der stärksten Waffe des Widerstandes zum besten Instrument der analytischen Kur. Immerhin bleibt ihre Handhabung das schwierigste wie das wichtigste Stück der analytischen Technik. (S. 71, Hervorhebungen im Original)

Freuds Methode verlangt einiges – sowohl vom Analytiker als auch vom Patienten. Sie verlangt von beiden eine wirksame Abgrenzung gegenüber dem eigenen Selbst. Der Patient muß in der Lage sein, sich selbst zu erleben, zu beobachten und von sich selbst zu berichten. Auf ähnliche Weise bietet der Analytiker dem Patienten seine Denkfähigkeit und eine »gleichschwebende Aufmerksamkeit« (Freud 1912e, S. 376) an. Gerade diese letzte Forderung hat die meisten, die die Psychoanalyse kennenlernten, veranlaßt, sie wieder aufzugeben oder zu versuchen, sie zu modifizieren, weil diese »gleichschwebende Aufmerksamkeit« voraussetzt, daß der Analytiker von grob verdrängenden Mechanismen in sich selbst *frei* ist. In der Tat verlangte Freud in einer therapeutischen Beziehung das, was Coleridge vom Dichter und dem Kritiker verlangt hatte, nämlich »ein bereitwilliges Suspendieren des Unglaubens« (»willing suspension of disbelief«) durch jede der betroffenen Parteien. Wir wollen von Freud selbst noch ein wenig mehr über seine therapeutische Methode hören:

> Hatte die kathartische Methode bereits auf die Suggestion verzichtet, so unternahm Freud den weiteren Schritt, auch die Hypnose aufzugeben. Er behandelt gegenwärtig seine Kranken, indem er sie ohne andersartige Beeinflussung eine bequeme Rückenlage auf einem Ruhebett einnehmen läßt, während er selbst, ihrem Anblick entzogen, auf einem Stuhle hinter ihnen sitzt. Auch den Verschluß der Augen fordert er von ihnen nicht und vermeidet jede Berührung sowie jede andere Prozedur, die an Hypnose mahnen könnte. Eine solche Sitzung verläuft also wie ein Gespräch zwischen zwei gleich wachen Personen, von denen die eine sich jede Muskelanstrengung und jeden ablenkenden Sinneseindruck erspart, die sie in der Konzentration ihrer Aufmerksamkeit auf ihre eigene seelische Tätigkeit stören könnten. (Freud 1904 a, S. 4 f.)

Dies war Freuds erste klar umrissene Darstellung seiner Methode.

Aber für Freud hatte der Kampf mit der Entdeckung seiner therapeutischen Methode im Jahre 1897 gerade erst begonnen. Die Person, die ihm die heftigsten Kämpfe lieferte, war *er selbst*. Er war zwar auf das *Wie* seiner Methode, nicht aber auf das Warum (die *Bedeutung*) des Materials gestoßen. Um dieses Warum zu entdecken, mußte der Analytiker, wie Freud erkannte, es zunächst in sich selbst finden, bevor er es im Patienten finden konnte. Deshalb nahm er 1897 seine Selbstanalyse in Angriff. Sie war Freuds heroischstes Wagnis, etwas, das niemand wiederholen kann, denn nie wieder wird jemand – nach Freud – diesem Unternehmen *unbefangen* gegenüberstehen.

Um die Bedeutung dessen, was die psychische Realität des Hysterikers ausmachte, verstehen zu lernen, beschloß Freud, in sich selbst hineinzusehen. Das Instrument der Kur, der Analytiker, muß zunächst sich selbst kennen. Darin bestand Freuds aufopferungsvolle Bescheidenheit angesichts der Aufgabe, die er in Angriff genommen hatte.

Introspektion reichte nicht aus! Man muß einen Zeugen haben, mit dem man sprechen kann. Die Früchte der Introspektion waren bereits geerntet: Montaigne hatten sie die *Essais* eingebracht, Descartes seine *Methode* und Rousseau die *Bekenntnisse*. In Hülle und Fülle erscheinen im neunzehnten Jahrhundert intime Bekenntnisse der Selbsterfahrung (vgl. Girard 1963).

Freud hatte weder vor, mit Bekenntnissen um Aufmerksamkeit zu werben noch (wie Rousseau) zum entfremdeten Komplizen seiner selbst zu werden. Er zog es vor, zu *teilen* und zu sprechen. Der Mensch, den er für diese merkwürdige Reise auserwählte, war Wilhelm Fließ – ein Mann, der um zwei Jahre jünger war als er selbst. Die Geschichte dieser Odyssee erzählen uns seine Briefe an Fließ (Freud [1950a] 1975). Ich habe Freuds entscheidende Äußerungen gegenüber Fließ bereits zitiert. Aber er sollte etwas Tieferes und Allgemeineres aus seiner Selbstanalyse lernen: *ihre Unmöglichkeit*. Deshalb beharrte Freud (1912e) darauf, daß jeder Analytiker sich zunächst selbst einer Analyse zu unterziehen habe:

> Wenn der Arzt aber imstande sein soll, sich seines Unbewußten in solcher Weise als Instrument bei der Analyse zu bedienen, so muß er selbst eine psychologische Bedingung in weitem Ausmaße erfüllen. Er darf in sich selbst keine Widerstände dulden, welche das von seinem Unbewußten Erkannte von seinem Bewußtsein abhalten, sonst würde er eine neue Art von Auswahl und Entstellung in die Analyse einführen, welche weit schädlicher wäre als die durch An-

> spannung seiner bewußten Aufmerksamkeit hervorgerufene. Es genügt nicht hiefür, daß er selbst ein annähernd normaler Mensch sei, man darf vielmehr die Forderung aufstellen, daß er sich einer psychoanalytischen Purifizierung unterzogen und von jenen Eigenkomplexen Kenntnis genommen habe, die geeignet wären, ihn in der Erfassung des vom Analysierten Dargebotenen zu stören. (S. 382)

Durch seine Selbstanalyse entdeckte Freud die allgegenwärtige Bedeutung der frühkindlichen Sexualität, den Ödipuskomplex und die Kastrationsangst, die die Persönlichkeitsentwicklung des »modernen« Menschen begleiten. Wie Freuds Selbstanalyse ihm half, die psychoanalytische Methode weiter zu verfeinern, habe ich an anderer Stelle erläutert (Khan [1962] 1988). Den Höhepunkt der Freudschen Selbstanalyse und der therapeutischen Arbeit in den späten neunziger Jahren bildet *Die Traumdeutung* (1900 a). Die Einsichten in die Traumarbeit veranlaßten Freud zu einer Revolutionierung des Verständnisses der inneren psychischen und emotionalen Realität des Menschen. Die Entdeckung des dynamischen Unbewußten und seiner spezifischen Funktionsgesetze erweiterten das menschliche Bewußtsein, so daß es nun auch das zu erfassen vermochte, was es bislang entweder bedroht hatte oder was von ihm ferngehalten worden war. Es ist kein Zufall, daß das erste »Traummuster«, das Freud analysiert, sein eigener Traum von einer Patientin ist, den wir heute als Gegenübertragungstraum bezeichnen würden. Indem er diesen mutigen Schritt wagte, legte Freud ein für allemal den zweifachen und reziproken Charakter des therapeutischen Unternehmens zwischen dem Patienten und seinem Analytiker fest. Dies war im Hinblick auf die gemeinsame Verantwortung in der therapeutischen Beziehung ein gefahrvoller und neuartiger Schritt nach vorn, mit dem sich das Problem der Krankheit in ein Problem der Authentizität verwandelte. Freud sollte die Begriffsstruktur seiner Theorie noch viele Male revidieren und erweitern, aber er hatte das zwanzigste Jahrhundert mit einer neuen humanistischen Vision eingeleitet, in der die innere Realität des Menschen ebensosehr wie seine soziale Erfahrung zur Angelegenheit des anderen wurde. Ich werde Trilling ([1972] 1980) Freuds Anliegen zusammenfassen lassen:

> Das Mehr an systematischer Intentionalität, das die Psychoanalyse in dem entdeckt hatte, was sie als Unbewußtes bezeichnet, hat die Aufgabe, es dem Begreifen dessen, was sie als Bewußtsein bezeichnet, zu erschließen, nicht erleichtert. Im Gegenteil, die äußerste Komplizierung der Topik und Dynamik des Ich und die besondere Aufmerksamkeit, die sie erforderte, gebot dem früheren therapeutischen Optimismus der Psychoanalyse Einhalt, zumindest hinsichtlich der Länge der Zeit, die eine erfolgreiche Behandlung brauchte. Freud wurde dadurch veranlaßt, seinen Aufsatz mit dem beunruhigenden Titel »Endliche und unendliche Analyse« zu schreiben. Die gesteigerte Widerständigkeit des Unbewußten ist auf ein bis dahin unerkanntes Prinzip der Inauthentizität zurückzuführen, dessen Doppelspiel in seinem ganzen Ausmaß daran sichtbar wird, daß es die Gesellschaft in ihrer ganzen Autorität in den Dienst seiner eigensüchtigen Zwecke stellt. Der Gedanke der fast unwiderstehlichen Macht dieses Prinzips der Inauthentizität beherrscht die reife Gesellschaftstheorie Freuds. (S. 139 f.)

Mit der wachsenden Komplexität der Freudschen Theorien stehen wir vor einem interessanten Paradoxon. Trilling dechiffriert ganz richtig eine neuartige, aus dem Überich resultierende Form des *Widerstandes,* der in die therapeutische Allianz mit dem Patienten eindringt, den Widerstand von seiten des Überichs. Mit dem Eindringen von Freuds Denken in die Empfindungsweise der europäischen Kulturen entsteht jedoch bei den Schriftstellern und Malern eine ganz andere Situation. Dem Wortspiel aus Joyce' *Finnegans Wake* zufolge besteht ihre nunmehrige Hauptbeschäftigung darin: »Let us pry« (›Lasset uns schnüffeln‹). Und das, worin sie herumschnüffelten, war das Unbewußte. Allmählich begann das wache und rationale Ich, dem träumenden Ich seinen Zugang zum Unbewußten zu *neiden*. Infolgedessen machen Dichtung und Malerei sich in diesem Jahrhundert überwiegend die halluzinatorische Bilderwelt des Traums zu eigen. Künstler und Schriftsteller setzen sich die rasende Jagd nach dem Unbewußten zum Ziel. Joyce' *Finnegans Wake* stellt den extremen, absurden und einzigartigen Versuch dar, die Sprache in der Grammatik der Träume sprechen zu lassen: Verdichtungen, Verschiebungen, Wortspiele, Inversionen, Mißachtung zeitlicher und räumlicher Relationen usw. Freuds therapeutische Verantwortlichkeit half dem Patienten, seine verdrängte Vergangenheit zu erinnern und in einer signifikanten Selbst-Erzählung auszusprechen. Den Kubisten, Dadaisten und Surrealisten wird die Erzählung zutiefst suspekt. Die Künstler streben danach, das Bild (in Sprache oder bildender Kunst) zu einem absoluten Raum, einer absoluten Realität zu gestalten, aus der sie sich selbst nicht erwecken. Joyce sollte behaupten: »Seit 1922 war mein Buch für mich realer als die Realität.« Molly Blooms nächtlicher Monolog, der den *Ulysses* beschließt, ist ein kritischer Punkt in jener Krise des Bewußtseins, die der Moderne in unserer Zeit zum Schicksal werden sollte. Die meisten schöpferischen Bemühungen sollten sich nun auf die Selbsttherapie und die Erforschung des Traum-Raumes richten. In *Finnegans Wake* formuliert Joyce die Diagnose und die neue therapeutische Verantwortlichkeit in einem epiphanischen Rätsel:

> Shem Macadamson, you know me and I know you and all your shemeries. Where have you been in the uterim, enjoy-

ing yourself all the morning since your last wetbed confession? I advise you to conceal yourself, my little friend, as I have said a moment ago and put your hands in my hands and have a nightslong homely little confiteor about things. Let me see. It is looking pretty black against you, we suggest, Sheem avick. You will need all the elements in the river to clean you over it all and a fortifine popespriestpower bull of attender to booth.[9]

9 Etwa: »Shem Macadamson, du kennst mich und ich kenne dich und alles, was du im Schilde führst. Wo warst du in der Zwischenzeit, im Uterus, womit hast du dich den ganzen Morgen über amüsiert nach deinem letzten bettnässenden Bekenntnis? Ich gebe dir den guten Rat, versteck' dich, mein Freundchen, wie ich gerade eben schon sagte, und leg' deine Hände in meine Hände, rüste dich zu einem nächtelangen Sündenbekenntnis. Laß' sehen. Es sieht ziemlich schwarz für dich aus, sollte man meinen, Sheem Vögelchen. Du wirst alle Elemente des Flusses brauchen, um dich von all dem reinzuwaschen und einen feinen vierzigender Papstpriesterkraftsbullen als Bademeister.«

2
JENSEITS DES TRAUMERLEBENS

> Herr meines Lebens, haben sich weggeschlichen und mich hier schlafen lassen! Ich habe ein höchst einzigartiges Gesicht gehabt. Ich habe einen Traum gehabt – es übersteigt den Geist des Menschen zu sagen, was für ein Traum es war. Der Mensch ist nur ein Esel, wenn er sich daran macht, diesen Traum zu deuten. Ich dachte, ich war – kein Mensch kann sagen was. Ich dachte, ich war, und ich dachte, ich hatte – aber der Mensch ist ein buntscheckiger Narr, wenn er sich erbietet zu sagen, was ich dachte, was ich hatte. Keines Menschen Auge hat je gehört, keines Menschen Ohr je gesehen, keines Menschen Hand vermag zu schmecken, keine Zunge sich vorzustellen, auch kein Herz zu berichten, was mein Traum war. Ich will Peter Squenz dazu kriegen, ein Lied über diesen Traum zu schreiben. Es soll Zettels Traum genannt werden, weil es keinen Grund hat.
>
> *Shakespeare,* Ein Sommernachtstraum

Da ich an dieser Stelle zum dritten Mal versuchen möchte, meine Arbeit über die Träume zu erklären und darzustellen, werde ich meine früheren Hypothesen nur kurz skizzieren. Grundsätzlich gehe ich von der Überlegung aus, daß die Psychoanalyse versucht, die ganz persönlichen, subjektiven Erfahrungen eines Menschen eingehend zu betrachten und zu verstehen. Bei diesem Menschen kann es sich um einen Patienten handeln, um den Analytiker selbst oder eine *mélange* aus beiden Personen.

In meinem Edinburgher Kongreßbeitrag (Khan [1962] 1988) habe ich das Konzept des »guten Traumes« formuliert und behauptet, daß bestimmte intrapsychische Funktionen und Ichfähigkeiten erforderlich sind, damit der Mensch aus seinem Schlaferleben einen »guten Traum« zusammenstellen kann. Als wichtigste Voraussetzungen nannte ich die Fähigkeit des Ichs, den Schlafwunsch aufrechtzuerhalten und massive Einflüsse des Primärprozesses zu kontrollieren, sowie eine angemessene Dosis an »Tagesresten«, die den latenten »Traumwunsch« zu einem kontrollierten Traumtext strukturieren. Weiterhin hatte ich behauptet, daß der »gute Traum« voraussetze, daß das Ich aus dem Traumerleben eine narzißtische Gratifikation gewinnen kann, die an die Stelle des primitiveren Narzißmus eines reinen, leeren Schlafzustandes oder der konkreten Befriedigung in der Realität tritt. Auch die Fähigkeit zu Symbolisierung und Traumarbeit wurde als Bedingung für die Zusammenfügung des Traumtextes genannt. Ich hatte außerdem versucht zu zeigen, daß Freud die hervorstechenden Merkmale der analytischen Situation an intrapsychischen Bedingungen orientiert hatte, die im Schlaf vorherrschen und zu einem »guten Traum« führen können. In jenem Vortrag hatte ich kein klinisches Material angeführt, denn das Material, das mir aus meiner Praxis zur Verfügung stand, konnte damals aus beruflichen Gründen nicht veröffentlicht werden. Heute, fünfzehn Jahre später, kann ich die beiden Träume zweier Patienten schildern, die mich dazu veranlaßt hatten, jene Arbeit zu verfassen.

Der erste Traum stammt von einer Patientin, Frau X., deren Behandlung ich in einer früheren Arbeit dargestellt habe (Khan [1960] 1988). Sie hatte eine Phase sehr intensiver Regression und Abhängigkeit in der Analyse überstanden. Sie war Alkoholikerin gewesen und hatte gewohnheitsmäßig kleinere Diebstähle verübt, die ihr einige Male Ärger mit der Polizei eingehandelt hatten, und dann mußte ich ihr zu Hilfe kommen. Gegen Ende ihrer Behandlung – sie wollte aufhören, um eine verantwortungsvolle Arbeitsstelle zu übernehmen – hatte sie geträumt:

Ich bin in der Krankenhausapotheke. Ich suche ein paar Flaschen mit Schlaftabletten zusammen und gehe hinaus. Dann gerate ich ganz durcheinander und kann mich nicht mehr zurechtfinden. Schließlich lande ich im Beschäftigungstherapie-Raum. Ich sehe, daß dort Farben und Pinsel und Papier herumliegen. Weil sonst niemand da ist, arrangiere ich die Flaschen und fange an, ein Stilleben von ihnen zu malen. Als ich fast fertig bin, wird mir bewußt, daß mich jemand beobachtet. Ich bekomme schreckliche Angst und bin drauf und dran, das Bild zu zerreißen, merke dann aber, daß ich mich nicht um das Bild, sondern um die Flaschen kümmern sollte. Ich hatte sie ja gestohlen. Ich drehe mich um, und der Mann kommt mir sehr merkwürdig vor: er ist klein, grauhaarig und sieht aus wie ein Gestapo-Offizier. Dennoch hatte er ein freundliches und wohlwollendes Gesicht. Ich lasse alles liegen und gehe in mein Schlafzimmer zurück.

Ich möchte kurz erzählen, daß die Patientin in die Analyse gekommen war, nachdem sie eine Überdosis Schlaftabletten genommen und das Haus verlassen hatte, um sich in einem nahegelegenen See zu ertränken. Sie war in Verwirrung geraten und ziellos herumgelaufen, bis sie von der Polizei gefunden und ins Haus ihrer Freunde zurückgebracht wurde. Mit dem Gestapo-Offizier waren andere Katastrophen und Schuldgefühle verbunden. Die Patientin war aus Mitteleuropa nach London gekommen, und hier sollte ihr Geld übergeben werden, mit dem sie ihre übrige Familie nach London holen sollte. Man hatte ihr das Geld auch ordnungsgemäß ausgehändigt, aber ein starkes Beruhigungsmittel in ihre Getränke gemischt. Als sie im Restaurant aufwachte, war alles Geld verschwunden. Obwohl sie von Beruf Ärztin war, hatte sie eine Stelle als Krankenschwester angenommen und während des ganzen Krieges in dieser Funktion gearbeitet. Ihre gesamte Familie war in den Gaskammern der Nazis ums Leben gekommen.

Daß diese Patientin gerade diesen Traum ausgerechnet zu einem Zeitpunkt träumte, an dem sie am Beginn einer ehren- und verantwortungsvollen beruflichen Laufbahn stand, war in der Tat sehr bedeutsam. Es zeigte, daß sie genügend Ichkräfte erlangt hatte, um einerseits mit ihrem Schuldgefühl fertigzuwerden und andererseits die erlebten Entbehrungen in eine ästhetische Leistung umzusetzen. Sie hatte die Tabletten nicht geschluckt, sondern begonnen, sie zu malen. Die Übertragungsbeziehung zu mir als demjenigen, der ihr wohlwollend zusieht, zeigte auch, daß die regressive Abhängigkeit von mir als idealisierter Gestalt sich intrapsychisch zum Gebrauch meiner Person als einer zwar kritischen, aber nicht strafenden inneren Gestalt gewandelt hatte. Die Behandlung dieser Patientin hatte mir aufs lebhafteste offenbart, wie eine Person ihr »wahres Selbst« hinter der bizarrsten Psychopathologie verbergen kann, daß die unerprobten Fähigkeiten des Ichs aber in der richtigen, Halt gewährenden Umgebung mit erstaunlicher Intaktheit und Wirksamkeit aktiviert werden können. Das machte in meinen Augen einen »guten Traum« aus, weil es bisher abgespaltene und verleugnete Aspekte des Selbst zu einer kohärenten, auf Erfahrung beruhenden Erzählung zusammenfaßte.
Der zweite Traum stammt ebenfalls von einem Patienten, über den ich schon einmal geschrieben habe (Khan [1963 b] 1988). Dieser Patient war mit einer schweren Störung zu mir gekommen, die sich in der Analyse beträchtlich verbessert hatte. Der Traum, den ich wiedergebe, stammt aus dem dritten Jahr, und mittlerweile ging es dem Patienten so gut, daß er eine verantwortungsvollere und lukrativere Stelle annehmen konnte. Es war ein »bizarrer Traum«, um es mit den eigenen Worten des Patienten zu sagen. Er träumte:

> Ich beobachte zwei spielende Hunde. Einen älteren großen Hund und ein sehr lebhaftes kleines Hundebaby. Plötzlich

steigt das Hundebaby auf den großen Hund, und der große Hund bricht völlig zusammen.

Der Patient war in Tränen aufgelöst aus diesem Traum erwacht, was ihm nur selten passierte. Die Bedeutung des Traums erkannte er sehr klar, und er lobte sich selbst ob seiner Fähigkeit, über die Schwäche seines Vaters (der alte, größere Hund des Traumes) weinen zu können. Die gesamte Kindheit dieses Patienten war überschattet gewesen, weil sein Vater plötzlich zusammengebrochen und in einen akuten Zustand der Melancholie verfallen war, der bis zu seinem Tod zwanzig Jahre später andauerte. Ein fröhliches und lebendiges Zuhause hatte sich in ein morbides Pflegeheim verwandelt. Der Vater war nicht mehr in der Lage, mit seinen Söhnen zu spielen oder sich am Leben zu erfreuen. Auch ich fiel auf das Hochgefühl herein, das der Patient angesichts seiner Fähigkeit empfand, Traurigkeit und Kummer Ausdruck zu verleihen. Beim Tode seines Vaters war er nicht in der Lage gewesen, irgendein Zeichen von Trauer zu bekunden. Nun sah es so aus, als hätte der Patient ein genügendes inneres psychisches Wachstum entwickelt, um mit dem kumulativen Trauma fertigzuwerden, das sein Vater verursacht hatte, indem er in Trägheit und Apathie verfallen war. Er nahm seine neue Tätigkeit zwar auf, aber sein Charakter stand den Möglichkeiten eines neuen Lebens leider weiterhin strikt negativ gegenüber.

Material dieser Art veranlaßte mich dazu, meinen zweiten Beitrag, »Gebrauch und Mißbrauch des Traumes als psychische Erfahrung« (Khan [1972 e] 1988), zu verfassen. In dem dazwischenliegenden Jahrzehnt hatte ich eine zunehmende Sensibilität dafür entwickelt, daß der Traum als Erlebniseinheit [*experiental entity*] für einen Menschen einen ganz anderen Wert und eine ganz andere Funktion haben kann als die einzelnen Elemente des Traumtextes. Ich begann zu ahnen, daß der erinnerte Traum, den ich hier als Traumtext bezeichne, das *Träumen* selbst unter Umständen negiert. Einem Hinweis Winnicotts ([1971 a] 1973) folgend, begann ich, aufmerksamer darauf zu achten, wie ein Mensch den Traumtext im psychischen Gesamterleben seines Selbst *gebraucht*. Das Leben mit dem »Traumtext« kann sowohl eine Flucht vor der äußeren Realität als auch eine innere psychische Funktionsweise darstellen, die sich notwendigerweise auf die Funktionen des Primärvorgangs stützt und durch diese bereichert wird. Das Ausschlaggebende an meiner klinischen Erfahrung aber war für mich die Entdeckung des *Traumraumes* [*dream space*]. Ich formulierte die Hypothese, daß der *Traumraum* als ein Bereich zu betrachten sei, in dem neue Erfahrungen eingeleitet werden, die dann bestätigt oder verworfen werden müssen. Ich schilderte zwei klinische Beispiele. Ich hatte den Traumraum mit dem Übergangsraum des Papiers verglichen, das Winnicott ([1971 b] 1973) in seinen Schnörkelspiel-Beratungsstunden benutzte. Rückblikkend vermag ich zu erkennen, daß Frau X. den Traumraum benutzte, um ihr Gefühl, von der Schuld befreit zu sein, weiter zu entfalten und abzusichern, der männliche Patient hingegen nicht in der Lage war, den Traumraum einer neuen Erfahrung nutzbar zu machen. Der alte Hund bricht zusammen, ebenso wie in der Kindheitsrealität. Aus diesem Grund hat der Traum, obwohl er Affekte freisetzte, die Bedeutung einer negativen therapeutischen Reaktion.

Ich hoffe, meine früheren Thesen hiermit ausreichend skizziert zu haben. Die neue These, die ich zur Diskussion stellen möchte, lautet, daß wir zwischen dem *Traumerleben* und den Bedeutungen des erinnerten *Traumtextes* unterscheiden sollten. Aufgrund meiner klinischen Arbeit bin ich zu der Überzeugung gelangt, daß das *Träumen* als psychisches Geschehen und Erleben etwas ganz anderes ist als der erinnerte *Traumtext*. In unserer Literatur werden das Träumen und der erinnerte Traumtext nicht genügend voneinander unterschieden. Ich habe aber den Eindruck, als sei Freud selbst sich dieses Unterschiedes bewußt gewesen. Seine Feststellung, »daß diejenigen Träume ihre Funktion am besten erfüllt haben, von denen man nach dem Erwachen nichts zu sagen weiß« (Freud 1925 i, S. 562), scheint sich über die Funktion des Traums als Hüter des Schlafes hinaus noch auf etwas anderes zu beziehen. Über die Abwehrfunktion der Träume äußerte Freud sich völlig eindeutig:

> In manchen Analysen oder während gewisser Strecken einer Analyse zeigt sich eine Sonderung des Traumlebens vom Wachleben, ähnlich wie die Absonderung der Phantasietätigkeit, die eine *continued story* (einen Tagtraumroman) unterhält, vom Wachdenken. (Freud 1923 c, S. 304)

In seinem aufschlußreichen Essay »Hamlet und Ödipus« hat Jean Starobinski ([1970] 1973) behauptet:

> Das Unbewußte ist nicht nur Sprache: es ist Dramaturgie, d. h. inszeniertes Wort, gesprochene Handlung (zwischen den Extremen des Lärms und der Stille). (S. 121)

Davon ausgehend argumentiert er weiter:

> Es steckt nichts hinter Ödipus, denn Ödipus ist schon die Tiefe selbst. *Hamlet* dagegen veranlaßt uns, tausendfach die Frage zu stellen, was hinter Hamlet stecke: seine Beweggründe, seine Vergangenheit, seine Kindheit, alles, was er verbirgt, alles, dessen er sich nicht bewußt ist, usw. (Ebd., S. 122)

In Anlehnung an Starobinskis Modell möchte ich behaupten, daß der Traumtext zum Traumerleben in derselben Beziehung steht wie Prinz Hamlet zu König Ödipus. Ödipus träumt nicht. Er ist ein zur Ereigniswirklichkeit gewordenes kulturelles Traumerleben. Daher die Ehrfurcht, die wir am

Schluß von Sophokles' *König Ödipus* empfinden. Ödipus ist das Schicksal selbst:

> Von solcher Abkunft, werd ich so entartet nie
> Befunden, daß ich meinen Stamm nicht forschete.

Hamlet ist das Verhängnis, der zum Untergang bestimmte:

> Die Zeit ist aus den Fugen: Schmach und Gram,
> Daß ich zur Welt, sie einzurichten, kam! (I 5)

Überdies wird Hamlet von seinen Träumen verfolgt:

> O Gott, ich könnte in eine Nußschale eingesperrt sein und mich für einen König von unermeßlichem Gebiete halten, wenn nur meine bösen Träume nicht wären. (II 2)

Das Verhängnis des betroffenen Menschen, seine schicksalhafte Bestimmung ist ein wesentlicher Bestandteil des Traumtextes. Und eben dieses Verhängnis verknüpft mit dem Traumtext die Notwendigkeit, daß er mit dem anderen geteilt, gedeutet und verstanden wird, damit die Dinge »eingerichtet« werden können.

Ernst Hartmann (1973) hat mit gutem Grund behauptet: »Der Traumschlaf hat eine Funktion, die ganz unabhängig davon ist, was man von seinen Träumen erinnert.«

Genau diese Funktion des *Traumschlafs* möchte ich untersuchen. Und ich möchte Pontalis' ([1955] 1968) Aphorismus: »Das sprechende Subjekt ist das ganze Subjekt« (»Le sujet parlant est tout le sujet«), etwas anders formulieren und sagen: »Das träumende Subjekt ist das ganze Subjekt.« Das Traumerleben ist eine Ganzheit, in der das Selbst sich auf unbegreifliche Art und Weise verwirklicht. Der Traumtext greift Aspekte dieses Traumerlebens auf, in das er das Konfliktmaterial aus dem (erinnerten oder verdrängten) *vécu* der

Person einarbeitet, um eine Erzählung zu verfertigen, die mitteilbar ist, mit anderen geteilt und gedeutet werden kann. Das Träumen selbst ist jenseits aller Deutung.

Kaum jemand wird heute bestreiten, daß der klinische Gebrauch, den wir vom berichteten Traumtext machen, sich verglichen mit dem, was wir in der klassischen Literatur (vgl. Sharpe 1937) finden, erheblich gewandelt hat. Wir jagen dem Traum nicht länger nach wie einem hermeneutischen Fetisch. Er wird wie alles andere berichtete oder zum Ausdruck gebrachte Verhalten behandelt, nämlich als ein Stück psychischer Realität und Aktivität, das *relativ* zum Hier und Jetzt der gesamten Übertragungssituation beurteilt und gedeutet werden muß. Ich sage dies nicht etwa, weil ich die Einzigartigkeit des Traumes als »Königsweg zum Unbewußten« (Freud 1900 a) unterschätze. Nach wie vor bietet der Traum uns die dichtesten, lebhaftesten und komplexesten Beispiele für die konfliktträchtigen intrapsychischen, intersystemischen sowie interpersonalen Erfahrungen eines jeden Individuums. Darüber hinaus müssen wir zugeben, daß unser Verständnis der Träume nicht wesentlich über den Stand hinausgeht, den Freud erreichte, obwohl unser klinischer Gebrauch der Träume Veränderungen durchgemacht hat. Meines Wissens sind Bertram Lewins (1946) Konzept von der »Traumleinwand« *[dream screen]* sowie Pontalis' (1974) Konzept des Traums als Objekt die einzigen neuen Hypothesen, die seit Freud von Analytikern entwickelt wurden. Mein Konzept vom Traumraum lokalisiert den Traum exakter, trägt aber kaum dazu bei, unser Verständnis für die Mechanismen der Traumbildung zu erweitern. Es war ein Versuch, das Raumpotential des Traumes für die Selbsterfahrung zu definieren. Und genau auf dieses Problem der Rolle, die das Selbst in den Träumen spielt, möchte ich näher eingehen, indem ich zwischen dem Traumerleben des Schlafes und dem erinnerten Traumtext unterscheide.

Die Schwierigkeit besteht nun darin, entsprechendes klinisches Material vorzulegen. Es gibt eine umfangreiche Literatur über Konfliktmaterial, das aus Träumen stammt, aber auch anderer Herkunft ist. Aber jene heimlichen und ein wenig widersprüchlichen Schwankungen des Selbst zwischen »Lärm und Stille« im Inneren lassen sich nur sehr schwer in Worte fassen, dies vor allem, weil auch unsere Patienten es nicht tun! In einer Atmosphäre des Vertrauens aufs Unbekannte werden sie letzlich im lebendigen Zwiegespräch von Analytiker und Patient zusammengetragen.

Meine klinische Aufmerksamkeit wurde erstmals auf die Möglichkeit dieser Unterscheidung gelenkt, als ich junge Drogenabhängige behandelte. Mich beeindruckten die Eintönigkeit ihrer Träume und die Banalität der in ihnen enthaltenen Metaphorik. Sie waren mit den umständlich prosaischen Schilderungen ihrer »Trips« vergleichbar, die in der mündlichen Erzählung aus lauter Wiederholungen bestanden, ganz im Gegensatz zu ihrem subjektiven Gefühl, auf dem »Trip« selbst eine sehr intensive, lebendige und einzigartige Erfahrung durchlebt zu haben. Langsam ahnte ich, daß die in Worte gefaßte Erinnerung an dem, was sie auf dem »Trip« tatsächlich erlebten, sowohl vorbeiging als es auch verdeckte und mitunter sogar verleugnete. Eine zufällige Bemerkung, die ein begabter und erfolgreicher junger Pop-Musiker während der Analyse fallen ließ, öffnete mir die Augen für diese Problematik. Am Abend zuvor hatte er eine Menge Gras geraucht, und nun war er bestürzt, weil er sich überhaupt nicht mehr an das erinnern konnte, was mit ihm geschehen war. Nachdem er überlegt hatte, meinte er:

> Ich möchte es mal so sagen: wenn ich in diesem Zustand die richtige Melodie höre, dann *bin* ich jene Melodie, die ich gleichzeitig höre. Es mag in Ihren Ohren verrückt klingen, aber es ist genau das, was ich erlebe. Wir sind dann vier: die

Melodie, ich, der ich der Melodie zuhöre, und die Melodie und ich als Einheit. Und dann wieder sind wir auch alle zusammen eine Einheit. Das ist das Schöne daran.

Ich versuchte, an seinen Gedankengang anzuknüpfen und zitierte, was Georges Braque über seine kubistischen Collagen gesagt hatte, die aus lauter übereinandergelegten Formen bestanden: »Il ne s'agit pas de reconstituer une anecdote, mais de constituer un fait pictural.« (»Der Maler versucht nicht eine Anekdote nachzuschaffen, sondern eine Bildwirklichkeit aufzubauen.« [Braque 1958, S. 79]) Er verstand, was ich meinte, und führte es weiter aus, indem er sagte, daß das vollständige Lied die auditive Absolutheit der Melodie in gewisser Hinsicht zunichte mache. Das hatte mich veranlaßt, ihm zu erläutern, daß wir von dem Unterschied zwischen dem Traumerleben und dem Traumtext sprachen; daß die Anekdote im Traumerleben fehle, während der Traum die Anekdote wiederherstelle. Dann hatte ich ihn daran erinnert, daß er mit der Analyse ja nicht begonnen hatte, weil er sich Erleichterung von bestimmten Symptomen erhoffte, sondern um seinem Gefühl nachzuforschen, von dem er behauptet hatte: »Ich bin mit dem Leben, aber nicht im Leben. Ich weiß, daß andere das Leben anders und vollständiger als ich erleben. Ich bin ein Zuschauer.« Er hatte auch ein ausgeprägtes Bewußtsein dafür, daß er im Schlaf und auf den »Trips« etwas erlebte, was er in seinem normalen Bewußtsein nie festhalten konnte. Damit war sein Verharren in einem leicht somnambulen Zustand gemeint, während er wach war und darauf hoffte, in einen Schlafzustand zurückzufallen, in dem er die Erfahrung würde wiederfinden können. Für seine Frau hatte diese Existenzweise sich als sehr strapaziös erwiesen, und er hatte die Behandlung vorwiegend aufgesucht, um dem Druck zu entkommen, den sie auf ihn ausübte, damit er aufwache und am Familienleben teilnehme.

In einem solchen Arbeitsklima begann ich die geschilderten Träume als Anzeichen für das Unvermögen zu betrachten, außerhalb des Schlafs – und selbst noch während des Schlafs – *im Traumerleben* und mit ihm zu sein. Bei diesem Patienten erkannte ich nach und nach ziemlich deutlich, auf welche Weise er banale Träume und einen leichten Schlaf als Möglichkeit benutzte, sein tieferes Herabsinken ins Traumerleben unter Kontrolle zu halten. Die Suche nach diesem Traumerleben hatte ihn jedoch dazu veranlaßt, Gras zu rauchen und LSD zu nehmen. Die »Trips« *taten* etwas für ihn; aber sobald er sein normales Bewußtsein zurückerlangte, konnte er jenes Erleben wiederum nicht »festhalten« oder mit ihm in Berührung kommen. Mittlerweile lief er Gefahr, immer häufiger »Trips« zu konsumieren und deren Wirkung zu verlängern. Das bedeutete, sich absichtlich von seinem wachenden oder schlafenden Selbst zu entfernen und für immer in dem psychischen Satellitenzustand des »Trips« zu verharren.

Ich bin mit meiner Schilderung der Art und Weise, wie ich von diesem Patienten lernte, nicht völlig zufrieden; eines aber ist mir klar, nämlich *was* ich lernte: daß es ein Traumerleben gibt, zu dem der Traumtext keinen Schlüssel liefert; daß die beiden einander weder ergänzen noch widersprechen. In der totalen Selbsterfahrung eines Menschen können sie sich manchmal überlagern, während sie bei anderen getrennt und ohne Bezug zueinander bleiben. Man muß jedoch berücksichtigen können, daß das Traumerleben existiert und das Verhalten des Menschen beeinflußt, auch wenn es sich nicht bewußt machen oder in eine (bildliche oder verbale) anekdotische Erzählung bringen läßt; daß man mit dem *Fehlen* einer *gelebten* Erfahrung der Person arbeiten muß, ohne zu versuchen, diese Erfahrung im Sekundärvorgang gedanklich zu artikulieren.

Was ich zu sagen versuche, ist, daß das Traumerleben nicht denselben Symbolcharakter hat, den wir von den verschiedenen Traumstrukturen her kennen. Wenn das so ist: welche Kategorie psychischer Vorgänge spielt dann die entscheidende Rolle bei der Realisierung des Traumerlebens? Die einzige plausible Antwort scheint zu sein: der Primärvorgang. Hier stoßen wir auf einen anderen Bereich zeitgenössischen psychoanalytischen Denkens und praktischer Arbeit, der sich von der klassischen Theorie unterscheidet. Wir begreifen die Rolle des primärprozeßhaften Denkens und Vorstellens nicht wie Freud (vgl. Laplanche und Pontalis [1967] 1972) als etwas, das dem sekundärprozeßhaften Denken entgegengesetzt wäre. Wir sind auch nicht der Meinung, daß der Primärvorgang unabdingbar und ausschließlich mit dem Lustprinzip verbunden ist (vgl. Rycroft 1962, 1975). Heute können wir uns psychische Zustände vorstellen, die die Selbsterfahrung vorwiegend durch die Funktionsweise des Primärvorgangs fördern und verwirklichen. Ich neige zu der Ansicht, daß der Erfolg von Winnicotts ([1971 b] 1973 b) Schnörkelspiel-Sitzungen davon abhängig war, daß Kind und Therapeut sich in jener entspannten Gegenseitigkeit von Vertrauen und Anstrengung miteinander verbündeten, in der sich etwas herauszukristallisieren vermochte, das dem Traumerleben sehr nahe kam. Der dritte Fall, Eliza, siebeneinhalb Jahre alt, ist dafür ein gutes Beispiel. Im Rückblick auf die geschilderten Sitzungen sagt Winnicott: »Der größte Teil dieser Arbeit bestand aus den Entdeckungen oder der Folge von Entdeckungen, die das Kind machte. Der Höhepunkt war erreicht, als das Kind den Traum, den es geträumt hatte, in der therapeutischen Beratung darstellen und sich ihn dadurch zunutze machen konnte.« ([1971 b] 1973, S. 56)

In Marion Milners (1969) einfühlsamem Bericht über die klinische Begegnung mit ihrer Patientin Susan wird der Kampf eines Menschen, der etwas Lebendiges aus dem Traumerleben wiederfinden möchte, das verlorengegangen ist, sehr bewegend geschildert.

Wer kann die Gesamtheit seiner Selbsterfahrung, sich selbst oder dem anderen, mit Worten vermitteln? Ein wesentlicher Teil bleibt unzugänglich. Darauf, glaube ich, zielte Freud mit seinem Konzept der Urverdrängung. Damit verbunden jedoch ist eine bestimmte psychische Erlebensweise, die sich durch unser gewöhnliches, verstandesmäßige Ausdrucksvermögen nie fassen läßt. Absichtlich benutze ich das Wort »gewöhnlich«, denn mir scheint, daß Dichter, Maler und Schriftsteller aufgrund ihres Imaginationsvermögens Zugang zu ihm finden. Deshalb William Blakes Behauptung: »Die Imagination ist kein Zustand: sie ist das menschliche Dasein selbst.«

Meinen früheren Thesen vom »guten Traum« und dem »Traumraum« füge ich eine dritte hinzu: *das Traumerleben.* Ich behaupte, daß ein Mensch in seinem Traumerleben Aspekte des Selbst verwirklichen kann, die seiner Introspektion oder seinen Träumen vielleicht niemals frei verfügbar werden. Und dennoch bereichert es sein Leben, und wenn es fehlt, kann es sein Erleben anderer Menschen, seiner selbst und seines Schlafes verarmen lassen.

3
DER MISSMUT DES HYSTERIKERS

In den Kulturen der Menschheit trägt der Hysteriker die Maske, die die offizielle Moral und das geheime sexuelle Verlangen des zeitgenössischen Ethos widerspiegelt. So ist es zu erklären, daß die Kranken mitunter als Hexe/Hexer verbrannt, dann wieder heiliggesprochen und verherrlicht werden konnten. Erst gegen Ende des neunzehnten Jahrhunderts konnte Charcot nachweisen, daß das Los der Hysteriker ein spezifisches klinisches Syndrom darstellt, das Beachtung verdient. Aber selbst Charcots Verständnis für das Schicksal des Hysterikers ging nicht viel weiter, als daß er ihn als prestigeträchtiges Schaustück der Psychiatrie behandelte. Es blieb dem Genie Freuds überlassen, Wesen und Charakter des hysterischen Leidens zu erklären. Und Freud gelangte zu seinen Einsichten, indem er den »Widerstand« der Kranken, erkannt zu werden, ernst nahm und ihre Kooperationsverweigerung und -unwilligkeit in der eigenen Behandlung respektierte. Freud (1895 d) hatte behauptet, daß das *Nichtwissen* des hysterischen Patienten in Wahrheit ein *Nichtwissenwollen* sei, und war zu dem Schluß gekommen, daß es sich »eigentlich« um ein »mehr oder minder bewußtes Nichtwissenwollen« (ebd., S. 216) handele. Es ist allgemein bekannt, daß Freud dieses *Nichtwissen* anfangs auf reale sexuelle Verführungssituationen in der Kindheit zurückgeführt hatte und später richtigstellte, daß es Verführungsphantasien gewesen seien, die der Patient verdrängt hatte und nun zwar mittels einer Körpersprache artikuliere, sich ihrer psychischen Bewußtwerdung aber widersetze.

Zu allen Zeiten wurde die absonderliche Sexualität der Hysteriker als charakteristisches Merkmal ihrer Persönlichkeit

gegeißelt. Freuds Ansatz zeichnete sich dadurch aus, daß er auf die überragende, beinahe exklusive Bedeutung der infantilen Sexualität in der Ätiologie der Hysterie hinwies. Damit veränderte sich die Betrachtungsweise des hysterischen Leidens von Grund auf. Denn von nun an sollte der Hysteriker nicht länger als krankhafter Lügner oder verkommener Lüstling verkannt, sondern als Mensch betrachtet werden, der mit Erfahrungen aus seiner frühen Entwicklungszeit fertigzuwerden versucht, die die Möglichkeiten der noch im Entstehen begriffenen Persönlichkeit weit überforderten und denen die menschliche, fürsorgende Umwelt des Kindes kaum Verständnis entgegenbrachte.
In den sieben Jahrzehnten, die seit Freuds frühesten Schriften über die Hysterie vergangen sind, hat die psychoanalytische Forschung unser Verständnis des Kranken nicht wesentlich bereichert. Vielmehr wurden die Grenzen zwischen dem klinischen Status des Hysterikers und schwererwiegenden Persönlichkeitsstörungen verwischt. Ich möchte in diesem Aufsatz nachweisen, daß der Hysteriker auf eine nicht hinreichend-gute Bemutterung und Fürsorge in seiner frühen Kindheit mit einer vorzeitigen Sexualentwicklung reagiert. Mit den primitiven Ängsten und Affekten, die durch die Versagung einer phasenadäquaten, haltenden Umwelt hervorgerufen werden und eine Gefahr für die Kohärenz des noch in Entwicklung befindlichen Ichs darstellen, versucht er durch Intensivierung und Ausbeutung der Sexualapparate des Körper-Ichs fertigzuwerden. So kommt es von Anfang an zu einer Dissoziation von sexueller Erfahrung und kreativem Gebrauch der Ichfähigkeiten. Eben diese Dissoziation, die spezielle Technik des Hysterikers, mit Erregung und Angst fertigzuwerden, verleiht seiner Persönlichkeit im Erwachsenenalter den eigentümlichen und bizarren sexuellen Charakter, der sowohl in Verhalten als auch Symptomatik zum Ausdruck kommt. Bewältigt der hysterisch Kranke als Erwachsener Angst durch Sexua-

lisierung, dann ersetzt er in Objektbeziehungen affektive Beziehungsentwicklung und Ichfunktionen durch die Sexualapparate des Körper-Ichs. Daraus resultieren sowohl Promiskuität als auch sexuelle Hemmungen des Hysterikers. Der Hysteriker versucht, durch den Gebrauch der Sexualapparate zu erlangen, was andere Menschen durch ihre Ichfunktionen erreichen. Dies ist der Grund für sein verzweifeltes Verlangen nach Sexualerfahrungen, dem nur noch seine Unfähigkeit gleichkommt, eine Liebesbeziehung überhaupt aufrechtzuerhalten oder in ihr zu wachsen. Aus diesem Grund erleben die Kranken sich selbst in einem psychischen Zustand dauernder *Unzufriedenheit,* ständigen *Mißmuts* und *Grolls* [*grudge*]. Sie glauben, daß ihnen entweder etwas vorenthalten wird oder aber ihre Wünsche nicht als das, was sie sind, Anerkennung finden. Was im Kindheitserleben ein Unvermögen des sich entwickelnden Ichs war, dem die versorgende menschliche Umwelt den angemessenen Schutz versagte, wird im Erwachsenenleben projiziert und als Weigerung der anderen erlebt, ihre Wünsche (vorwiegend sexueller Natur) anzuerkennen und zu befriedigen. Jeder Hysteriker, ob männlich oder weiblich, glaubt fest daran, daß die Erfüllung seiner sexuellen Wünsche und Begierden seine Krankheit heilen würde. Ihre eigene Unfähigkeit, diese Erfüllung bei irgendeinem Partner zu finden, erklären die Kranken damit, daß ihre Partner sie eben nicht voll und ganz akzeptieren und nicht richtig lieben.
Wenn meine Behauptung, daß der Hysteriker in seiner frühen psychosexuellen Entwicklung die Entwicklung der Ichfunktionen durch sexuelle Ausbeutung des Körper-Ichs ersetzt, richtig ist, dann können wir begreifen, weshalb der Hysteriker seinen eigenen angeborenen Ichfähigkeiten nicht nur von Grund auf ambivalent und feindlich gesonnen ist, sondern in seinem erwachsenen Leben auch auf alle Ichfunktionen des Liebesobjekts neidisch, bösartig und feindselig reagieren muß. Die *Hoffnungen,* die das Ich-Potential des

Hysterikers zu versprechen scheinen, sind ein wesentlicher Bestandteil seiner persönlichen Anziehungskraft, als Patient wie im gesellschaftlichen Umgang. Dieses Ich-Potential des Hysterikers aber wird unbewußt fortwährend zugunsten der sexuellen Lösung untergraben. Deshalb ist der Hysteriker zutiefst in den Kampf gegen sein eigenes Ich-Kapital verstrickt.

Die Hysterie ist eine Krankheit, die ihren Charakter und ihre spezifische Ausprägung im wesentlichen während der Pubertät und Adoleszenz gewinnt. Das erhärtet meine These, denn der Kampf zwischen Sexualität und Ichfunktionen gelangt mit der Pubertät erneut in eine kritische Auseinandersetzungsphase. Und der Hysteriker muß sich unausweichlich für die sexuelle Lösung entscheiden, denn seine Kindheitserfahrungen lassen ihm gar keine andere Wahl. Infantile prägenitale wie genitale Sexualphantasien beherrschen und durchdringen die Identitätsbildung des Hysterikers und werden auf die Ichfunktionen verschoben. Aus diesem Grund versucht der Hysteriker auf omnipotente Weise, neue Lebensaufgaben durch sexuelle Träumerei und die Komplizenschaft mit erwachsenen Menschen zu lösen, die er eindringlich bittet, an seiner Stelle die unentbehrlichen, notwendigen Ichfunktionen zu übernehmen. Die übergroße Abhängigkeit des Hysterikers von seinem erwachsenen Liebesobjekt ist eine Technik, eigene Ichfunktionen zu delegieren, um die sexuelle Lösung zur Lebensgrundlage machen zu können. Und selbst wenn ein Hysteriker die sexuelle Lösung mit jemanden realisieren kann, geht es nicht lange gut. Aufgrund der ihr verborgen innewohnenden Logik läuft es unweigerlich auf Groll und Jammer hinaus. Warum?

Auf diese Frage gibt es drei Antworten. In meiner klinischen Arbeit habe ich den Eindruck gewonnen, daß der Hysteriker die genitale Sexualität in der Pubertät gar nicht als ein neues und neuartiges Potential des reifenden Körper-Ichs entdeckt. In der psychosexuellen Entwicklung der Kindheit haben die Hysteriker sich in eine vorzeitige »genitale« Sexualität geflüchtet, die ihnen die Möglichkeit bot, mit der Unreife ihres Ichs fertigzuwerden. Diese »genitale« Sexualität ist notwendig mit prägenitalen Impulsen und Phantasien überfrachtet. Deshalb kann die in der Pubertät sich entwikkelnde genitale Sexualität die Persönlichkeit des Hysterikers nicht als eine neue Erfahrung überraschen und bereichern, sondern belebt vielmehr all jene früheren, prägenitalen Phantasiesysteme aufs neue, die nun allerdings in scharfen Widerspruch zu den Moralvorschriften und sittlichen Werten treten, die das Individuum auf seinem Lebensweg verinnerlicht hat. In diesem inneren Konflikt befangen, erlebt der Hysteriker sich selbst als »Opfer« von Triebkräften und moralischen Vorurteilen, die er als nicht von ihm selbst geschaffen und hervorgebracht empfindet. Sie auszuagieren scheint die einzig realisierbare Lösung darzustellen. Aber bedingt durch die Dissoziation von sexueller Phantasie und Ichfunktionen verharren die Hysteriker passiv und abwartend in der Hoffnung auf jemanden, der ihnen dabei hilft, ihr bizarres Amalgam prägenitaler und genitaler Sexualität zu agieren. Bei der Behandlung Perverser fiel mir auf, daß ihre Komplizen (»Opfer«) häufig hysterische Frauen waren. Der hysterisch Kranke ist sozusagen auf die sexuelle Hemmungslosigkeit des anderen angewiesen, um seine latenten und verdrängten Sexualphantasien agieren zu können. Folglich fühlen Hysteriker sich an allen realen sexuellen Erfahrungen in ihrem Leben unschuldig. Sie haben das Gefühl, eher Opfer als Täter zu sein, Unrecht erlitten, aber nicht selbst begangen zu haben. Darüber hinaus geschieht es nur selten, daß der Hysteriker bewußt und freimütig mit erklärten sexuellen Absichten nach einem Objekt sucht. Sexuelles Verlangen und sexuelle Absicht werden eher in Form aufreizender Provokation denn als ein vom Selbst anerkanntes Bedürfnis zum Ausdruck gebracht. Die sexuelle Befriedigung wird zumeist erst dann lautstark eingeklagt, wenn die Objektbeziehung bereits langweilig und fad geworden ist und das Liebesobjekt langsam die Hoffnung verliert, der Hysteriker könne seine Gefühle erwidern. Auf eine äußerst traurige und ironische Weise entdecken die Hysteriker ihr wirkliches Bedürfnis, das sie zu Anfang verleugnet hatten, wenn die Beziehung zu Ende ist. Im Grunde genommen versuchen sie, mit Hilfe der sexuellen Lösung eine unzulängliche Funktionsweise ihres Ichs aufrechtzuerhalten. Eben diese grundlegende Dissoziation zwischen Körper-Ich und Ichfunktionen setzt den Kranken einem weiteren schlimmen Dilemma aus. Der Erfolg der sexuellen Lösung hat die unbewußte Bedeutung einer Kastration der Ichfähigkeiten. Sich dem Objekt sexuell auszuliefern heißt, die Vernichtung des Ichs zu riskieren. Deshalb muß der Hysteriker das gesuchte und begehrte Objekt ablehnen.

Hier kommen wir zu dem zweiten Faktor, der gegen eine erfolgreiche sexuelle Lösung mit einem äußeren Objekt spricht. In allen Objektbeziehungen zwischen dem Hysteriker und anderen Menschen findet eine grundsätzliche *Verkennung* [*méconnaissance*] statt. Das Objekt liest die Gesten des Hysterikers als Ausdruck sexueller Wünsche und Begierden und beantwortet sie als solche, während sie im Grunde genommen eine symbolische Körpersprache darstellen, die die primitiven Bedürfnisse nach Fürsorge und Schutz zum Ausdruck bringen soll. Für den Hysteriker kommt das sexuelle Erlebnis folglich einem Vertrauensmißbrauch und einer gemeinen Ausnutzung seines sexuellen Körper-Potentials gleich. Am Ende ihrer heißen Liebesaffäre mit einem sehr ehrenwerten Mann machte eine Patientin ihrem Groll Luft: »Was ich brauchte, war Liebe, und was habe ich bekommen? Er hat mich zu seiner Hure gemacht!« Dieses Mißtrauen der Hysteriker gegenüber dem befriedigenden, erwachsenen Objekt ist durch den spezifischen Charakter der Erfahrungen bedingt, die sie als Kleinkinder machten. Den Bedürfnissen ihres Körpers wurde entsprochen, die Bedürfnisse ihres Ichs aber fanden nicht die Anerkennung und Förderung, die notwendig gewesen wäre. Darüber hinaus projizieren die Hysteriker den Verrat, den sie durch eine vorzeitige Sexualentwicklung selbst an den Ich-Prozessen begehen, auf die erwachsenen Objekte der neuen Lebenssituation. In diesem Kontext beruht der Groll des Hysterikers im wesentlichen darauf, daß auch das neue Liebesobjekt zwischen Es-Wünschen und in ihnen verborgenen Ich-Bedürfnissen nicht zu unterscheiden vermochte.

Das führt mich zu der dritten Ursache, weshalb die sexuelle Lösung für den Hysteriker versagt. Einer der einzigartigen Beiträge, die Freud zur Epistemologie der menschlichen Erfahrung lieferte, war sein Nachweis, daß hysterische Symptome eine *Kommunikation* darstellen, und diese Kommunikationsform hat in der Funktionsweise der menschlichen Psyche ihre eigene, ganz besondere Grammatik. Freud hat deutlich gemacht, daß die hysterischen Symptome verdrängte und unbewußte Wunschsysteme mitteilen, die vorwiegend der infantilen Sexualität angehören. Winnicott entwickelte diese These weiter, indem er zwischen unbewußten Wunschsystemen (des Es) und unbewußten Bedürfnissystemen (des Ichs) unterschied. Er argumentiert, daß Wunschsysteme von intrapsychischen Prozessen, zum Beispiel Verschiebung, Projektion und Verdrängung, bewältigt werden können, Bedürfnissysteme hingegen nach realer äußerer Förderung und Unterstützung von seiten der versorgenden Umwelt verlangen, damit das in Entwicklung begriffene Ich des Kindes allmählich die Fähigkeit erwerben kann, selbständig mit ihnen fertigzuwerden. Bei seinem Versuch, den Charakter der affektiven und psychischen Funktionsweise delinquenter Kinder zu erklären, entwikkelte Winnicott ([1956] 1983) das Konzept der »antisozialen Tendenz«.

Winnicotts These lautet, zusammengefaßt, daß bei allen Persönlichkeitsstörungen auch eine antisoziale Tendenz vorliegt. Das Vorhandensein einer antisozialen Tendenz weist darauf hin, daß für die frühe Kindheit des Menschen *»auch eine echte Deprivation«* (ebd., S. 235) anzunehmen ist, ein wirklicher Verlust an guten Erfahrungen im Erleben des Kindes, die über einen so langen Zeitraum hin gestört oder nicht mehr wiederholt wurden, daß das Kind sich keine Erinnerung daran zu bewahren vermochte, was gut und positiv gewesen war. Im späteren Leben agiert die Person diese traumatischen Erfahrungen durch eine antisoziale Tendenz aus. Das Charakteristische an der antisozialen Tendenz ist »ein *Element* [...], *durch das die Umwelt gezwungen wird, in irgendeiner Weise Stellung zu nehmen«* (ebd., S. 234). Sie enthält darüber hinaus »Hoffnung« und stellt *»eine Tendenz zur Selbstheilung«* dar (ebd., S. 237; Hervorhebungen im Original).
Meiner Ansicht nach ist Winnicotts Konzept der antisozialen Tendenz für das Verständnis des hysterischen Leidens außerordentlich wertvoll. Mir scheint nämlich, daß Hysteriker die antisoziale Tendenz ausschließlich in ihrer Sexualität zum Ausdruck bringen. Im Laufe seiner Entwicklung hat der Hysteriker die Unfähigkeit der Mutter zur »Anpassung an die Ich-Bedürfnisse ihres Kindes« (Winnicott, ebd., S. 239) durch vorzeitige Sexualentwicklung zu bewältigen gelernt. Das macht die erwachsene Sexualität des Hysterikers weniger zum Träger von Triebbefriedigung und -erregung als vielmehr zu einer Ausdrucksmöglichkeit für die Deprivation und zu einer Technik, die Hoffnung zu artikulieren, das Objekt möge die Dissoziation aufheben, indem es die durch augenscheinliche sexuelle Willfährigkeit und triebhafte Bestrebungen unbewußt geäußerten Ich-Bedürfnisse erkennt. Die Begabung der Hysteriker, angemessene Objekte zu finden, einzig um sie dann zurückzuweisen und in Angst und Schrecken zu versetzen, ist leider nur allzu

bekannt. Der »vielversprechende« Charakter der hysterischen Persönlichkeit birgt mehr Hoffnung in sich denn einen Wunsch oder eine Fähigkeit.

Zum Schluß möchte ich auf Freuds ursprüngliche These über die Bedeutung des *tatsächlichen* Traumas (der *Verführung*) in der Ätiologie der Hysterie zurückkommen. Es gibt in der Ätiologie der Hysterie ein *tatsächliches* Trauma, aber es ist kein sexuelles. Eher hängt es mit der Unfähigkeit der Mutter zusammen, sich den Ich-Bedürfnissen des Kindes anzupassen. Die »Selbstheilung« von diesem Trauma, die das Kind durch eine frühreife sexuelle Ausbeutung seiner Körper-Ich-Erfahrungen vornimmt, dient dem Hysteriker in allen zukünftigen Streß- und Konfliktsituationen als Grundmuster. Sie bestimmt, welchen Gebrauch er von seinen Objekten und von seinen eigenen Ich-Fähigkeiten macht, und erklärt, weshalb der Hysteriker ein solch vielversprechender und störrischer Patient ist. Die psychoanalytische Therapie greift, indem sie eine hochspezialisierte Objektbeziehung ermöglicht. Denn gerade im Bereich der Objektbeziehungen hat der Hysteriker seine frühesten Traumata erlitten und gelernt, mißtrauisch zu werden. Folglich sexualisiert er die Übertragung übermäßig, d. h. er versucht, dem analytischen Prozeß die sexuelle Lösung aufzuzwingen. Was wie eine absolute Intoleranz des Hysterikers gegenüber sexueller Versagung aussieht, entpuppt sich als sein grundsätzliches Mißtrauen gegenüber der Möglichkeit, daß das äußere Objekt seinen Ich-Bedürfnissen entsprechen könnte. Ebenso wie im Leben schafft der hysterisch Kranke auch in der Übertragung jene sonderbare psychische Realität – *Mißmut und Groll* –, die eine Beziehung ohne wechselseitige Gemeinsamkeit ermöglicht und es ihm erlaubt, zu kommunizieren, ohne dabei das Risiko einzugehen, erkannt zu werden und Hilfe zu finden.

Gab der Hysteriker den Anstoß zur Entwicklung der psychoanalytischen Therapie, so zeigt er ihr auch ihre Grenzen.

Im vergangenen Jahrzehnt haben viele Psychoanalytiker die Analysierbarkeit des Hysterikers in Frage gestellt. Zetzel (1968) beurteilt den gegenwärtigen Status des Hysterikers in der analytischen Psychotherapeutik ganz zutreffend, wenn sie behauptet, daß die Hysteriker »unter Umständen zwar eine intensive, hochgradig sexualisierte Übertragungsneurose entwickelt, eine stabile analytische Situation aber kaum in Erscheinung tritt. Keiner von ihnen schien wirkliche Fortschritte in Richtung einer psychoanalytischen Lösung der vorliegenden Probleme gemacht zu haben.« Ich glaube, der Grund dafür ist der, daß wir die Kommunikationsweise des Hysterikers mißverstehen. Mit sich selbst und mit anderen kommuniziert der Hysteriker, indem er Symptome bildet. Seine Fähigkeit, Symptome hervorzubringen, zu manifestieren und auszubeuten, verstellt den Blick auf die grundsätzliche Unfähigkeit des Hysterikers, in der Beziehung zum Selbst und zum Objekt psychische Funktionen und Affekte in Dienst zu nehmen. Anna Freud (1952) stellte fest, daß die entscheidende Angst des Perversen sich auf das emotionale Ausgeliefertsein an das Objekt bezieht. Die eigentliche Angst des Hysterikers ist die, dem Objekt psychisch ausgeliefert zu sein. In unserer Praxis verleiten Passivität und Suggestibilität des Hysterikers uns zur Fehleinschätzung seiner negativen Einstellung gegenüber den psychischen Funktionen. Mißmut und Groll schützen ihn außerdem davor, sich bei der Auseinandersetzung mit dieser Unfähigkeit helfen zu lassen. Der Hysteriker zwingt die Umwelt, auf ihn einzuwirken oder für ihn aktiv zu werden, aber er kann sich einem gemeinsamen psychischen Dialog nicht öffnen.

Wenn meine Behauptung zutrifft, daß der Hysteriker im Entwicklungsprozeß des Kindesalters die Ichintegration durch vorzeitige Sexualentwicklung ersetzt hat, dann kann man sagen, daß die Angst vor dem psychischen Ausgeliefertsein für den Hysteriker auch mit der Entdeckung ver-

bunden ist, daß es in ihm kaum eine echte kreative psychische Aktivität oder Affektivität gibt. Diese innere Leere macht das eigentliche Dilemma des Hysterikers aus, und sie spricht vor allem gegen einen positiven Gebrauch des analytischen Prozesses mit dem Ziel der Selbsterkenntnis und Persönlichkeitsentwicklung. Die Hysterie ist weniger eine Krankheit als vielmehr eine Technik, die Leere zu bewahren und sich selbst fern zu bleiben, und diese »Abwesenheit von sich selbst« wird durch Symptome verdeckt.
Es stellt sich die Frage: was hat den Hysteriker in seiner frühen Mutter-Kind-Beziehung gezwungen, dieses Bedürfnis nach Leere zu entwickeln, und wodurch wurde diese Angst vor einer psychischen Auslieferung verursacht? Oder, um es anders zu formulieren: warum machen die Verweigerungen das Innenleben des Hysterikers zu einem Friedhof? Ich möchte über die augenblickliche Arbeit in der Analyse einer jungen, verheirateten Frau berichten, um sichtbar zu machen, welche Art der Mutter-Kind-Störung der Weigerung des Hysterikers zugrunde liegt, Objektbeziehungen aufzunehmen und statt dessen Befriedigungen durch Teilobjekte übermäßig zu sexualisieren.

Nach einjähriger, sehr produktiver Analyse, die dieser Patientin geholfen hatte, einen großen Teil ihrer Schwierigkeiten, die sowohl sexuelle Frigidität als auch intellektuelle Hemmungen betrafen, zu verstehen, kam der gesamte klinische Prozeß plötzlich zum Erliegen. Sechs Wochen lang war sie nicht einmal mehr in der Lage, in den Analysestunden etwas zu sagen. Gleichzeitig traten ihre Frigiditätssymptome im Eheleben wieder auf, und sie konnte nicht einmal ein Buch öffnen, um zu lesen. Trägheit durchdrang ihr gesamtes Verhalten innerhalb wie außerhalb der Analyse. Als erstes wurde deutlich, daß sie von einer übererregten Idealisierung meiner Person zu passiver Verunglimpfung übergegangen war. Ich war mittlerweile genauso unnütz wie jeder andere in ihrem bisherigen Leben auch. Sie war auch nicht mehr fähig, irgend etwas zu essen. All dies veranlaßte mich zu der Deutung, daß sie mich nun auf einer sehr archaischen Regressionsstufe oral begehrte, so daß sie mich als Gefahr für ihr Wohlbefinden erlebte, wenn ich ihr Verständnis und Einsicht vermittelte. Davon ließ sie sich kaum beeinflussen, und sie bestrafte mich weiterhin, indem sie regelmäßig erschien und in den Stunden voller Widerwillen schwieg. In einer Stunde nickte sie schließlich ein, bis ein hypnagogisches Bild sie aufschrecken ließ. Es war kein Traum. In diesem Bild saugte sie an meinem Phallus. Aber als ihr dies bewußt wurde, merkte sie auch, daß ich als ganze Person überhaupt nicht vorhanden war. Es gab nur den Phallus. Aufgrund dessen konnte ich ihr erklären, daß die regressive sexuelle Einverleibung meiner Person als Teilobjekt durch Fellatio ihre Möglichkeit war, sich selbst zu erhalten, während sie gleichzeitig mich als Person, von der Gefahr ausging, zurückwies. Von diesem Punkt an konnte sie sich lebhaft daran erinnern, daß sie sich seit ihrer sehr frühen Kindheit der nachgiebigen Fürsorge bewußt war, die ihre Mutter ihr – insbesondere wenn sie sie fütterte – angedeihen ließ, daß sie aber auch ein waches Bewußtsein für eine bestimmte Gefühlsstimmung ihrer Mutter hatte, vor der sie sich selbst schützen zu müssen glaubte.

Vor dem Hintergrund all dieses Materials, dessen Komplexität ich hier nicht schildern kann, könnte man behaupten, daß in der Kindheit des Hysterikers ein vorzeitiges Bewußtsein von der subjektiven Stimmung der Mutter als etwas, das sich störend in die mütterliche Fürsorgefunktion einmischt, vorhanden ist. Unter diesen Umständen sexualisiert das Kind regressiv eine Teilobjekt-Beziehung (Gratifikation durch die Brust oder ihre Substitute), um die sich aufdrängende Emotionalität und Stimmungsintimität der Mutter zurückzuweisen, mit der die im Entstehen begriffenen Ich-

Fähigkeiten eines Kindes nicht fertigwerden können. Es ist genau diese von der wechselseitigen Gemeinsamkeit ausgehende Bedrohung, die den Hysteriker zwingt, einen lebenslänglichen Kampf zwischen der Suche nach einem erregenden Objekt und der Zurückweisung desselben durch eben den Akt der Befriedigung auszufechten. Aus diesem Grund habe ich behauptet, daß die Verweigerungen das Innenleben des Hysterikers zu einem Friedhof werden lassen. Wie Freud selbst betonte, erinnert sich der Hysteriker darüber hinaus par excellence mit Hilfe der Wiederholung. Aus der frühen Kindheit behält der Hysteriker vor allem somatische Erinnerungen an die mütterliche Fürsorge zurück, die sich psychisch kaum weiterverarbeiten und schlecht verbalisieren lassen. Deshalb verlangt der Hysteriker in der klinischen Situation nach sinnlicher Befriedigung; da wir diesem Verlangen nicht entsprechen können, wird er dazu neigen, es zu agieren. Eben diese einseitige Tendenz des Hysterikers, durch Wiederholung zu erinnern, treibt den analytischen Prozeß an seine Grenzen. Die Ich-Deckung [*ego-coverage*], die die mütterliche Fürsorge den Es-Bedürfnissen des Säuglings und des kleinen Kindes gewährte, barg – im Fall des Hysterikers – ein Übermaß an intrusiver, persönlicher Bedürftigkeit der Mutter in sich, so daß ihre Befriedigungen als Erfahrung einer Sicherheit, die einen Anfang und ein Ende hat, idealisiert wurden. Im Gegensatz dazu werden die Ich-Bedürfnisse des Kindes verdeckt oder nur noch in Form von Es-Wünschen zum Ausdruck gebracht. Das ist der Beginn einer immerwährenden Verwechslung von wirklichen Es-Wünschen und Ich-Bedürfnissen im subjektiven Erleben des Hysterikers. Im erwachsenen Leben, und insbesondere in der analytischen Situation, verwandelt sich die zu Anfang erhobene Forderung nach einer Objektbeziehung im Dienste eines Verstehens des Selbst sehr schnell in verwirrtes Einklagen von Es-Befriedigungen. In diesem Zusammenhang erlebt der Hysteriker die deutende Funktion des Analytikers als phallischen Angriff oder als Verführung. Folglich muß der Hysteriker die Beziehung insgesamt ablehnen und in die Sicherheit jener Leere zurückkehren, die sowohl das Selbst als auch das Objekt verleugnet.

4

NIEMAND KANN SEINE VERRÜCKTHEIT AUSSPRECHEN

Diese Erzählung über meine klinische Begegnung mit einem jungen Mädchen und dem Auf und Ab von Wahnsinn, psychotischen Zuständen, gesundem Wohlbefinden usw. ist insofern keine »Fallgeschichte« im traditionellen psychoanalytischen Wortsinn, als sie sich der Anwendung metapsychologischer Konzepte enthält. Ich habe es vorgezogen, zuerst die »Fall-Geschichte« vorzustellen, der sich dann meine theoretische Erörterung anschließt, denn ich möchte den Leser in seiner Freiheit, die klinische Erzählung auf sich wirken zu lassen und zu beurteilen, nicht einschränken.

Judy, fünfzehn Jahre

Diese junge Patientin war mir von ihrem Arzt aufgedrängt worden, mit dem ich seit Jahren zusammengearbeitet hatte und der die Konsultation für sehr dringlich hielt, da sie ein paar Tage zuvor versucht hatte, sich umzubringen. Sie war ein nicht gerade hübsches, aber gesund aussehendes, kräftiges Mädchen mit Babyspeck. Sie hatte sich in Jeans gequetscht, die gar nicht enger hätten sein können. Ihre Bluse war so weit aufgeknöpft, daß es schon unanständig war. Sie setzte sich und war anfangs sehr schweigsam und mürrisch. Offensichtlich hatte sie sich ihre Pulsadern aufgeschnitten, um sich umzubringen, denn ihre Handgelenke, die sie zur Schau stellte, indem sie pausenlos die Arme bewegte, waren dick verbunden. Ich kam zu dem Schluß, daß sie während dieses Besuchs mit Sicherheit nicht mit mir »sprechen«, sondern bloß ihre

Anwesenheit bekunden wollte, indem sie sich exhibitionierte. Ich beschloß, ihren Mätzchen zuzusehen.
Nach ca. zwanzig Minuten gemeinsamen, provozierenden Schweigens fragte sie aggressiv: »Sie wissen, wie es zu all dem gekommen ist?« Ich erwiderte: »Nein!« »Lesen Sie keine Zeitungen?« Ich antwortete: »Nein.« »Was lesen Sie denn dann?« »Bücher«, sagte ich. »Na schön, ich kann Ihnen sagen, daß es vor vier Tagen in den Schlagzeilen aller Abendzeitungen zu lesen war: der Skandal, und heute abend wird es wieder in den Neun-Uhr-Nachrichten im Fernsehen kommen.« Ich sagte einfach: »Ich sehe auch nicht fern«, und daß ich, selbst wenn ich es normalerweise täte, das Gerät heute abend bestimmt nicht einschalten würde. Ich würde vielmehr warten, bis sie sich nicht mehr so sehr schäme und genügend Vertrauen zu mir habe, um mir die ganze Geschichte selbst erzählen zu können. Wieder schwieg sie wütend, wohl zehn Minuten lang. Ich wartete. Ihre Stimme klang sonderbar autoritär, als sie schließlich verlangte: »Wenn Sie mir wirklich helfen wollen, dann holen Sie mich aus der Schule 'raus. Ich kann nicht zurückgehen. Ich schäme mich zu sehr, und beim nächsten Mal werde ich mich wirklich umbringen.« Ich fragte sie, wie ich sie aus der Schule herausholen könne. Sie sagte: »Sie sind vielleicht blöd. Rufen Sie die Direktorin an und sagen Sie ihr, daß Sie mir raten, nicht in die Schule zurückzukehren. Und dann rufen Sie meinen Vater an und sagen ihm, daß Sie es erledigt haben.« Ich erklärte ihr, daß ich in umgekehrter Reihenfolge vorgehen würde. Ich bat sie, ihren Vater anzurufen und ihn zu bitten, mit mir zu sprechen. Das tat sie. Als ihr Vater an den Apparat kam, stellte ich mich vor und sagte, daß ich seine Tochter nun *gesehen* hätte. »Sie schämt sich zu sehr, um in die Schule zurückzugehen«, sagte ich zu ihm, »und ich bin sicher, sie meint es ernst, wenn sie sagt, daß sie sich wirklich umbringen wird, falls sie zurückgehen muß. Wenn Sie mir also Ihre Zustimmung geben, werde ich die Direk-

torin anrufen und sie über ›unsere‹ Entscheidung in Kenntnis setzen.« Er bat mich, das zu tun.
Judy rief in ihrer Schule an, und die Direktorin kam ans Telefon. Soweit ich es von ihrer Stimme und Art zu sprechen her beurteilen konnte, war sie eine kluge, ältere Dame. Ich stellte mich vor und teilte ihr mit, daß Judy im Augenblick bei mir sei und ich *gesehen* hätte, in welcher Verfassung sie sich befände. »Es ist ihre Entscheidung, nicht in die Schule zurückzukehren«, sagte ich, »und ich bin damit einverstanden. Ich habe mit ihrem Vater gesprochen, und er läßt Sie durch mich bitten, keinerlei Druck auf Judy auszuüben, um sie zur Rückkehr zu bewegen.« Die Direktorin schwieg eine Weile, dann sagte sie: »Bitte geben Sie mir das alles schriftlich, und wir werden von Judy nicht verlangen, daß sie die Schule weiterhin besucht.«
Vorsichtig erforschte ich Judys Gesicht. Es drückte nicht das leiseste Triumphgefühl aus; nur schob sie ihre Unterarme nun unter ihr Hemd. Ich hatte fast zwei Stunden mit ihr verbracht und war erschöpft. Auch hatte ich das Gefühl, daß in dieser Stunde nichts mehr zu tun war. Mit Absicht gab ich ihr den nächsten Termin erst nach dem Wochenende. Das Risiko ging ich ein – sie war an einem Donnerstagnachmittag bei mir.
Nachdem sie gegangen war, rief ich ihren Arzt an, der sie an mich überwiesen hatte, um ihm kurz mitzuteilen, was passiert war. Außerdem verabredete ich mit ihm, daß er am Montag (zum nächsten Beratungsgespräch) mit Judy und mit Judys Vater zu mir kommen sollte. Ich sagte ihm, in diesem Stadium sei *Management* (in Winnicottschem Sinn[1])

1 In seiner Einführung zu Winnicotts Buch *Die therapeutische Arbeit mit Kindern* definiert Khan die Formen des »Managements« wie folgt:
»1. Die Qualität des analytischen Rahmens: Ruhe und Freiheit von Übergriffen auf den Patienten.
2. Die Vorsorge des Analytikers hinsichtlich dessen, was der Patient braucht: Es kann die Notwendigkeit sein, sich der Einmischung in Form von Interpretation zu enthalten, es kann auch – oder gleichzeitig – mit einer

und keine Psychotherapie vonnöten, und dafür wollte ich mit allen zusammen ein Programm erarbeiten.
Am Sonntag rief Judy mich an, und da sie auf der Liste der »kritischen« Patienten stand, stellte das Dienstmädchen sie zu mir durch. Als Judy sagte, es ginge ihr gut, war mir augenblicklich klar, daß sie etwas von mir wollte. Sie schwieg einen Moment, dann fragte sie mit sanftester Stimme: »Kann ich meine Freundin mitbringen, wenn ich am Montag komme?« Ich sagte: »Natürlich«. Dies gab mir Gelegenheit, ihr mitzuteilen, daß ihr Arzt und ihr Vater ebenfalls kommen würden. Sie antwortete, das wisse sie schon. Sie hatten es ihr gesagt. Damit war das Gespräch beendet.
Eine Stunde vor der Konsultation am Montag begann ich mir Sorgen zu machen, ich war verzagt, voller paranoider Bedenken und traute mir überhaupt nicht mehr zu, das Zusammentreffen mit der zu erwartenden »Horde« klinisch erfolgreich meistern zu können. Ich bin immer ein »One-to-one«-Therapeut gewesen, und nun hatte ich das Gefühl, von meinem Freund, dem Arzt, in die »Gruppentherapie« hineingeschubst worden zu sein. Ich machte mir auch schwere Vorwürfe, weil ich mich nicht bemüht hatte herauszufinden, was es mit dem »Skandal« auf sich hatte. Ich hätte den Arzt oder einfach Judy selbst fragen können, ich hätte die Fernsehnachrichten ansehen oder einen Blick in die Sonn-

in seiner Persönlichkeit liegenden sensitiven Körper-Gegenwärtigkeit zusammenhängen, oder es kann bedeuten, daß der Analytiker dem Patienten freien Bewegungsraum gibt und nur das ist oder tut, was der Patient braucht.
3. Die Art von Management, die sich nur durch die soziale oder familiäre Umwelt verwirklichen läßt: Hier erstrecken sich die Möglichkeiten von der Einweisung in ein Krankenhaus bis zur Fürsorge in Familien- und Freundeskreis. [...] Management bedeutet in der Tat nichts weiter als die Bereitstellung jener Umweltanpassung innerhalb und außerhalb der klinischen Situation, die dem Patienten bei seinem Entwicklungsprozeß gefehlt hat und ohne welche er nur durch reaktive Ausnutzung seiner Abwehrmechanismen sowie über sein Es-Potential existieren kann.« (Winnicott [1971 b] 1973, S. XXIV f.) [Anm. d. Übers.]

tagszeitungen, vor allem diejenigen, die auf die Verbreitung von Skandalgeschichten spezialisiert sind, werfen können. Dennoch hatte ich das Gefühl, daß es richtig war, nicht herumgeschnüffelt zu haben. Es entsprach nicht meinem klinischen Arbeitsstil, und statt mir zu helfen, hätte es mich noch stärker behindert. In klinischer Hinsicht haben solche Informationen für mich nie den geringsten Nutzen gehabt. Zugleich hatte ich ein so lebhaftes Nachbild von meiner Begegnung mit Judy, daß ich zu drei Schlußfolgerungen gekommen war:

1. Jenseits all der hysterischen Eskapaden, mit denen es seine Umwelt zu manipulieren gelernt hatte, war das Mädchen, das ich *gesehen* hatte, verrückt.

2. Hinter Judys Verrücktheit verbarg sich ein unfaßbares psychisches Leid, das sie als solches nicht erfahren und über das sie ebensowenig sprechen konnte.

3. Auch wenn sie mich herumkommandierte, dies zu sagen und jenes zu tun, war sie ein völlig hilfloses Mädchen, das dringend Hilfe brauchte.

Ich hielt es für reinen Wahnsinn und Arroganz meinerseits, nach der Konsultation überhaupt noch weiterzumachen, und hatte das Gefühl, es wäre besser gewesen, dem Arzt zu raten, Judy an einen medizinisch ausgebildeten Analytiker zu überweisen.

Während ich mich noch mit dieser subjektiven und privaten Verwirrtheit quälte, klingelte es. Gottlob, es war der Arzt. Er war zu früh gekommen und entschuldigte sich, ich aber war erleichtert. Beiläufig fragte ich ihn, was es mit dem »Skandal« auf sich habe. Er erzählte mir kurz, um was es ging, und es war wirklich erniedrigend und demütigend. Ich war Judys wegen sehr traurig, denn in der Gesellschaft würde sie damit mindestens sechs Monate lang leben müssen.

Es klingelte, und diesmal waren es Judy und ihre Freundin. Judy stellte mich der Freundin, die ich Linda nennen werde, vor. Linda war eine junge, ca. fünfundzwanzigjährige Frau: groß, mager, aber hübsch, und tadellos, allerdings ziemlich exzentrisch, gekleidet; sie hatte eine angenehme Stimme und ein verbindliches Wesen. Um irgendwo einen Anfang zu machen, fragte ich Judy beiläufig, ob sie gut geschlafen hätte. Sie antwortete: »Ich hatte einen seltsamen Traum und sagte zu mir selbst: ›Das muß ich Khan erzählen.‹ Aber bis ich aufgestanden war und einen Stift und ein Stück Papier geholt hatte, hatte ich den Traum verloren. Also kann ich Ihnen gar nichts erzählen.« Mir fiel ihr Gebrauch des Wortes »verloren« auf. Dann plauderte ich mit Linda. Sie führte seit mittlerweile drei Jahren mit Erfolg einen kleinen Laden. Da wir noch auf den Vater warteten und ich das Gespräch in Gang halten wollte, fragte ich sie, weshalb sie sich gerade für diese Aufgabe entschieden hätte, denn es war eine sehr harte Arbeit. Sie erzählte mir mit zwangloser Offenheit und einem Hauch Selbstironie, sie habe mit zwanzig Jahren nach einer katastrophalen Liebesgeschichte am College einen Zusammenbruch gehabt, und ihre Eltern hätten sie zusammen mit einer Tante für ein ganzes Jahr auf Weltreise geschickt. Besonders beeindruckt hatten sie Südamerika und arabische Gesellschaften. Als sie zurückkehrte, hatte sie keine Ahnung, was sie tun sollte. Zum College wollte sie nicht zurück. Eines Tages fragte sie ihren Vater, ob er bereit wäre, ihr Geld für die Eröffnung eines kleinen Ladens zur Verfügung zu stellen, und er hatte geantwortet: »Selbstverständlich«. So hatte alles angefangen. Ihre Erzählung erleichterte mich außerordentlich, denn wenn ich mich bereiterklären würde, Judy in meine psychotherapeutische Obhut zu nehmen, wäre zumindest ein Drittel des Management-Problems gelöst. Ich würde Judy dazu bringen, halbtags mit und für Linda zu arbeiten.

Es klingelte, und endlich traf der Vater ein: ein sehr höflicher und kluger Mann. Nun kamen wir also zur Sache. Ich teilte ihm und dem Arzt mit, da Judy nun den ganzen Tag über nichts zu tun haben würde, käme es für mich nicht in Frage, sie in meine psychotherapeutische Obhut zu nehmen, wenn es nicht möglich sei, ein angemessenes Management für sie zu arrangieren. Absichtlich vermied ich den Begriff »Behandlung«, denn ich wußte, daß es lange Zeit dauern würde, bis wir jene wechselseitige Gemeinsamkeit erreicht hätten, die eine Behandlung erst möglich macht. Zuerst wandte ich mich an Linda und fragte sie geradeheraus, was sie davon hielte, wenn Judy halbtags (10-13 Uhr) mit ihr und für sie arbeiten würde. Sie war etwas erstaunt, überlegte und sagte dann: »Gewiß. Wir kommen sehr gut miteinander aus, und ich kann eine Hilfe brauchen.« Judy sah erfreut und erleichtert aus. Das nächste Problem, sagte ich zu dem Vater, sei Judys Ausbildung. Sie brauche einen Privatlehrer und mindestens drei Stunden Unterricht pro Tag. Mit nüchterner Kooperationsbereitschaft fragte er mich, ob ich jemanden kenne, den man bitten könne, Judy zu unterrichten. Ich erzählte ihm, ich hätte ungefähr zehn Jahre zuvor einen jungen Mann gekannt, der viele Jungen und Mädchen in meinem Auftrag unterrichtet und auf die mittlere Reife und das Abitur vorbereitet hätte. Ich hatte seine Adresse, wußte aber nicht, ob er dort noch wohnte und weiterhin freiberuflich unterrichtete oder ob er eine Ganztagsstelle als Lehrer angenommen hatte. Der Vater bat mich, zu versuchen, mit ihm Kontakt aufzunehmen. Ich rief meine Sekretärin und bat sie, ihn anzurufen und ihn ausfindig zu machen, falls die Adresse nicht stimmte. Glücklicherweise wohnte er noch dort und war zu Hause, weil er die Grippe hatte.

Sie sagte, er sei am Telefon, und fragte, ob ich mit ihm sprechen wolle. Ich antwortete: »Ja.« Bevor ich aber den Hörer aufnahm, fragte ich sowohl Judy als auch ihren Vater, ob ich ihm sagen könne, wie das Mädchen heiße, das zu unterrichten ich ihn bitten wollte. Dabei dachte ich an den »Skandal«. Sie antworteten: »Ja.« Ich sprach also mit Peter, erzählte ihm kurz, ich hätte ein junges Mädchen in meiner Obhut, es sei mein Wunsch, daß er es unterrichte, und nannte ihm den Namen. Ich konnte hören, wie er am anderen Ende der Leitung nach Luft schnappte. Ich sagte ihm, sie brauche mindestens drei Stunden täglich, von 15 bis 18 Uhr. Er fragte, ob er es sich überlegen und in einer Viertelstunde zurückrufen könne. So geschah es; er war einverstanden, den Unterricht zu übernehmen, sagte aber, er hätte nur zwei Stunden, von 15 bis 17 Uhr, frei und könne erst am nächsten Montag anfangen. Das war also erledigt. An diesem Punkt sagte ich, ich sei bereit, Judy fünf Mal pro Woche um 18.20 zu sehen. Da meinte Judy plötzlich, sie könne nur dann für Linda arbeiten und zu mir kommen, wenn Daddy ihr seinen Wagen schickte. Sie würde weder mit dem Bus noch mit der U-Bahn oder einem Taxi fahren. Der Vater erklärte sich allzu bereitwillig einverstanden, Judy einen Wagen zur Verfügung zu stellen. An diesem Punkt beendete ich die Konsultation abrupt, gab Judy einen Termin für den kommenden Tag, und wir trennten uns.

Es war mir nun klar, daß es ein Wunder wäre, sollte es mir gelingen, Judy zu helfen, zu sich selbst zu kommen und als Judy von sich selbst zu sprechen. Sie war ungemein verletzlich, und deshalb würde sie lange Zeit als *Collage*, nicht als Judy selbst, zu mir kommen.

Pünktlich traf Judy zu ihrer nächsten Stunde ein. Als sie ihren Poncho auszog, fiel mir auf, daß sie den Arm in einer Schlinge trug. Sie bemerkte meinen Blick und sagte ganz fröhlich, sie sei am vergangenen Abend, als sie zu Bett gehen wollte, auf der Treppe gestolpert und habe sich den Ellbogen verletzt, es sei aber nichts Ernstes. Daraus zog ich den Schluß, daß die körperlichen Verletzungen, die Judy sich selbst beibrachte, ihre Art waren, mit ihrem unfaßbaren psychischen Leid fertigzuwerden und es physisch zu lokalisieren. Sie waren für sie auch eine Möglichkeit, nicht in Zustände völliger Depersonalisierung zu versinken. In den folgenden drei Monaten sollte ich eine lange Geschichte solcher Körperverletzungen hören, die ihren Anfang nahm, als Judy fünf Jahre als war.

Judy kauerte sich in den Sessel. Für mich ist es in klinischer Hinsicht wichtig zu sehen, welchen Gebrauch ein Patient von meinem klinischen Raum und der verfügbaren Einrichtung macht. Das sagt mir anfangs mehr, als der Patient überhaupt aussprechen kann. Auch die Art, wie ein Patient seine Nacktheit bekleidet, ist für mich sehr aufschlußreich. Später erfuhr ich, daß man ihr den Nerzmantel, in dem sie zu ihrem ersten Beratungsgespräch erschienen war, in Wahrheit aufgezwungen hatte; er sollte sie wenigstens ein bißchen solide erscheinen lassen. Judys normale Kleidung bestand aus Wanderstiefeln, engen Jeans, einem Hemd oder schlabbrigem Pullover und den langen Socken ihres Lieblings-Footballvereins. Das zeigte deutlich, daß Judy sich noch gar nicht zu einem heranwachsenden Mädchen ausdifferenziert hatte. Sie war noch immer halb Junge, halb Mädchen. Ihre Kleidung hätte ebensogut von einem Jungen ihres Alters getragen werden können.

Wie ich erwartet hatte, schwätzte Judy munter über dieses und jenes. Sie hatte eine wirklich witzige Art, Leute zu beschreiben und Ereignisse zu schildern, aber sie redete über sich und um sich selbst herum, statt von und über sich selbst zu sprechen. Sie sagte, es habe ihr Spaß gemacht, am Vormittag bei Linda zu arbeiten, den ganzen Nachmittag über sei sie aber sehr niedergeschlagen gewesen. Vom Personal abgesehen, war niemand zu Hause, und ihr Lieblingsdienstmädchen hatte seinen freien Tag. Sie fragte mich, ob ihr Lehrer diese Woche nicht wenigstens für eine Stunde kommen könnte. Ich teilte ihr mit, daß ich mit ihm gesprochen hätte und er vor dem kommendem Montag wirklich nicht anfangen könne. Ich schlug ihr vor, Linda zu bitten, sie diese Woche ganztags arbeiten zu lassen. Sie sagte, das würde sie tun. Dann erzählte sie mir, seit der »Skandal« publik geworden sei, sei sie zu Hause geblieben und habe, außer Linda, keine Freunde getroffen. Ihre Augen blickten lauernd, als sie hinzufügte: »Ich kann auch nicht essen, außer wenn Daddy da ist. Er zwingt mich zu essen. Ich nage nur den ganzen Tag am Essen herum.« Hier stellte ich meine erste Deutungsfrage: »Wie oft stiehlst du?« Ich wußte wirklich nicht, weshalb ich danach fragte. Sie antwortete schlicht und einfach: »Nicht oft, und nur in einem Geschäft. Aber sie verdienen eine Menge an uns, und ich stehle nur kleine Sachen wie Stifte, Radiergummis, Briefumschläge, falschen Schmuck, Perlen usw.« Ich ließ das Thema fallen, hielt als gegenwärtige Symptome aber Anorexie, Stehlen und eine Phobie fest.

Glücklicherweise war Linda überaus froh darüber, daß Judy in dieser Woche ganztags für sie arbeiten würde, denn sie hatte ihren »Schlußverkauf«, und alle Waren mußten neu ausgezeichnet werden. Ansonsten wurde in jener Woche weder etwas gesagt noch kam etwas ans Licht, was von Bedeutung gewesen wäre. Am Wochenende fuhr Judy mit ihrem Vater in ihr Landhaus, worüber sie sehr glücklich war, weil sie dort reiten konnte. Sie liebte Pferde.

Als ich über die Stunden der ersten Woche nachdachte, war ich am stärksten davon beeindruckt, daß Judy eigentlich ein sehr aufgeweckter, sensibler, gesunder Mensch war und es in ihrem Innern eine Verrücktheit gab, die sich durch die Umstände der vergangenen Jahre auf hysterische Eskapaden und manipulatives Verhalten verlagert hatte. Im Grunde war sie ehrlich, aber beide Eltern hatten sie gelehrt zu lügen, und nun wußte sie selbst nicht mehr, wann sie log und wann sie die Wahrheit sagte. Ich war enttäuscht über meine eigenen Beiträge während der Woche, aber ich hatte beschlossen, mich zurückzuhalten und zu beobachten.

Vom ersten Monat ihrer Behandlung an arbeitete Judy regelmäßig bei Linda und hatte eine sehr gute Beziehung zu ihrem Lehrer entwickelt. Er hielt sie für eine sehr sensible, aufmerksame und kooperative Schülerin. Soweit also war alles in Ordnung. Die Probleme, die dringend geregelt werden mußten, betrafen das Essen und das Schlafen. Das Eßproblem nahm ich in Angriff, indem ich Linda bat, Judy zum Mittagessen mitzunehmen und sicherzustellen, daß sie jeden Tag eine gute Mahlzeit bekam. Ihr Vater hatte mir sein Wort gegeben, für beide zu bezahlen. Das Schlafproblem war schwieriger zu bewältigen, da Judy selbst mir bislang nie gesagt hatte, daß sie nicht gut schlafe. Statt sie zu fragen, beschloß ich, diese Angelegenheit mit ihrem Arzt zu erörtern, da er sich schon um sie gekümmert hatte, als sie ein Baby war. Er berichtete mir, Judy habe große Schwierigkeiten einzuschlafen, er könne ihr aber keine Schlaftabletten geben, da er fürchte, sie würde eine Überdosis nehmen. Drei Jahre zuvor hatte sie alle Tabletten aus dem Arzneischrank ihrer Eltern gestohlen und geschluckt, und man hatte sie zur Magenspülung ins Krankenhaus bringen müssen. Er versprach aber, zu versuchen, es mit einer der Damen im Haus zu vereinbaren, ihr jeden Abend eine Tablette zu geben. Eigentlich wußte ich, daß Judys Unfähigkeit zu schlafen eine tiefere Ursache hatte und sie die Tabletten nicht nehmen würde, und sie weigerte sich tatsächlich. Das überzeugte mich davon, daß sie Angst vor einem schlechten Traum hatte, und ich ließ die Angelegenheit fallen.

Der einzige andere wichtige Vorfall bestand darin, daß Judy zweimal innerhalb dieses Monats stahl. Es geschah jedes Mal, wenn in den Zeitungen etwas über den »Skandal« erschien. Das vermittelte mir einen Einblick in eine Funktion, die das Stehlen für Judy hatte. Es ging darum, daß das gestohlene Objekt ein privates, unerkennbares Geheimnis war, mit dem sie leben konnte. Bald sollte sie mir erzählen, wann sie angefangen hatte zu stehlen. Ansonsten kam Judy, schwätzte Judy, ging Judy. Ich war ganz zufrieden damit, daß sie wenigstens in dem Laden arbeitete und mit großem Fleiß lernte. Die Fächer, die sie gewählt hatte, waren englische Literatur, Spanisch und Geographie. Linda sprach fließend Spanisch.

Im zweiten Monat dann kamen die Dinge in Bewegung. An einem Dienstag kam Judy herein, setzte sich in den Sessel und sagte zu mir: »Ich wußte nicht, daß ich hierherkomme, weil ich krank bin. Ich habe nur geschwatzt, und Daddy kostet es ein Heidengeld.« Ich fragte sie, wer ihr denn gesagt hätte, daß sie krank sei. Sie erwiderte: »Mein Arzt, mein Vater, und sogar Linda. Ich komme hierher, damit Sie mich gesund machen können. Aber ich weiß nicht, worüber ich sprechen soll. Und Sie helfen mir nicht. Warum stellen Sie mir keine Fragen?« Ich gab zurück: »Gut, dann erzähl mir, seit wann du Schwierigkeiten hast zu schlafen.« Eine jähe Wut blitzte in ihren Augen auf, und sie fragte mich herausfordernd: »Wer hat Ihnen das erzählt? Ich schlafe ausgezeichnet. Nur in diesen Tagen muß ich um 8.00 Uhr aufstehen, und ich kann nie schlafen gehen, bevor es nicht fast 6.00 Uhr ist. Deshalb bekomme ich nicht genügend Schlaf.« Und sie versank für den Rest der Stunde in wütendes, verdrießliches Schweigen. Ich machte keinen Versuch, ihr ihre Wut auszureden. Als die Stunde zu Ende war, stand sie auf und ging. Am nächsten Tag, als ich sie erwartete, wurde ich angerufen, und man sagte mir, Judy gehe es nicht gut, und sie werde heute abend nicht kommen, komme jedoch morgen. Am Abend rief ihr Lehrer mich an, um mir mitzuteilen, Judy habe ihn weggeschickt und gesagt, sie sei krank und werde morgen arbeiten. Als Judy am Donnerstag wiederkam, kauerte sie sich in den Sessel, ohne ihren Poncho auszuziehen, aber ihre Verdrießlichkeit war keine wütende, sondern eine traurige. Sie sprach kein Wort, ich sagte ebenfalls nichts. Dasselbe wiederholte sich in der nächsten Stunde, am Freitag. Als sie jedoch ging, sagte sie: »Ich verbringe das Wochenende zum letzten Mal im Landhaus.« Und sie ging.

Als ich über die Ereignisse dieser Woche nachdachte, empfand ich kein Bedauern darüber, ins Fettnäpfchen getreten zu sein, indem ich sie nach ihrem Schlafproblem fragte, vielmehr fühlte ich mich erleichtert. Ich war mir sicher, daß die Plapper-Phase nun vorbei sein und ich der kranken Judy begegnen würde, nicht derjenigen, die mit dem »Skandal« als Alibi gekommen war. Ich hatte keine Ahnung, welche Gestalt ihre Krankheit annehmen oder wie sie sich zum Ausdruck bringen würde. Gleichwohl war ich ängstlich und hatte wiederum das Gefühl von Anspannung und Unzulänglichkeit, daß ich nach der ersten Konsultation empfunden hatte. Eine Sache, die mir dieser Vorfall über Judy klar gemacht hatte, war die, daß sie hinter ihrer fröhlichen Fassade äußerst paranoid war. Ihre hochgradige Empfindlichkeit war ein Trick, eine offenkundig paranoide Reaktion zu vermeiden.

Während ihrer Plapper-Phase hatte ich noch andere Hinweise auf ihre Psychopathologie und ihre Tricks (mit Absicht benutze ich dieses Wort statt des Begriffs Abwehrmechanismen), mit ihr fertigzuwerden, gesammelt. Ich zweifelte kaum daran, daß ihre Schlaflosigkeit für sie eine Möglichkeit war, das Träumen zu vermeiden, insbesondere einen bestimmten Traum, der anschaulich ein Ereignis aus der Vergangenheit projizieren könnte, das sie abgespalten und/oder aus ihrer bewußten Judy-Alltagsidentität verdrängt hatte. Das mit Händen zu greifende und dennoch unaussprechliche psychische Leid in ihrem Innern war hinter einer Unzahl kleiner Forderungen und Diebstähle verborgen. Das war, so hatte ich vermutet, ein Ergebnis der traumatischen und quälenden Entbehrung mütterlicher Liebe und Fürsorge. Die zu große Nachsichtigkeit ihres Vaters hatte ihr später dabei geholfen, dieses psychische Leid zu verbergen. All ihre versehentlichen oder sich selbst zugefügten Verletzungen aber stellten die körperliche, »gegenständliche Entsprechung« [»objective correlatives«] – um eine Formulierung T. S. Eliots [1919] 1969, Bd. 2, S. 98, zu übernehmen – für dieses psychische Leid dar, wie es sich bald aufs schrecklichste erweisen sollte. Über die realen Ereignisse aus ihrem frühen Familienleben war mir kaum etwas bekannt. Ich hatte nur vage Anhaltspunkte, weshalb und wie sie zu der Judy geworden war, als die sie sich zur Zeit präsentierte. Sie hatte eine lautstarke, ungemein aufdringliche Verwandte, die mich dauernd anrief, um mir »alles« zu erzählen, aber ich hatte es nachdrücklich abgelehnt, sie zu sehen. Ich wollte überhaupt nichts erfahren, was Judy nicht selber erzählen oder aussprechen konnte.

Als Judy von ihrem Wochenende auf dem Land (dem letzten Besuch ihres Landhauses) zurückkehrte, kam sie pünktlich zu mir; sie war weder niedergeschlagen noch übellaunig und abweisend, sondern saß einfach sehr still und traurig da. Nach einer Weile begann sie zu weinen, und irgendwie brachte sie heraus: »Jetzt habe ich, außer Daddy, alles verloren. Tim ist tot, und das Landhaus ist verkauft worden.« Ich fühlte ihren Verlust und den damit einhergehenden Schmerz. Was mich stärker erschreckte, war aber die Tatsache, daß ich keine Ahnung hatte, welchen Weg Judy zu ihrer Selbsterhaltung einschlagen würde. Sie liebte das Reiten und würde nun nicht mehr reiten können. Ihr gefiel weder das Leben in London noch die Schule, die sie in London besucht hatte, weil sie meinte, körperlich unbeholfen zu sein, ungehobelte Manieren und eine ungeschliffene Ausdrucksweise zu haben, obwohl Judy, wie ich zuvor bereits sagte, wirklich ein Gefühl für die Sprache besaß. Es war aber Teil ihres Protestes, daß sie sich weigerte, ihre bukolische Umgebung zu verlassen, um sich der Londoner Schickeria anzuschließen, in der ihre affektierten Klassenkameradinnen gesellschaftlich vollkommen angepaßt verkehrten. Trotz all ihrer Tricks, Lügen und anderen Möglichkeiten, ihren seelischen Schmerz und ihre Verrücktheit zu verbergen, war Judy eine authentische Persönlichkeit und hatte ihren eigenen Willen. Sie weigerte sich beispielsweise, die schicke Schuluniform zu tragen, und blieb bei ihren Jeans und einem Pullover oder Hemd.

Mir war aufgefallen, daß sie ihre Mutter nicht erwähnt hatte, als sie sagte: »Ich habe alles verloren.« Sobald sie sich beruhigt hatte, macht Judy den Vorschlag, mir von sich zu *erzählen*. Sie begann mit Tim, ihrem Pony. Ihr Vater hatte ihr Tim zum fünften Geburtstag geschenkt. Während der verbleibenden Woche bekam ich alles über ihr Verhältnis zu Tim zu hören. Sie erzählte mir, wie der Butler sie erwischt hatte, als sie sich mit Kissen und Decken aus dem Landhaus schlich, um in Tims Stall zu schlafen. Schon seit ungefähr einer Woche hatte sie im Stall übernachtet. Es kam ihrem Vater zu Ohren, und seine Nachsicht und Liebe zu seiner Tochter waren so groß, daß er einen Stall direkt ans Haus anbauen ließ. Er wußte bereits, wie einsam und traumatisiert Judy war. In Winnicottscher Metaphorik könnte man sagen, daß Tim Judys Übergangsobjekt darstellte. Sie schrieb Geschichten *für* ihn und zeichnete Bilder von ihm, die sie mit Versen versah, sobald ihre Entwicklung ihr dies erlaubte. Tim starb an einem Darmleiden, als Judy zwölf war. Ich lernte Tim allmählich als eine Person aus Judys Leben kennen, und es zeigte mir, über welch eine große Fähigkeit zu Mitgefühl und Fürsorge dieses Mädchen verfügte. Das überraschende daran war, daß ihre Phobie nachließ, je mehr sie von Tim erzählte, und sie begann, mit ihrem Vater und Linda auszugehen, Theater und Restaurants zu besuchen. Auch aß und schlief sie mehr.

Eines Nachts dann hatte sie einen Traum, der sie so sehr erschreckte, daß sie mich um zwei Uhr früh anrief. Das war der Traum:

> Sie geht durch die Straße. Plötzlich hört sie eine Stimme, die ruft: »Paß auf, sonst fällst Du in die Grube.« Sie blickt auf und sieht ihre Mutter, die mit ihrem typischen, süffisanten Lächeln vor ihr steht.

Am Telefon sagte ich nur, daß sie nun, nachdem sie diesen schrecklichen Traum hatte träumen können, in der Lage sein würde, ohne Angst zu schlafen, und daß wir über den Traum sprechen würden, wenn sie in ihre Stunde käme. Damit war sie zufrieden. Ich selbst war mir nicht sicher, ob sie einen Traum gesehen, ein hypnagogisches Bild gehabt hatte oder ob es sich um eine reine Halluzination handelte. Als sie zu ihrer Stunde kam, erwähnte sie den Traum nicht, sondern präsentierte mir erneut ihr Geplapper. Die ganze Woche über sah ich davon ab, ihre Aufmerksamkeit auf den Traum zu lenken. Dann passierte etwas. Am Wochenende hatte sie, wie sie behauptete, einen »Riesenkrach mit meiner verdammten, neugierigen Tante gehabt« (von der bereits die Rede war). Sie wollten ausgehen, und es drehte sich um ihre Kleidung. Ihre Verwandte wollte, daß sie sich fein machte, um sich Gästen und Gastgeber würdig zu erweisen, sie aber wollte ihre Jeans und den Poncho anbehalten. Es endete damit, daß sie, vor den Augen ihres Vaters, ein Glas Rotwein durchs Zimmer warf, woraufhin die Tante sich zurückzog und kreischte, ihr bestes Abendkleid sei ruiniert. Ihr Vater hatte dem ganzen Drama passiv und ruhig zugesehen. Nun weigerte die Verwandte sich mitzukommen, und der Vater ging glücklich und zufrieden mit seiner in Jeans und Poncho gewandeten Tochter. Ihm war alles piepegal, solange sie sich wohl fühlte und lebendig war.

Nachdem sie in der Montagsstunde die Geschichte mit ihrer Verwandten erzählt hatte, hielt sie plötzlich inne und sagte: »Ich möchte über mich und meine Mutti sprechen.« Ich persönlich hatte das Gefühl, es sei für sie ein wenig zu früh, jetzt schon von der Beziehung zu ihrer Mutter zu erzählen. Wir hatten eine Menge Themen behandelt, als wir über Tim sprachen, und mir wäre es lieb gewesen, auf diese Weise zumindest noch eine Woche weiterzumachen, um ihre Gemütslage und ihr Vertrauen zu mir zu stabilisieren. Mir schien es, als hätte die Geschichte mit ihrer Verwandten sie irgendwie in eine triumphierende, manische Stimmung versetzt. Ich hatte aber keine andere Wahl, als sie über das reden zu lassen, worüber sie reden wollte. In meiner Praxis habe ich die Erfahrung gemacht, daß der Patient uns sehr wichtiges Material liefern kann, wenn dies jedoch in der falschen Stimmung geschieht, bleibt es oft eine leblose Information, und wir, Patient und Analytiker, vermögen es nicht in eine neue, affektive psychische Erfahrung umzuwandeln.

Wenn man über die klinische Arbeit berichtet, ist es furchtbar enttäuschend, daß man die winzigen Details, die das Schicksal des Patienten als Individuum ausmachen und gleichermaßen das Schicksal des klinischen Prozesses bestimmen, aus Gründen der Schweigepflicht nicht mitteilen darf. Auf Judys Fall trifft dies in stärkerem Maße zu als auf jeden anderen, über den ich jemals geschrieben habe. Sie erzählte sehr viel über ihre Beziehung zu ihrer Mutter, und ich werde die entscheidenden Themen zusammenfassen, mit wenigen Ausnahmen jedoch keine realen Ereignisse breitwalzen. Ich vertraue darauf, daß der Leser seinen guten Willen und seine Vorstellungskraft nutzt, um zu rekonstruieren, was ungeschrieben bleiben mußte.

Wie ich schon andeutete, war Judy in eine manische Stimmung geraten, als sie ihre »Geschichte« zu erzählen begann, denn sie wurde ohne Affekt und kommunikativen Wert wiedergegeben. Die wesentlichen Fakten waren die, daß ihre Mutter eine haarsträubend hysterische Frau war und Judy ihre Eltern niemals in Gemeinsamkeit oder glücklich miteinander gesehen hatte, nicht einmal der Form halber. Die affektive Beziehung ihrer Mutter zu ihr war im Kern weder Zurückweisung noch Fürsorge, nicht einmal Ambivalenz, sondern *Quälerei*. War sie nüchtern und hatte sie gute Laune, weil ihr Mann nicht anwesend war, was häufig vorkam, pflegte sie Judy zu verhätscheln, ohne sich die Mühe zu machen, auch nur annähernd herauszufinden, was Judy selbst mochte oder wollte. Zum Beispiel erzählte Judy mir, daß sie von all dem Zeug, was ihr gehörte, nur Tims Geschirr (Sattel, Decke usw. sowie ihre Reitstiefel) mitgebracht habe. Den Rest habe sie den Dorfbewohnern gegeben, die um das Landhaus herum wohnten. Sie wußte, daß die Geschenke ihrer Mutter eine Art Bestechung für die Momente waren, in denen sie völlig wild und gewalttätig wurde und ihre Tochter in ihrer Wut, die kaum etwas mit Judys Verhalten zu tun hatte, sondern in die sich irgendein Krach mit ihrem Gatten ergoß, verprügelte. Einmal schlug sie Judy so schwer mit einem Stock, daß sie ihr den Arm brach. Judy war damals acht. An den Wochenenden, wenn der Vater anwesend war, was das Haus mit Leuten vollgestopft. Ich sage absichtlich nicht »es war voller Menschen«, denn Judy hatte außer zu Tim, Dad und dem Butler zu niemandem eine Beziehung. Sie hatte sehr früh für ihr Alter angefangen zu realisieren, daß ihre Kinderfrau mit ihrer Mutter unter einer Decke steckte. Als Judy neun Jahre alt war, begann ihre Mutter, in betrunkenem Zustand, ihr Geheimnisse zu erzählen. Judy kannte sie bereits. Sie erzählte all dies und andere Vorfälle in einer fast manischen, unpersönlichen Art, so als wenn sie irgend jemand anderem zugestoßen wären. Während ich ihrer Erzählung, in die sich der Klatsch ihres alltäglichen Lebens mischte, zuhörte, fühlte ich schon sehr früh, daß Judy von ihrer Mutter in den Wahnsinn getrieben worden war und gelernt hatte, in ihrem Landleben mit diesem Wahnsinn zu leben. Nur die Anforderungen einer Londoner Schule von hohem Niveau und das gesellschaftliche Leben ihres Vaters stellten für sie eine Belastung dar, die sich mit ihrer Verrücktheit nicht vereinbaren ließ, und so hatte sie im Laufe der vergangenen drei Jahre allmählich all die manipulativen Tricks einer echten Hysterikerin erlernt und sich hinter denselben versteckt. Das war ihr in der Tat so gut gelungen, daß sie zu ihrem verrückten Selbst, das die eigentliche Judy war, keine Verbindung mehr hatte. Sie nutzte ihre Umwelt in einer negativen Weise aus, die

sich für sie als Person nachteilig auswirkte. Es sah sehr nach einer Karikatur des Charakters ihrer Mutter aus. Und die nachsichtige Zärtlichkeit ihres Vaters war ihr nicht mehr zuträglich, da sie sie mit gerissener, verschlagener Rachsucht ausnutze, um ihren Verwandten auf die Nerven zu gehen, die versuchten, sie im Zaum zu halten und, dem Stil ihres gesellschaftlichen Status entsprechend, ein gepflegtes, elegantes junges Mädchen aus ihr zu machen.
In dieser Situation kehrte nun eine Freundin aus ihrer Kindheit nach fünfjährigem Auslandsaufenthalt nach London zurück. Sie war Judys »Kumpel« (ihre Formulierung) gewesen, seit sie drei Jahre alt war. Das Mädchen, das zurückkehrte, war nun ein ausgesprochener Jet-set-Typ, und Judy flüchtete sich mit einer manischen Leidenschaft zu ihm. Sie arbeitete bei Linda, lernte mit ihrem Lehrer und verschwand dann gewöhnlich mit ihrer Freundin, die sich nur für einen Monat in der Stadt aufhielt, in irgendeine Diskothek oder sonstwohin, blieb manchmal die ganze Nacht über fort und kam nur zurück, um sich umzuziehen und zur Arbeit zu gehen.
Unglücklicherweise war der Vater für zwei Wochen geschäftlich verreist, und ihre »neugierige Tante« registrierte Judys Treiben mit äußerster Genauigkeit. Die neugierige Verwandte rief mich eines Abends an und drängte meinen Butler, sie zu mir durchzustellen. Mit einem arroganten, boshaft triumphierenden Unterton in ihrer Stimme sagte sie, Judy sei jeden Abend sehr lange fortgeblieben und habe ihre »Pille« nicht regelmäßig genommen. Deshalb hatte sie mit ihrem Gynäkologen vereinbart, Judy ein IUP einzusetzen, und schon am kommenden Tag sollte Judy zu ihm gehen. Ich warnte sie, daß der Körper eines jungen Mädchens die Spirale mitunter nicht annimmt und daß, in Judys Fall, die Gefahr bestand, daß ihre Krankheit sich über somatische Symptome zum Ausdruck bringen würde. Aber sie wollte nicht hören. Ich bat, Judy sprechen zu können, sie

sagte jedoch, Judy sei bereits irgendwohin verschwunden, und legte auf. Ich setzte mich augenblicklich mit dem Arzt in Verbindung, der sogar bei ihr vorbeiging und mit der Information fortgeschickt wurde, alle seien zum Dinner ausgegangen und würden erst sehr spät heimkehren. Er rief mich an, und wir schickten der Verwandten ein Telegramm, von uns beiden unterzeichnet, in dem wir ihr mitteilten, daß wir gegen ihren Plan waren, und ihr den Rat gaben, ihn bis zur Rückkehr des Vaters am Freitagabend aufzuschieben. Wir fügten hinzu, daß, wenn Judy schwanger sei oder schwanger werden würde, daran heute nacht auch nichts mehr zu ändern sei. Und sobald ihr Vater zurück sei, könnten wir die nötigen medizinischen Maßnahmen ergreifen, um sie vor einem Malheur zu bewahren.
Es war alles vergeblich. Judy war zu dem Gynäkologen gegangen, und das Einsetzen des IUP war ein physisches Trauma für sie gewesen. Als sie in ihre Stunde kam, war sie weiß wie ein Laken und litt große Schmerzen. Sie bat um Tee, und ich holte ihn ihr. Ich frage sie, weshalb sie sich nicht widersetzt und mich angerufen hätte, aber sie blieb stumm. Mir fiel auf, wie sehr diese Passivität, mit der sie sich nun der herrischen Verwandten beugte, derjenigen ähnelte, mit der dieses eigenwillige Mädchen als Kind auf eine so entpersönlichte Weise gelitten und der Mutter gehorcht hatte. Da ihre Schmerzen schlimmer wurden, schickte ich sie nach Hause und rief den Arzt an, um ihn zu bitten, Judy in seiner nächsten freien Minute aufzusuchen, was er tat. Ich zweifelte absolut nicht daran, daß Judys Wahnsinn nun eine somatische Ausdrucksmöglichkeit finden und unter Umständen sogar zu einem psychotischen Zusammenbruch führen würde. Das erste, was am nächsten Morgen geschah, war, daß der Arzt mich anrief und sagte, Judys Vater habe ihn um drei Uhr früh angerufen, sie sei mit der Ambulanz ins Krankenhaus gebracht worden, und man habe einen anderen Gynäkologen zu Rate gezogen, der das IUP entfernt habe.

Nun begann ein Alptraum, wie ich ihn in wohl dreißig Jahren klinischer Arbeit noch nicht erlebt hatte. Hilflos zusehen zu müssen, wie Judys verborgener Wahnsinn, der mit dem Leben zu vereinbaren war, sich zuerst in qualvollstes körperliches Leid und körperliche Symptome und später dann in psychotische Zustände mit paranoiden Wahnvorstellungen, Halluzinationen und einem vollständigen Verfall ihrer Persönlichkeit verwandelte, tat mir sehr weh. Da mich keine ärztliche Ausbildung gegenüber körperlichem wie seelischem menschlichem Leiden abgehärtet hat, war dieses Stadium ihrer Krankheit für mich ebenso traumatisch, wie es die Persönlichkeit Judy zerstörte.

Die Ereignisse nahmen, kurz gesagt, folgenden Verlauf: das IUP wurde entfernt, der Gynäkologe aber hatte ihren Uterus in einen fürchterlichen Zustand versetzt. Judy war im Krankenhaus, und außer Pethidin[2], das sehr vorsichtig dosiert werden mußte, weil es ein suchterzeugendes Medikament ist, konnte nichts die Infektion heilen oder die Qualen lindern. So lebte Judy in nicht nachlassendem körperlichen Schmerz. Dann bekam sie paranoide Wahnvorstellungen von der Oberin und rannte eines Nachts aus dem Krankenhaus. Glücklicherweise fuhr gerade ein Polizeiauto vorbei, und sie wurde zurückgebracht. Der Vater bat um eine Unterredung mit mir, dem neuen Gynäkologen und dem Arzt. Gemeinsam vereinbarten wir, daß Judy zu Hause gepflegt werden sollte. Judy kehrte also sehr krank zurück und wurde daheim gepflegt. Ihre körperliche Verfassung war schwankend, ihre psychische Verfassung aber ging in einen offenkundig schizophren-paranoiden Zustand über. Sie wollte weder essen noch reden. Ebenso wie der Arzt stattete ich ihr allabendlich nach dem Dinner einen einstündigen Besuch ab. Häufig war sie in einem komatösen Zustand und stumm, oder aber sie halluzinierte. In diesem Fall murmelte

2 Ein Analgetikum. [Anm. d. Übers.]

sie in einer verworrenen Sprache vor sich hin. Eine dieser Halluzinationen möchte ich hier wiedergeben: Ich hatte eine halbe Stunde lang ruhig neben ihrem Bett gesessen, als ich sah, wie Judy ihren Arm ausstreckte, ein »Objekt« umarmte und dabei murmelte: »Liebling, Tim, Mammi hat dich geschlagen, deine Lippe ist aufgeplatzt. Armer Tim. Ich werde es in Ordnung bringen.« Und wieder versank sie in Bewußtlosigkeit und Schweigen. Ich erinnerte mich, eine Narbe auf Judys Unterlippe gesehen zu haben, als ich ihr zum ersten Mal begegnete.

Nach einem Monat fortschreitenden Verfalls und weiterer Halluzinationen, wobei sie einmal ihr Nachthemd in Brand setzte und schrie »Das Haus (sie rief in Wirklichkeit den Namen des Landhauses) steht in Flammen«, hatten der Arzt und ich eine Unterredung mit ihrem Vater, in der wir ihm empfahlen, uns einen Psychiater hinzuziehen zu lassen, der auf medikamentöse Behandlungsmethoden von schizophrenen halluzinatorischen Zuständen spezialisiert war. Der Vater war einverstanden, und Judy kam in die Klinik. Sie wurde psychiatrisch behandelt, und ihre psychische Verfassung besserte sich wie durch ein Wunder, zumindest hatte sie keine Halluzinationen oder paranoide Wahnvorstellungen mehr. Der Vater war sehr erleichtert. Um die Möglichkeit einer Übertragung auf ihren Psychiater nicht zu untergraben, hatte ich Judy während dieses Krankenhausaufenthaltes nicht besucht.

Als sie nach Hause zurückkehrte, bat Judy sofort darum, mich zu sehen. Ihr Vater rief mich an, ich sagte meinen Patienten ab und fuhr auf der Stelle zu ihr. Das Mädchen, das ich sah, war nun völlig ruhig und wahnsinnig. Daran gab es für mich keinen Zweifel, aber es ließ mich wieder für sie hoffen. Sie bat, mit mir allein sprechen zu können, und so verließen ihr Vater und die Krankenschwester das Zimmer. In sehr sanftem Ton bat sie mich, mit ihrem Vater zu sprechen, damit er ihr erlaubte, ihr Zuhause zu verlassen und fortzugehen, um irgendwo anders, irgendwo auf dem Land, leben zu können. Ich versprach ihr, mein Bestes zu tun, um dies für sie zu arrangieren. Sie war auf eine sonderbare, passive Art aufmerksam und hellwach und sagte, die drei Wochen im Krankenhaus seien so übel gar nicht gewesen. Ein wenig beschwerte sie sich über das Essen. Im übrigen erinnerte sie sich an kaum etwas.

Ich sprach mit dem Vater und dem Arzt, ebenso mit dem Psychiater, und plädierte sehr nachdrücklich dafür, Judy in ein Landhaus mit ansprechender und für Judy annehmbarer familiärer Atmosphäre zu schicken. Der Vater war sofort einverstanden. Die Frage war, welche Familie, und wie weit von London entfernt?

In den zwei folgenden Wochen lernte Judy es nach und nach wieder, herumzulaufen und gemeinsam mit der Familie zu essen. Sie bat sogar, wieder unterrichtet zu werden. Der Lehrer erzählte, sie arbeite zwar ausgesprochen gut mit, nähme aber nichts auf. An diesem Punkt trat ein Ereignis ein, das alle unsere Management-Probleme löste. Eine Tante von ihr, die in Argentinien eine Pferde-Ranch besaß, kam plötzlich hereingeschneit. Judy war fasziniert von dem, was die Tante über die Ranch und die Menschen, die sie beschäftigte, erzählte. Also beschlossen wir, daß Judy mit ihrer Tante auf die Ranch in Argentinien gehen sollte, und binnen einer Woche war Judy fort.

Das war vor ungefähr drei Jahren. Regelmäßig, ca. alle sechs Wochen, schickte sie mir kurze Briefe mit einem Photo von einem Pony, Fohlen oder Pferd. Jedesmal antwortete ich umgehend. Vor vier Monaten dann hörte ich nichts mehr von ihr. Ich versuchte, Kontakt zu ihrem Vater aufzunehmen, aber er war im Ausland. Deshalb schickte ich ihrer Tante eine Telegramm und bat um Neuigkeiten von Judy. Sie rief mich an und sagte, daß Judy gefallen sei und sich den Arm gebrochen habe, als sie ein Pferd zuritt. Es sei aber gut verheilt, und sie würde mir schreiben. Augenblicklich be-

fürchtete ich, Judy könne wieder in einen psychotischen Zustand abgleiten. Eine Woche später bekam ich einen Brief von ihr, in dem sie mir von dem Unfall erzählte und mir versicherte, sie habe keine großen Schmerzen gehabt und reite bereits wieder. Am Schluß des Briefes schrieb sie (und ich zitiere sie wörtlich): »Ein kleines Fohlen hat mit mir gesprochen, aber ich kann es nicht verstehen. Wenn es irgendwelche Bücher über Pferdesprache gibt, dann schicken Sie sie mir bitte per Luftpost. Daddy bezahlt es.«
Ich wußte nun ganz sicher, daß Judy nicht mehr verrückt war und nun Wahnvorstellungen und Halluzinationen bekam. Ich schickte einen Brief, schrieb, daß ich froh sei, Neues von ihr zu hören, und mich intensiv bemühe, Bücher über die Pferdesprache ausfindig zu machen. Als ihr Vater ein paar Tage später zurückkehrte, rief ich ihn an und bat ihn, zu mir zu kommen. Ich bestellte auch den Arzt und den Psychiater. Als wir uns trafen, las ich Judys Brief vor und teilte ihnen meine Befürchtung, daß Judy wieder psychotisch werde, mit. Der Vater schlug vor, er wolle die Tante anrufen und ihr sagen, daß sie sich augenblicklich telefonisch bei ihm melden müsse, wenn Judys Verhalten ihr irgendwie komisch vorkäme; er werde dann hinüberfliegen und sie abholen.
Ungefähr sechs Wochen sind seitdem vergangen. Ich habe keine Nachricht von Judy, aber wenn ich mich darauf einstelle, sie zu empfangen, egal in welcher Verfassung sie eintrifft, frage ich mich, was ich diesmal tun werde. Wird es mir mit Hilfe ihres Arztes und des Psychiaters gelingen, sie in ihrem persönlichen Wahnsinn, der mit dem Leben zu vereinbaren ist, wiederherzustellen, oder werden die Verkrustungen der psychischen Zerrüttung nun nicht mehr aufzubrechen sein? In einem Punkt aber bin ich mir sicher: ich kann von ihr nicht erwarten, frei zu assoziieren oder ihre Verrücktheit auszusprechen, weil sie nicht weiß, wie sie sprechen soll – was, wie, zu wem!

Zwei Monate später, an einem Samstagnachmittag, klingelte das Telefon. Ich nahm ab: es war Judy! Sie sagte: »Ich bin in London – bitte, kann ich Sie heute sehen? Ich muß eine wichtige Entscheidung treffen und brauche Ihre Hilfe.« Ich sagte, wir könnten uns nachmittags um halb zwei sehen. Während ich auf Judy wartete, gingen mir pausenlos drei Dinge durch den Kopf:

1. Judys Stimme hatte so zurückhaltend und überlegt geklungen, ganz anders als früher, wenn sie entweder mit allem herausplatzte oder aber stumm war.
2. Ich hatte bisher nie gehört, daß Judy sich des Wortes »bitte« bediente. All ihre Forderungen kamen über Symptome zum Ausdruck, folglich fühlte sie sich nie verantwortlich für das, was man ihr gab.
3. Sie hatte niemals ihre »Hilfsbedürftigkeit« eingestanden, die etwas ganz anderes ist als eine »Forderung«. Die »Hilfsbedürftigkeit« zu akzeptieren bedeutet, nicht autonom-omnipotent zu sein und sowohl die Getrenntheit wie auch die Fähigkeit des *Anderen* anzuerkennen, einem zu helfen.

Natürlich hatte sie mittlerweile mehr als drei Jahre im Ausland gelebt, in einer Kultur und Umgebung, die sich von der ihrer Kindheit und Pubertät gar nicht krasser unterscheiden konnte. Auch hatte sie eine neue Sprache erlernen müssen. Ich aber wußte tatsächlich nichts über das Leben, das sie in diesen drei Jahren geführt hatte, auch wenn sie mir regelmäßig kurze Karten oder ein paar Zeilen geschrieben hatte.

Über einen Punkt war ich mir im klaren: ganz gleich, in welcher psychischen Verfassung ich sie vorfände, ich würde von mir aus ihre Bitte um ein Buch über »Pferdesprache« weder ins Gespräch bringen noch auch nur andeuten. Ich würde versuchen, ihr auf genau der Ebene zu begegnen, auf der sie sich darstellen wollte. Darüber hinaus war ich entschlossen, ihre schweren Krankheiten aus der Vergangenheit nicht anzusprechen, falls sie sich nun entschieden haben sollte, sie nicht in ihre jetzige Persönlichkeitsidentität zu integrieren. Ich wußte, daß all dies mir selbst eine enorme Disziplin abverlangte, mit Bedacht *nichts* zu wissen, aber ich war der Überzeugung, daß ich Judy überhaupt nur dann würde helfen können, wenn ich sie als eine Als-ob-Persönlichkeit akzeptierte, die mit dem *kranken* Mädchen nicht identisch war. Ein wenig beunruhigte mich ihre überstürzte Abreise aus Argentinien und Ankunft in London. Ich kannte diese Art von Impulsivität bei ihr von früher her, beschloß aber, auch diesen Umstand im Zweifelsfall für sie sprechen zu lassen.

Judy traf pünktlich ein und begrüßte mich herzlich. An eines hatte ich nicht gedacht, nämlich daran, daß das gut achtzehnjährige Mädchen, das schwere Arbeit auf einer Ranch leistete, sich körperlich von dem babyspeckigen Mädchen mit kurzgeschnittenen Haaren und engen Jeans, das mich drei Jahre zuvor verlassen hatte, unterscheiden würde. Ich brauchte deshalb eine Weile, bis ich mich an ihre neue körperliche Erscheinung gewöhnt hatte: sie war schlank, trug das Haar lang und war dezent gekleidet – beinahe hübsch, gewiß aber mit einem Hauch von Exotik. Ihre Augen hatten sich auffallend verändert: sie hatte nicht mehr jenen wilden, stieren oder leeren und abwesenden, verwirrten Blick. Statt dessen waren ihre Augen aufmerksam und lebhaft. Auch ihre Stimme hatte sich verändert. Judy sprach nun ruhig, auf eine angenehme und lebhafte Art und Weise. Als sie ihren Mantel ausgezogen und zusammen mit ihrer Handtasche und einer Mappe, die sie bei sich trug, ordentlich neben sich gelegt hatte, war sie nicht mehr die »Judy, fünfzehn Jahre«, die ankam und sich im ganzen Zimmer ausbreitete. Ihr gesamtes Auftreten hatte einen anderen Charakter: sie war auf eine dezente Weise vertraulich und verbindlich. Auch ihre Gestik stand mit ihrer Stimme und dem, was sie sagte, im

Einklang. Natürlich merkte sie, daß ich sie »beobachtete«, und grinsend meinte sie: »Ich habe mich verändert, wie Sie sehen. Und ich bin drei Jahre lang in keiner Weise krank gewesen, von meinem Armbruch einmal abgesehen.« Ich nahm ihre Bemerkung auf, ohne auf sie einzugehen oder die Veränderung zu kommentieren.

Ich weiß, daß Analytiker das körperliche Erscheinungsbild eines Patienten normalerweise nicht derart detailliert beschreiben. In der Praxis aber sagt mir der Anblick eines Menschen – der Tonfall, seine Gestik und allgemeine Haltung – zu Beginn mehr, als seine »präparierte« Rede und mündliche Erzählung es über einen langen Zeitraum vermögen. Ohne weitere Umstände kam Judy auf das Problem, das sie zu mir geführt hatte, zu sprechen. Alles hatte vor ungefähr einem Jahr seinen Anfang genommen, als ein Mädchen namens Luciana auf die Ranch gekommen war, um Pferde zu kaufen. Luciana war eine junge Frau von siebenundzwanzig Jahren. Sie und Judy kamen auf Anhieb sehr gut miteinander aus, und sie lud Judy für die kommende Woche zum Abendessen ein. Judy fuhr hin und sah, daß Luciana in einem großen Haus eine Art Wohngemeinschaft leitete. Unter ihrer »Obhut« lebten ungefähr zwanzig Personen im Alter von fünfzehn bis dreißig Jahren. Alle waren sie Aussteiger, kamen aus Universitäten oder Arbeitsverhältnissen, lauter verschiedene Nationalitäten und Typen. Einige waren drogenabhängig gewesen. All dies hatte Judy zutiefst beeindruckt. Sie beschloß, Luciana zu unterstützen. Während ihres ersten Besuchs aber hatte sie keine Fragen gestellt, hatte sich still im Hintergrund gehalten und war früh gegangen. Dann lud sie Luciana zum Lunch ein und erfuhr alles über sie.

Luciana hatte ihre Mutter verloren, als sie fünf Jahre alt war. Sie war von Pflegeeltern, Freunden ihres Vaters, aufgezogen worden. Der Vater war nach Europa gegangen und hatte die Verbindung zu seiner Tochter nicht aufrechterhalten. Lucianas Pubertät und Adoleszenz waren bezeichnenderweise tur-

bulent und chaotisch verlaufen, sie hatte auch Drogen konsumiert. (Ich teile dies mit, weil ich Judys überaus starken Wiedergutmachungstrieb und seine grotesken Äußerungsformen kannte.) Als Luciana dann einundzwanzig wurde, erfuhr sie, daß sie ein riesiges Vermögen geerbt hatte und nun völlig unabhängig war. Zu dieser Zeit begegnete ihr glücklicherweise ein Mann, wesentlich älter als sie selbst, dem sehr an ihrem Wohlergehen gelegen war. In seiner Jugend hatte er fünf Jahre lang in Nepal gelebt und sehr viel über den Zen-Buddhismus und seine Praktiken gelernt. Er reiste jedes Jahr nach Nepal und Indien und bat Luciana, ihn zu begleiten. Sie hatten keine intimen Beziehungen miteinander. Luciana war aus drei Universitäten herausgeworfen worden, steckte in gewaltigen Schwierigkeiten und beschloß von einem Tag auf den anderen, mit ihm zu gehen. Fünf Jahre lang hielt sie sich in verschiedenen Ashrams (klosterähnlichen Einrichtungen) auf und lernte Hindi, Nepalesisch und Sanskrit. Als sie zurückgekommen war, hatte sie beschlossen, diese »Kommune« zu gründen, und sie erklärte Judy, wie sie organisiert war. Jeder hatte eine Aufgabe nach seiner Wahl, war den anderen gegenüber verantwortlich, und niemand konnte länger als drei Jahre bleiben. Sie kam für den Unterhalt auf, aber die übrigen sorgten für das Haus und den Garten, und sie kochten. Sie unterwies sie auch in »Meditation«.
Judy zufolge war sie von Lucianas Lebensgeschichte, vor allem der Glaubwürdigkeit des Chaos und der anschließenden wirklichen Disziplin und Hingabe, vollkommen fasziniert. Sie bat Luciana, sie Hindi zu lehren, und begann, freitags an ihren »Meditationsstunden« teilzunehmen. In Judy kristallisierten sich allmählich ein Plan und eine feste Absicht heraus. Den Ausschlag aber gab das Fohlen, das »zu ihr sprach« und das sie nicht verstehen konnte.
Die Schwierigkeiten mit dem Fohlen bestanden darin, daß es im Alter von acht Monaten immer noch ausschließlich Milch trank und Futter und Kleie verweigerte, und folglich

entwickelte es sich nicht besonders gut. Eines Tages erwähnte Judy es Luciana gegenüber, die sich bereit erklärte, das Fohlen »kennenzulernen«. Laut Judy konnte Luciana die »Pferdesprache« nicht nur »verstehen«, sondern auch selbst sprechen. Innerhalb von drei Monaten fraß das Fohlen normal. Dieser Vorfall veranlaßte Judy zu dem Entschluß, Argentinien zu verlassen und nach Indien oder Nepal zu gehen, um sich in Meditationstechniken und Yoga ausbilden zu lassen. Luciana hatte sie ausführlich über Ashrams und deren »Ausbildungs«-Methoden informiert und Judy hatte einen Teil der Literatur mitgebracht, um sie mir zu zeigen. In Wahrheit hatte sie sich bereits für einen indischen Ashram entschieden, in den sie gehen wollte, falls man sie dort aufnahm.

Natürlich summte mir, während ich ihr zuhörte, der Kopf vom Nachhall unzähliger Facetten ihrer Krankheitszustände sowie ihrer gesunden Phasen, aber ich sagte nichts. Zwei Stunden waren vergangen, als sie innehielt, mich eindringlich ansah und fragte: »Was halten Sie von meinem Plan, soweit Sie ihn bisher kennen?« Ich sagte ihr ganz offen, daß es sich nach einem hervorragenden Programm anhöre, ich ihr aber keinen Rat geben könne, ohne mich mit ihrem Vater zu besprechen, und fragte sie, inwieweit sie ihm ihre Absichten mitgeteilt habe. »Kaum«, antwortete sie, »aber ich wußte, daß Sie die Angelegenheit mit uns gemeinsam würden besprechen wollen. Er wartet schon darauf, daß ich ihn anrufe, und dann wird er herkommen.«

Judy rief ihren Vater an, und während wir auf seine Ankunft warteten, war uns eine kleine Pause vergönnt. Judy hatte fast ohne Unterbrechung beinahe zwei Stunden lang gesprochen. Sie fragte, ob sie sich im Behandlungszimmer umsehen dürfe, und ich sagte: »Natürlich!«

Ich war nur zu erleichtert, Luft schöpfen und nachdenken zu können, bevor ich mit dem Vater sprach und ihm sagte, wozu ich raten würde. Ich machte mir große Sorgen und war mir über viele Punkte nicht im klaren. In erster Linie: Suchte Judy in Indien einen Ashram oder ein Asyl, um dort in ihren psychotischen Zuständen mit sich alleine sein zu können? Obwohl ich gesagt habe, daß »Judy, fünfzehn Jahre«, sich überhaupt nicht bewußt war, eine wie anspruchsvolle Person sie war, und ihr *Bedürfnis* nach Fürsorge und anderen Menschen verleugnete, war sie doch auch ein außerordentlich sensibler und für ihr Alter viel zu einfühlsamer Mensch, und sie »wußte«, wie furchtbar ihre Krankheit ihren Vater belastet hatte. Darüber hinaus fragte ich mich, ob die übergroße Bereitwilligkeit ihres Vaters, jeden Rat von mir gutzuheißen, seine Art war, einem langwierigen Kampf mit einer »kranken, psychotischen« Judy aus dem Weg zu gehen, die daheim sein Privatleben und in gewissem Grad auch sein Berufsleben völlig aus dem Rhythmus bringen und lahmlegen würde. Einmal in Indien, stünde Judy mit Sicherheit nicht mehr im Wege, und die Last der Entscheidung und Verantwortung ruhte auf mir.

Es gab noch dieses und jenes, von Judy beiläufig erzählt, was ich mir gemerkt hatte. Das Fohlen beispielsweise, das nicht fressen wollte, erinnerte mich an Judys anorektische Zustände während ihrer Krankheit, in denen sie nur Flüssigkeiten in kleinen Mengen zu sich nahm. Hatte sie Angst vor einem weiteren anorektischen Anfall und hoffte auf eine Wunderheilung in Indien? Auch konnte ich nicht vergessen, daß Judy, als ich sie zum ersten Mal sah, versucht hatte, sich umzubringen, indem sie an beiden Armen die Pulsadern aufschnitt. Wollte sie vielleicht nach Indien gehen, um anonym zu sterben? Aus ihrer Erzählung über ihre Beziehungen – abgesehen von der einjährigen Freundschaft mit Luciana – konnte ich auf keinerlei stabile Objektbeziehungen schließen. Sie wohnte lediglich bei ihrer Tante und war mit ihrer Arbeit mit den Pferden, dem Reinigen des Sattelzeugs usw. beschäftigt. Auf die Leute, die bei ihrer Tante angestellt waren, wirkte sie sehr sympathisch und überhaupt nicht hochnäsig, aber sie lebte überwiegend für sich allein – ich konnte noch nicht einmal sagen, *mit* sich selbst.

Dennoch, in Erwägung aller nachteiligen Aspekte hatte ich immer noch – wie früher, als sie krank war – das Gefühl, daß Judy sich nicht vor einem psychotischen Zusammenbruch ängstigte und deswegen nach Indien fliehen wollte. Tief in mir fühlte ich, daß Judy in Argentinien, wo sie nicht das wohlerzogene Mädchen spielen mußte, sondern sich unter das einfache Volk mischte und mit ihm zusammen arbeitete, ein Gefühl ihrer selbst und ihres *Andersseins* bekommen hatte. Mit *Anderssein* meine ich nicht den gesellschaftlichen Status, sondern die psychische Verfassung. Ebenso hatte ich das sichere Gefühl, daß sie das kreative Potential, das die Ranch ihrer Tante für sie darstellte, ausgelebt hatte und nun wirklich zu sich selbst und einer Möglichkeit finden wollte, dies auszudrücken und zu realisieren. So beschloß ich, welchen Rat ich ihrem Vater geben würde.

Nach einer halben Stunde traf der Vater ein. Ein Blick auf ihn machte mir klar, daß er erleichtert und glücklich war, Judy bei guter körperlicher Gesundheit und in seelischem Einvernehmen mit sich selbst und ihrem Dasein wiedergesehen zu haben. Wie saßen zu dritt beisammen und unterhielten uns eine Weile. Dann bat Judy mich: »Bitte erzählen Sie Daddy, was ich möchte und warum ich es will!« Ich sagte zu ihr, sie selbst könne das besser, aber wenn sie wolle, daß ich es erzähle, würde ich es tun, allerdings auf meine Art, und dann müsse sie mich korrigieren, wenn sie das Gefühl hätte, daß ich sie falsch wiedergäbe.

Ich begann sozusagen mit dem Schluß. Ich sagte zu ihrem Vater, daß ich über Judys gute körperliche und seelische Verfassung ebenso erfreut sei wie er; Judy habe meiner Meinung nach das kreative Potential des Lebens auf der Ranch ihrer Tante für sich erschöpft und müsse nun selbständig und »unbehütet« [*not in-care*] ausprobieren, wie sie in Zukunft sie selbst sein und ihr Leben entschlossen und kreativ mit anderen leben könne; sie habe den Wunsch, nach Indien in einen Ashram zu gehen und eine komplette Meditations- und Yoga-»Ausbildung« zu absolvieren, um auf diese Weise zur Erkenntnis ihrer selbst zu gelangen und sich darüber hinaus handwerkliche Fertigkeiten anzueignen. Ich betonte ausdrücklich, daß es nicht nur nutzlos wäre, zu versuchen, Judy zur Absolvierung von Examina in London zu bewegen und sie auf irgendeine Universität zu schicken, sondern daß ich die starke Befürchtung hätte, daß sie dann wieder einen Rückfall in ihre Krankheit erleiden würde. Außerdem fügte ich hinzu, daß das Gesellschaftsleben Londons Judy krankmachen würde – das sei zumindest meine Meinung. Ich sagte ihm, er könne gern ein weiteres Gutachten einholen, es würde mich in keiner Weise kränken.

Der Vater hatte mir sehr aufmerksam und verständnisvoll zugehört. Er fragte mich, ob er seine Bedenken ebenso offen vor Judy äußern könne. Ich fragte Judy, und sie sagte: »Ja!« Der Vater erzählte, was ich bereits wußte, daß er nämlich häufig geschäftlich in Indien gewesen sei und dort gute Freunde habe; daß er aus Neugierde einige Ashrams besucht hätte und es sehr unterschiedliche gäbe: echte und seriöse, in denen eine Ausbildung möglich sei, wie auch solche, die Scharlatanerie für Drogenkonsumenten betrieben. Wie soll man also, in London hockend, wissen, in welchen Ashram Judy gehen kann? Ich antwortete ihm, daß ich mir dieses Risikos, ebenso wie Judy selbst, bewußt sei; daß sie in Argentinien ein Mädchen kennengelernt habe, mit dem sie befreundet gewesen sei und das fünf Jahre in verschiedenen Ashrams in Indien zugebracht habe. Ich fügte hinzu, daß Judy nicht von Ashram zu Ashram pendeln wolle, sondern in einem bestimmten Ashram, dessen Name und Anschrift sie habe, eine gründliche Ausbildung zu absolvieren gedenke; daß ich von diesem Ashram gehört hätte und einige gute Freunde von mir seine Unterhaltung finanzierten, die Ausbildung dort aber sieben Jahre dauere und es nicht leicht sei, hineinzukommen. Ich könne meinen Einfluß geltend machen, wenn er einverstanden sei, und meine Freunde anrufen, um weitere Informationen einzuholen. Es sei zu spät, um heute noch in Indien anzurufen, deshalb würde ich mich am kommenden Tag mit ihm und Judy in Verbindung setzen, wenn ich telefoniert hätte. Ich gab ihm Name, Adresse und Telefonnummer meiner Freunde und bat ihn, es ebenfalls zu versuchen, meinen Namen zu erwähnen und zu hören, welche Möglichkeiten es gebe.

Es war schwierig für den Vater, vor Judy über seine zweite Sorge zu sprechen. (Ich konnte mir gut vorstellen, um was es ging.) Nach langem Zögern fragte er mich dann: »Was passiert, wenn Judy in dem Ashram in Indien einen ernsthaften *Rückfall* hat?« Auf diese Frage war ich vorbereitet. Zunächst registrierte ich, daß er nicht die Formulierung »Rückfall in ihre früheren Krankheiten« gebraucht hatte. Das erkannte ich an! Ich sagte ihm, daß solche Leiden, wie Judy sie hatte – und schon das Wort, fügte ich hinzu, drückt nicht das aus, was ich sagen möchte –, eigentlich Wachstumsschmerzen des Selbst und der Seele seien, die ihre eigene Zeit brauchen, um sich zu personalisieren und auszudrücken; daß Judy meiner Ansicht nach niemals *selbst* krank im psychiatrischen Sinn gewesen sei, wie ich damals schon zu ihm, dem Arzt und dem Psychiater gesagt hätte. Sie habe jedoch »gelernt«, eine Symptomatik zu gebrauchen, und wir alle seien gezwungen gewesen, *handelnd* auf sie zu *reagieren,* und das hatten wir getan. Jetzt habe Judy es aus eigener Kraft geschafft, und damit sie weiterwachsen könne, sei eine neue und andere Umwelt mit festen Regeln erforderlich, in der sie sowohl eine Ausbildung finden wie auch für sich sein könne. Sie habe ihren Weg gewählt, und wir alle, Judy eingeschlossen, müßten das Risiko auf uns nehmen und sie unterstützen. Ich fragte ihn, ob er T. S. Eliots Theaterstück »Die Cocktail Party« ([1950] 1988) gesehen oder gelesen habe. Er sagte: »Beides.« Ich holte also eine Buchausgabe des Stücks und las ihm vor, was Reilly (der »Psychiater«) zu Celia (der »Patientin«) sagt:

Es *gibt* einen anderen Weg, wenn Sie Mut dazu haben.
Den ersten konnte ich Ihnen verständlich beschreiben,
Weil Sie ihn kennen, wie wir alle ihn kennen,
Das Leben ringsum illustriert ihn mehr oder weniger.
Der zweite ist unbekannt, er verlangt also Glauben –
Jenen Glauben, der aus der Verzweiflung entspringt.
Das Wegziel läßt sich nicht bezeichnen;
Sie werden wenig verstehen, bis Sie dort ankommen;
Sie werden blind reisen. Der Weg führt aber zum Besitz
Dessen, was Sie am falschen Ort gesucht haben.

Diese Zeilen, und das, was er als meine »Offenheit und Risikobereitschaft« bezeichnete, hatten ihn wirklich bewegt. Ich hatte kein Blatt vor den Mund genommen. An diesem Punkt stand der Vater auf und sagte: »Judy hat Ihnen sicher noch mehr zu erzählen – das heißt, wenn Sie Zeit haben.« Ich antwortete: »Ja, ich habe Zeit!« Als er ging, dankte er mir noch für meine ständige Verfügbarkeit.

Nachdem er uns verlassen hatte, war Judy eine Zeitlang still. Dann bemerkte sie: »Gottlob hat sich dieser Raum, von ein paar neuen Gegenständen und mehr Büchern abgesehen, nicht wesentlich verändert!« Ich erkannte, daß Judys Leben in jeder kritischen Phase durch eine Veränderung der Umgebung oder aber der Familienkonstellation traumatisiert worden war. Dies war für mich eine weitere Bestätigung dafür, daß es für sie richtig war, sich den Ashram mit der längsten Ausbildungszeit auszusuchen. Sieben Jahre wären die längste Phase, die Judy je in einer gleichbleibenden, beständigen menschlichen Atmosphäre und einer »Halt bietenden Umgebung« [*holding-structure*] verbracht haben würde.

Judy fuhr mit ihrer Erzählung fort: »Wissen Sie, was die

wichtigste Entdeckung war, die ich auf der Ranch gemacht habe?« »Erzähl' es mir«, sagte ich. »Nachdem ich ungefähr drei Monate auf der Ranch war und die ganze ›Mannschaft‹ (ihre Formulierung) kannte, wurde mir eines Tages plötzlich bewußt, daß ich die ›gefühlvollen‹ [›*soulful*‹] Menschen von den ›vernünftigen‹ [›*minded*‹] Leuten (ihre Formulierungen) unterscheiden konnte. Und zwar fiel mir der Unterschied auf zwischen den Pferden, die von den ›gefühlvollen‹ Menschen versorgt wurden, und denen, um die die ›vernünftigen‹ Leute sich kümmerten. Wenn sie meiner Tante zur regelmäßigen Inspektion vorgeführt wurden, waren die Pferde und das Sattelzeug der ›vernünftigen‹ Leute immer sauberer und gepflegter, und die Pferde sahen besser trainiert aus als die der ›gefühlvollen‹. Allmählich merkte ich, daß die Pferde der ›vernünftigen‹ Leute störrischer und beziehungsloser waren als die der ›gefühlvollen‹. Also begann ich, sorgfältig darauf zu achten, wie sich jeder Ranch-Arbeiter verhielt. Die ›vernünftigen‹ Ranch-Arbeiter erledigten das Putzen schnell, trainierten die Pferde hart und polierten das Sattelzeug auf, ohne es richtig zu bearbeiten. Die ›gefühlvollen‹ Menschen machten einen faulen und geistesabwesenden Eindruck, in Wirklichkeit aber sorgten sie sich um die Tiere, striegelten sie gründlich und waren stolz auf sie. Die ›Vernünftigen‹ konnten immer eine gute Schau abziehen, taten aber nur das Notwendige, dagegen waren die Menschen ›mit Gefühl‹ oft tolpatschig und ließen sich von den ›vernünftigen‹ Leuten einschüchtern, obwohl sie innerlich stolzer waren. In dieser Zeit lernte ich auch ihre Familien kennen, und ich konnte die ›gefühlvollen‹ von den ›vernünftigen‹ Kindern unterscheiden. Letztere kamen in der Schule gut mit, waren ehrgeizig und wollten uns unbedingt gefallen. Dagegen hingen die ›gefühlvollen‹ Kinder in der Schule nach, sie wurden von den ›vernünftigen‹ Kindern oft schikaniert und gezwungen, alles Unangenehme für sie zu erledigen. Ich fragte meine Tante, ob ich den ›gefühlvollen‹

Kindern Sonntags zwei Stunden lang Unterricht geben könne. Die Schwierigkeit bestand darin, daß die ›gefühlvollen‹ Kinder Farbige oder Mischlinge waren und nicht Englisch sprachen, und mein Spanisch reichte noch nicht. Aber es gab einen intelligenten, jungen, farbigen Ranch-Arbeiter, der sowohl Spanisch als auch Englisch sprach und beide Sprachen auch schreiben konnte. Meiner Tante war dieser Plan nur zu willkommen, denn so würde ich an den Sonntagen nicht überallhin zum Lunch oder Dinner gehen und mich auch nicht immer dem Besuch anschließen, der ins Haus meiner Tante kam. Das Unternehmen war ein solcher Erfolg, daß die Tante sich, als ich wegfuhr, bereit erklärte, den jungen Mann ganztägig als Lehrer für die Kinder in ihrer Schule anzustellen, und er seine Tätigkeit als Ranch-Arbeiter aufgab.«

Ich war mittlerweile völlig erschöpft, aber ich wußte, daß das Gespräch noch nicht an seinem »kritischen Punkt« angekommen war. Also wartete ich, mein Gesicht in den Händen verbergend, wie ich es immer tue, wenn ich einem Patienten zuhöre, der mir gegenüber sitzt. Erstens mag ich es nicht, einen Patienten mit dem Ausdruck angeblich unvoreingenommener Neutralität zu beobachten, noch mag ich selbst angestarrt werden. Zweitens kann ich durch die Finger hindurchblinzeln, wenn ich den Patienten *ansehen muß*. Nun also war Judy gewillt, mir ihre eigentlichen Absichten und ihr Geheimnis mitzuteilen. Sie sagte: »Sie wissen, daß ich mit siebenundzwanzig ein Vermögen erben werde. Wenn ich aus dem Ashram zurückkomme, werde ich ein Landhaus mit einem großen Gelände kaufen, auf dem ich viele Nebengebäude errichten kann. Ich möchte nicht ein großes Haus haben wie Luciana, weil ich dort nicht für mich sein könnte. Und ich will eine Art Ashram leiten, in den ich zehn oder zwölf Kinder im Alter von fünf bis zehn aufnehme, die in der Schule nicht zurechtkommen, und um die zwanzig Heranwachsende von fünfzehn bis zwanzig Jahren, die ihre Jobs verloren haben oder von der Schule gegangen sind, und ihnen eine Ausbildung verschaffen. Ich werde im Ashram lernen zu töpfern und zu weben, so daß ich einige Fertigkeiten vermitteln kann.«

Plötzlich hielt sie inne, und ich sah sie offen an. Ja, in ihren Augen war der gleiche Ausdruck unfaßbarer Angst, den ich gesehen hatte, wenn sie krank war. Deshalb fragte ich: »Was ist los, Judy?« Sie brach in Tränen aus und fragte: »Glauben Sie wirklich, daß ich es in dem Ashram schaffe?« Ich schwieg, dann antwortete ich: »Wenn du es auf der Ranch geschafft hast, wirst du es auch in dem Ashram schaffen. Denke aber immer daran, daß du dir einen Beruf ausgesucht hast, der die reinste Odyssee darstellt. Judy, für die Zeit gibt es keinen Ersatz. Verlange nicht zuviel von dir, und laß' sie dir dabei helfen, langsam zu lernen, dann wirst du es schaffen. Du hast sowohl den Willen wie die notwendigen Fähigkeiten.« Sie lächelte. Ich wußte, daß sie nicht daran zweifelte, es zu schaffen, doch für sie war es *notwendig,* daß ich es ihr *bestätigte,* nicht daß ich sie beruhigte – das ist ein Unterschied.

Es dauerte ein paar Tage, bis ich meine Freunde in Indien erreichte. Auch ihr Vater rief bei ihnen an, und sie versicherten ihm, daß Judy willkommen sei und bis zu ihrer Aufnahme im Ashram bei ihnen bleiben könne. Sie hatten von ihrem Vater gehört. Es waren nur noch ein paar Tage bis Weihnachten (1980), und Judy wollte vor Weihnachten fortgehen. Ihr Vater bat mich um Rat, und ich sagte ihm, er solle sie gehen lassen.

Am Schluß der Unterredung, die wohl fünf Stunden gedauert hatte, zog Judy, als sie aufstand, um zu gehen, schüchtern ein eingewickeltes Päckchen aus ihrer Mappe und überreichte es mir als Geschenk. Ich öffnete es. Es war ein in Leder gebundenes *Cahier,* das Zeichnungen ihrer ›gefühlvollen‹ Kinder enthielt. Ich fragte sie, was sie von mir haben wolle. Sie sagte, sie hätte gern einige Verse aus einem Gedicht, das mir lieb sei, die sie mit in den Ashram nehmen könne. »Aber bitte schreiben Sie sie selbst auf«, fügte sie hinzu: Ich entschied mich, die folgenden Zeilen aus Kavafis' Gedicht »Ithaka« ([1911] 1985) für sie niederzuschreiben:

> Wenn du zur Fahrt aufbrichst nach Ithaka,
> So bete, daß ein weiter Weg es werde
> Voller Umschwünge, voller Einsichten.
> Die Laistrygonen oder die Kyklopen,
> Den zornigen Poseidon fürchte nicht,
> Dergleichen triffst du nie auf deinem Weg,
> Solang dein Denken hoch bleibt und erlesne
> Erregung dir an Geist und Körper rührt.
> Den Laistrygonen oder den Kyklopen,
> Dem wütigen Poseidon wirst du nicht begegnen,
> Wenn Du sie nicht in deiner Seele schleppst,
> Wenn deine Seele sie nicht vor dich stellt.

Sprache, psychoanalytische Methode und Verrücktheit

Der *Homo sapiens* unterscheidet sich laut *Encyclopaedia Britannica* (1974) »von anderen Tieren und von früheren hominiden Rassen durch [...] die Konstruktion und den Gebrauch von Werkzeugen sowie seine Fähigkeit, Symbole wie Sprache und Schrift zu benutzen«. Unter dem Stichwort »Sprache« heißt es:

> Will man die menschliche Sprache angemessen verstehen, ist es notwendig, sich den absoluten Primat der mündlichen Rede vor Augen zu halten. In völlig alphabetisierten Gesellschaften, in denen der Sprachunterricht in der Schule mit dem Lesen und Schreiben in der Muttersprache beginnt, ist man leicht geneigt, sich die Sprache als ein Schriftsystem

vorzustellen, das auch gesprochen werden kann. In Wirklichkeit ist Sprache ein System mündlicher Kommunikation, die auf verschiedene Weise schriftlich dargestellt werden kann. Seit der frühen Entwicklung des Homo sapiens zu einer erkennbar differenzierten Spezies war der Mensch mit hoher Wahrscheinlichkeit in gewissem Sinne ein sprechendes Tier [...] Was die Hervorbringung der Sprachlaute betrifft, unterscheiden sich die Menschen, physiologisch gesehen, kaum voneinander. Die Menschen haben unterschiedlich geprägte Gesichter, so wie sie sich auch in bezug auf andere Aspekte des Körperbaus unterscheiden, aber immer wieder hat sich erwiesen, daß ein Kind die Sprache derjenigen lernt, bei denen es von früher Kindheit an aufwächst. In den meisten Fällen handelt es sich um seine biologischen Eltern, insbesondere seine Mutter, unsere erste Sprache jedoch übernehmen und lernen wir von der Umwelt, sie ist kein biologisches Erbe. Adoptierte Kinder, egal welcher Rasse sie sind und welche Sprache ihre wirklichen Eltern sprechen, übernehmen die Sprache der Adoptiveltern, die sie erziehen, als wären sie ihre eigenen Kinder. (Vgl. Burke 1966, Ducrot und Todorov 1972 sowie Smith 1978.)

Diese Zitate stellen zwei Dinge klar. Einmal, daß das Sprechen [*speech*] von der frühen Kindheit an eng mit Entwicklung, Erziehung und Objektbeziehungen verbunden ist. Zum zweiten, daß Sprache [*language*] – insbesondere in der Schriftform – eine spezifizierte und hochentwickelte Form des Sprechens ist. Tatsächlich können nicht mehr als zehn Prozent, wenn überhaupt, der lebenden Vertreter des Homo sapiens lesen und schreiben. Sei's wie es will, für die Zwecke dieses Aufsatzes werde ich mich auf drei Gebrauchsweisen der gesprochenen Sprache in der klinischen analytischen Situation beschränken: das Reden, Erzählen und Sprechen.
Wie eine Hysterikerin, Anna O., ihren Arzt, Josef Breuer, in

den frühen achtziger Jahren des neunzehnten Jahrhunderts nicht ohne einen Anflug von Genialität zwang, ihrer »talking cure« [Redekur] zuzuhören, wurde von Breuer, was den klinischen Verlauf angeht, selbst berichtet (vgl. Freud 1895 d); das für die Patientin traumatische Nachspiel ist von Jones ([1953] 1960-62), Freeman (1972) und – mit größerer Genauigkeit – von Clark ([1980] 1981) dargestellt worden. Jones ([1953] 1960-62) führt Freuds Interesse an der Hysterie und Psychopathologie auf seine »Arbeit unter Charcot« (Bd. 1, S. 99; vgl. Freud 1925 d) zurück. Dies ist mit Sicherheit ein wenig irreführend, denn als Breuer ihm am 12. Juli 1882 die Geschichte seiner Behandlung der Anna O. offenbarte, war Freud tief beeindruckt. Er versuchte sogar, Charcot für sie zu interessieren, hatte damit aber keinen Erfolg. Als er später in den Vereinigten Staaten seine Clark-Vorlesungen (1910 a) hielt, sollte Freud in einer Anwandlung übertriebener Generosität Breuer den Ursprung der Psychoanalyse zuschreiben:

> Wenn es ein Verdienst ist, die Psychoanalyse ins Leben gerufen zu haben, so ist es nicht mein Verdienst. Ich bin an den ersten Anfängen derselben nicht beteiligt gewesen. Ich war Student und mit der Ablegung meiner letzten Prüfungen beschäftigt, als ein anderer Wiener Arzt, Dr. Josef *Breuer,* dieses Verfahren zuerst an einem hysterisch erkrankten Mädchen anwendete (1880 bis 1882). (Freud 1910 a, S. 3)

Es war Anna O., die die Begriffe *talking cure* [Redekur] und *chimney sweeping* [Kaminfegen] erfunden und Breuer zum hingebungsvollen Komplizen ihrer »Selbst-Katharsis« (wenn ich diese Formulierung benutzen darf) gemacht hatte. Breuer hatte, außer daß er verfügbar und anwesend war, in Wirklichkeit wenig zum therapeutischen Prozeß beigetragen (vgl. Ellenberger [1970] 1973).

Es blieb dem Genie Freuds vorbehalten, das »Reden« in der analytischen Situation in ein »Erzählen« zu transformieren. Und genau das macht den eigentlichen Kern der analytischen Methode Freuds aus. Diese Einsicht traf Freud jedoch nicht wie der Blitz aus heiterem Himmel – er gab sich die größte Mühe mit all den damals üblichen Methoden der Psychotherapie und durchlitt alle Qualen der Selbstanalyse, bevor er rückblickend behaupten konnte: »Von der *Traumdeutung* (1900 a) an hatte die Psychoanalyse eine zweifache Bedeutung, sie war nicht nur eine neue Therapie der Neurosen, sondern auch eine neue Psychologie; sie erhob den Anspruch, nicht nur von Nervenärzten, sondern von allen, die eine Geisteswissenschaft betrieben, beachtet zu werden.« (Freud 1924/28, S. 212) Um sich eingehend über die mühevolle Arbeit zu informieren, die Freud leistete, bis er seine psychoanalytische Methode verbindlich formulieren konnte, muß man den Briefwechsel Freud–Fließ ([1950 a] 1975), Jones ([1953] 1960-62), Robert ([1965] 1967), Grinstein (1968), Anzieus monumentale Studie *Freuds Selbstanalyse* ([1975] 1989) und Clark ([1980] 1981) lesen.

Im Jahre 1904 legte Freud in seinem Aufsatz »Die Freudsche psychoanalytische Methode« erstmals eine definitive Beschreibung der Psychoanalyse als Behandlungsmethode (1904 a) vor. Aus unerfindlichen Gründen änderte James Strachey [in seiner Übersetzung für die *Standard Edition*] den Titel in »Freud's Psycho-Analytic Procedure« [Freuds psychoanalytisches Verfahren].

Hatte Anna O. mit Breuer im Jahre 1882 die »Redekur« eingeführt, so machte etwa sieben Jahre später eine andere Hysterikerin, Frau Emmy von N., die Freud 1889 in Behandlung nahm, eines Tages aus dem »Reden« ein »Erzählen«. Freud selbst schreibt (1895 d):

> Ich gab ihr auf, sich bis morgen daran zu erinnern. Nun sagte sie recht mürrisch, ich solle nicht immer fragen, woher

das und jenes komme, sondern sie *erzählen* lassen, was sie mir zu sagen habe. Ich gehe darauf ein ... (S. 52; Hervorhebung von mir)

Das, was hier mit Sicherheit erstmals geschah, sollte Freud später zur Methode der »freien Assoziation« ausarbeiten, bis dahin aber war noch ein weiter Weg zurückzulegen. Die Anwendung der Hypnose gab Freud bei Fräulein Elisabeth von R. auf, mit deren Behandlung – von ihm selbst als die »erste vollständige Analyse einer Hysterie« bezeichnet (1895 d, S. 112) – er 1892 begonnen hatte.
Dennoch fand Freud nur durch seine Selbstanalyse, in der er sich vorwiegend von der Deutung seiner eigenen Träume leiten ließ, zu seiner analytischen Methode (1904 a). Das Neuartige an dieser Methode war »eine *Deutungskunst* [...], die gleichsam aus den Erzen der unbeabsichtigten Einfälle den Metallgehalt an verdrängten Gedanken darstellen soll« (1904 a, S. 7). Und hier betont Freud, daß es »Aufgabe der Kur sei, die Amnesien aufzuheben. [...] alle Verdrängungen rückgängig zu machen; [...] das Unbewußte dem Bewußtsein zugänglich zu machen, was durch Überwindung der Widerstände geschieht« (ebd., S. 8). Und Freud fügt hinzu: »[...] man [wird] sich auch nie etwas anderes zum Ziel der Behandlung setzen als die praktische Genesung des Kranken, die Herstellung seiner Leistungs- und Genußfähigkeit.« (Ebd.) Hier handelt es sich in der Tat um ein therapeutisches Unterfangen, das sich von dem, das Freud (1895 d) am Schluß von »Zur Psychotherapie der Hysterie« formuliert hatte, ganz erheblich unterscheidet; dort hatte er geschrieben: »Ich zweifle ja nicht, daß es dem Schicksale leichter fallen müßte als mir, Ihr Leiden zu beheben: aber Sie werden sich überzeugen, daß viel damit gewonnen ist, wenn es uns gelingt, Ihr hysterisches Elend in gemeines Unglück zu verwandeln.« (Ebd., S. 246)
Es ist interessant festzuhalten, vor welche »mehrfache For-

derungen« »die Person, die man mit Vorteil der Psychoanalyse unterziehen soll, [...] zu stellen« ist (1904 a, S. 9 f.):

> Sie muß erstens eines psychischen Normalzustandes fähig sein; in Zeiten der Verworrenheit oder melancholischer Depression ist auch bei einer Hysterie nichts auszurichten. Man darf ferner ein gewisses Maß natürlicher Intelligenz und ethischer Entwicklung fordern; bei wertlosen Personen läßt den Arzt bald das Interesse im Stiche, welches ihn zur Vertiefung in das Seelenleben des Kranken befähigt. (Ebd.)

Er schließt mit der Feststellung: »Freud beansprucht lange Zeiträume, ein halbes Jahr bis drei Jahre, für eine wirksame Behandlung« (ebd.). Es ist recht merkwürdig, daß Freud die Bedeutung der Übertragung für den analytischen Prozeß und die analytische Methode in diesem Aufsatz nicht erörtert. Im Nachwort zu dem »Bruchstück einer Hysterie-Analyse« (1905 e) jedoch liefert Freud eine sehr luzide und detaillierte Definition und Darstellung der Übertragung sowie der Rolle, die sie in der therapeutischen Arbeit spielt. Dieses Thema wie auch das der Gegenübertragung werden in seinen späteren Arbeiten über die psychoanalytische Technik weitergehend diskutiert.

Es gehört zu Freuds einzigartigen Vorzügen, daß er seiner einmal gewählten Aufgabe nicht den Rücken kehrte. Sein Leben war einem einzigen Ziel gewidmet: herauszufinden, wie der psychische Apparat aufgebaut ist und welche Kräfte in ihm aktiv sind (Jones [1953] 1960-62). Er selbst stellte fest, ihn verlange nicht danach, die leidende Menschheit zu retten, und Jones ([1953] 1960-62, Bd. 1, S. 33) bemerkt zutreffend: »Zeitlebens gab er sich nie mit bloß gefühlsmäßigen Lösungen zufrieden. Es verlangte ihn danach, zu *verstehen.*«

In den vier Jahrzehnten, die seit Freuds Tod vergangen sind, hat sich das Klima der analytischen Forschung und klinischen Arbeit insgesamt radikal gewandelt. Freud hatte ein

»Setting« und eine Methode erfunden, die es einem Menschen ermöglichten, von seinen Problemen zu erzählen und Verständnis zu finden. Heute scheint das *Erzählen* allein nicht mehr zu genügen. Die Patienten, die zu uns kommen, weisen nicht nur eine ganz amorphe Symptomatik auf, sie sind sich auch nicht darüber im klaren, was sie brauchen oder was sie erzählen wollen. Folgerichtig liegt das Schwergewicht nicht mehr auf dem Wissen um den »Aufbau des psychischen Apparates« als vielmehr auf dem Versuch, den Patienten als Person zu begreifen. Holland (1977) berichtet sehr prägnant über die Veränderungen, die in der psychoanalytischen Theorie und Praxis stattgefunden haben, sowie über die Verbreitung der ursprünglichen psychoanalytischen Methode Freuds in den verschiedenen Schulen.

Dies führt mich zu meinem letzten, meine »Fallgeschichte« betreffenden Punkt: wie beurteilen wir die Verrücktheit, und wie können wir einen Menschen klinisch befähigen, sie in sich zu bewahren, von ihr und mit ihr zu leben? Und mit Verrücktheit meine ich weder Psychosen noch psychotische Zustände. Das Bedürfnis des Verrückten ist weniger ein Bedürfnis nach Wissen als vielmehr ein Bedürfnis, *sein* und *sprechen* zu können! Hier stoße ich auf eine begriffliche Schwierigkeit. Obwohl in den vergangenen zwei Jahrzehnten vieles über die Verrücktheit oder den Wahnsinn geschrieben wurde – Foucault ([1961] 1969 und Szasz (1971), um nur zwei Bücher zu erwähnen –, steht man vor einer schweren Aufgabe, wenn man nach einer Definition des Wahnsinns sucht, die deutlich macht, daß er mit anderen psychischen und psychiatrischen Zuständen wie den Neurosen, Perversionen und Psychosen *nicht identisch* ist, und ihn klar von diesen abgrenzt. Laut Foucault ging man mit dem Wahnsinn im mittelalterlichen Europa völlig anders um, ja, man betrachtete ihn nahezu als einen privilegierten Zustand. Foucault stellt kategorisch fest: »[. . .] vom fünfzehnten Jahrhundert an [beschäftigt] das Antlitz des Wahnsinns die Vorstellungen des abendländischen Menschen« ([1961] 1969, S. 33). Im Anschluß an seine sehr ausführliche Darstellung, wie der Wahnsinnige allmählich aus seinen familiären und sozialen Zusammenhängen herausgetrieben, zur Landstreicherei verurteilt und dann in Leprosorien interniert wurde, bis man ihn schließlich zum »Gefangenen« der nosologischen medizinisch-psychiatrischen Kategorien von Geisteskrankheit, Psychosen, Melancholie usw. machte, kommt Foucault zu dem Schluß: »Die Psychoanalyse kann einige der Wahnsinnsformen auflösen; sie bleibt der souveränen Arbeit der Unvernunft fremd. Sie kann weder befreien noch transkribieren, geschweige denn erklären, was es in dieser Mühe an Essentiellem gibt.« (Foucault [1961] 1969, S. 535 f.) In seinem Buch *Psychologie und Geisteskrankheit* behauptet Foucault: »Mitte des 17. Jahrhunderts schlägt das [die Aufnahmebereitschaft der europäischen Kulturen gegenüber dem Wahnsinn als einer Form der Erfahrung] plötzlich um; die Welt des Wahnsinns wird die Welt der Ausgeschlossenen.« ([1954] 1968, S. 104) Der Grund, den Foucault für diesen »Ausschluß« angibt, ist ein sozioökonomischer:

> Denn eben erst war in der entstehenden bürgerlichen Welt ein Hauptlaster, die Sünde par excellence in der Welt des Handels, definiert worden: es ist nicht mehr der Stolz oder die Begierde, wie im Mittelalter: es ist der Müßiggang.
> Die gemeinsame Kategorie, unter der alle Insassen der Internierungshäuser zusammengefaßt werden, ist die Unfähigkeit, an der Produktion, am Umlauf oder an der Akkumulierung der Reichtümer mitzuwirken (sei es aus Schuld oder aus Zufall). Der Ausschluß, der über sie verhängt wird, erfolgt nach Maßgabe dieser Unfähigkeit, und zeigt an, daß in der modernen Welt eine Zäsur entstanden ist, die es früher nicht gab. Die Internierung ist also in den Ursprüngen und in der anfänglichen Bedeutung an die Umstrukturierung des sozialen Raums gebunden gewesen.

Dieses Phänomen ist für die Entstehung der damaligen Erfahrung des Wahnsinns in doppelter Hinsicht wichtig gewesen. Einmal, weil der Wahnsinn, der so lange offenbar und gesprächig, der so lange am Horizont anwesend war, nun verschwindet. Er begibt sich ins Schweigen, aus dem er lange Zeit nicht mehr hervortreten wird; er ist seiner Sprache beraubt; und wenn auch über ihn gesprochen werden konnte – ihm ist es unmöglich, über sich selbst zu sprechen. Unmöglich mindestens bis Freud. Freud eröffnet als erster wieder die Möglichkeit einer Kommunikation zwischen der Vernunft und der Unvernunft im Wagnis einer gemeinsamen Sprache, die jederzeit abbrechen, sich im Unzugänglichen auflösen konnte. Andererseits ist der Wahnsinn in der Internierung neue, seltsame Verwandtschaften eingegangen. Der Raum des Ausschlusses, in dem die Irren mit Venerischen, Libertins und vielen Verbrechern, Schwerverbrechern und harmloseren, in einer Gruppe zusammengefaßt waren, hat zu einer Art obskurer Assimilierung geführt; der Wahnsinn ist mit der Schuld in moralischer oder gesellschaftlicher Hinsicht eine Verwandtschaft eingegangen, aus der er sich so bald vielleicht nicht lösen wird. Wundern wir uns nicht, daß man seit dem 18. Jahrhundert einen engen Zusammenhang zwischen dem Wahnsinn und allen »Verbrechen aus Liebe« entdeckt hat, daß der Wahnsinn seit dem 19. Jahrhundert der Erbe jener Verbrechen geworden ist, die sowohl dafür, daß sie vorhanden sind, als auch dafür, daß sie keine Verbrechen sind, in ihm den Grund finden; daß der Wahnsinn im 20. Jahrhundert tief in sich selbst einen ursprünglichen Kern von Schuld und Aggression entdeckt hat. Dies alles ist nicht die fortschreitende Entdeckung dessen, was der Wahnsinn in der Wahrheit seines Wesens ist, sondern nur die Ablagerung dessen, was die Geschichte des Okzidents seit dreihundert Jahren aus ihm gemacht hat. Der Wahnsinn ist viel historischer, als man gewöhnlich annimmt, aber auch viel jünger. (Foucault [1954] 1968, S. 105 ff.)

Ich habe Foucault so ausführlich zitiert, weil genau diese *Notwendigkeit,* (über) sich selbst zu sprechen, den eigentlichen Kern der Selbsterfahrung des Wahnsinnigen bildet, wie ich in der »Fallgeschichte« von Judy zu zeigen versucht habe. Wie wir den potentiell Wahnsinnigen »Halt bietende Strukturen« [*holding-structures*] zur Verfügung stellen können, damit sie nicht die *vorhandenen* Sprachen der Psychosen oder der Drogensucht übernehmen, ist vielleicht die dringlichste psychotherapeutische Aufgabe, die sich uns heute stellt. Im Rahmen einer Erläuterung seines Begriffs des »wilden Denkens« erklärt Lévi-Strauss, es gehe ihm in seinem Buch nicht um

> das Denken der Wilden, noch das einer primitiven oder archaischen Menschheit [...], sondern [um] das Denken im *wilden Zustand,* das sich von dem zwecks Erreichung eines Ertrages kultivierten oder domestizierten Denken unterscheidet. [...]
> Die außergewöhnlichen Eigenschaften dieses Denkens, das wir wild nennen und das Comte als spontan bezeichnete, hängen besonders mit der Weitläufigkeit der Ziele zusammen, die es sich setzt. Es will zugleich analytisch und synthetisch sein, in beiden Richtungen bis an seine äußerste Grenze gehen und doch fähig bleiben, zwischen den beiden Polen zu vermitteln. (Lévi-Strauss [1962] 1968, S. 253 f.)

Auf welche Weise manche »primitiven Gesellschaften« mit diesem Problem fertigwerden, beschreibt Pouillon (1970). David Cooper ([1978] 1978, S. 136) schreibt: »Ich glaube, wir müssen unterscheiden zwischen Vernunft und Wissen. Sowohl Vernunft als auch Unvernunft sind Formen von Wissen. Verrücktheit ist eine Form von Wissen, eine andere Art der empirischen Erforschung der ›inneren‹ und ›äußeren‹ Welt.« Ich denke, daß genau solche Bedürfnisse Judys Krankheiten verursacht haben, denn ihre Umwelt konnte ihr keine Sprache *zur Verfügung stellen,* durch die sie »sich selbst« hätte *sprechen* können. Später, nach der Unterbringung [*placement*] (Winnicott [1956] 1983) in einer neuen Umgebung, die auf ihre eigenen Bedürfnisse nicht mit Gegenforderungen reagierte, war sie in der Lage zu entdecken, worin sie *anders* war als andere, und um Möglichkeiten zu bitten, im sozialen Zusammenhang und mit Hilfe einer Ausbildung ihre eigene Daseinsweise und ihre Art, mit und unter anderen zu leben, zu entfalten – zielstrebig, aber auch für sich allein und kreativ.

5

VON DER VERSCHLOSSENHEIT ZUM GEMEINSAMEN LEBEN

Eine umfangreiche psychoanalytische Literatur schreibt heutzutage vor, wie einem Patient dabei zu helfen sei, von der analytischen Situation und vom analytischen Prozeß Gebrauch zu machen. Da ist einerseits der kleinianische Ansatz, der daran festhält, daß ein Patient um so eher in der Lage ist, sich auf den analytischen Prozeß einzulassen, je früher der Analytiker die archaischen unbewußten Phantasiesysteme eines Patienten und die ihnen entsprechenden Ängste deutet und aufdeckt (vgl. Segal [1964] 1983; Meltzer 1967). Nach klassischem Ansatz wiederum werden Schritt für Schritt die – bewußten und vorbewußten – Abwehrsysteme eines Patienten analysiert, um ein Arbeitsbündnis zu entwickeln (vgl. Greenson 1967; Sandler, Dare und Holder 1973).

In der Britischen Psychoanalytischen Gesellschaft, in der ich meine Ausbildung erhalten habe, haben Winnicott und Balint noch eine dritte Tradition begründet. Winnicott ([1965] 1984) hat die Notwendigkeit des *Managements*[1] bei Regressions- und Borderline-Fällen betont, bevor Deutungen überhaupt verändernd wirksam werden können. Balint (1968) hat empfohlen, für ein unaufdringliches klinisches Ambiente zu sorgen, in dem mit dem Patienten eine vertrauensvolle Atmosphäre geschaffen werden kann.

In dem nun folgenden klinischen Bericht will ich in erster Linie zeigen, wie ich mich als Analytiker den Launen und den Bedürfnissen eines Patienten *anpasse,* bevor die eigentliche analytische Deutungsarbeit Gestalt anzunehmen beginnt. Daß ich zwei Jahrzehnte lang Winnicotts Therapie-

1 Vgl. Anm. 1 des 4. Kapitels. [Anm. d. Übers.]

stunden mit Kindern beobachtet habe, hat meinen Behandlungsstil stärker beeinflußt als die Beobachtung seiner Arbeit mit Erwachsenen.

Klinisches Material

Eines der ambivalenten Privilegien, die ich als nichtärztlicher Psychoanalytiker in England genieße, besteht darin, daß ein Patient nicht aus eigener Initiative eine Behandlung bei mir aufnehmen kann. Ein praktischer Arzt oder ein Psychiater überweist den Patienten an mich, wenn er glaubt, die betreffende Person könne von einer psychoanalytischen Behandlung profitieren. Das hat den großen Vorteil, daß wir, die Laienanalytiker, keine Krankengeschichte aufnehmen müssen. Ohne uns mit einem Trümmerhaufen aus aneinandergereihten Fakten und Ereignissen zu belasten, die der Patient aufzählt, haben wir nur die Wahl, unverzüglich mit einer Analyse zu beginnen oder die Behandlung abzulehnen. Wir können warten, bis der Betreffende Fakten mitteilt oder auch nicht, bevor er zu jenem gegenseitigen Vertrauen und zu der gemeinsamen Privatheit finden kann, die das Wesen der psychoanalytischen Methode ausmachen.
Ein bekannter Arzt hatte mich angerufen, um sich zu erkundigen, ob ich einen freien Platz hätte und einen sehr intelligenten jungen Mann in Analyse nehmen könnte. Ich bejahte. Er fragte, wann Jonathan zur ersten Stunde kommen könne. Ich nannte Datum und Uhrzeit. Er fragte bei Jonathan nach, der während des Gesprächs bei ihm im Behandlungszimmer war, und die Sache war abgemacht. Danach wandte sich der Arzt mit der Frage an mich, ob er mir detaillierte Angaben schicken solle, und ich sagte: »Nein, bitte nicht!« Es war ihm jedoch sehr wichtig, mir – mit Jonathans Einverständnis und auf seinen dringenden Wunsch hin – noch zu sagen, der zukünftige Patient sei ein

junger, vierundzwanzigjähriger Mann fremder Abstammung, der seit drei Jahren im Beruf seiner Wahl einen sagenhaften Erfolg habe, sowohl in ökonomischer wie auch gesellschaftlicher Hinsicht. Mit sich selbst und im persönlichen Leben aber habe er die grauenvollsten Schwierigkeiten, so daß er dringend analytischer Obhut und Behandlung bedürfe. Seit seinem neunten Lebensjahr habe er Psychotherapien bei Analytikern und Psychiatern angefangen und wieder abgebrochen! »Überdies«, fügte der Arzt hinzu, »darf ich Ihnen noch sagen, daß er jetzt gefährlich nahe daran ist, sich eine Drogensucht einzuhandeln, er ist jedoch wirklich ein aufrichtiger und ehrlicher junger Mann.« Mit Rücksicht auf diese Informationen stellte ich eine Bedingung, die den Arzt betraf, nämlich die, daß er mir ununterbrochen, vierundzwanzig Stunden am Tag, beistehen müsse, um in akuten Krisen medikamentös eingreifen zu können, und daß er sich niemals entziehen dürfe, wenn der Patient ein solches Verlangen äußere, ganz egal, wie hysterisch und planmäßig dieser es eingefädelt habe, und unabhängig davon, wie spät es sei. Das würde bedeuten, fügte ich noch hinzu, daß von der Gesamtbelastung und Gesamtbeanspruchung durch diese Behandlung der Arzt siebzig Prozent zu tragen habe und ich die übrigen dreißig Prozent. Er war damit einverstanden, und ich gestehe mit aller Entschiedenheit, daß ich mit diesem Fall nicht weit gekommen wäre, wenn der Arzt diesen Patienten auch nur ein einziges Mal im Stich gelassen hätte – aber das ist nie geschehen.

Ich werde nun von den ersten drei Sitzungen berichten. Zu seiner ersten Stunde erschien Jonathan mit vierzigminütiger Verspätung. Er entschuldigte sich: »Es tut mir leid, Sir, aber mein Wagen kam nicht pünktlich.« Mir fiel auf, daß er das Wort »Sir« benutzte, das sowohl für seine Kultur als auch für seine Generation ganz und gar untypisch und ungewöhnlich war. Aber er hatte es mit aufrichtigem Respekt einem Älteren gegenüber ausgesprochen, was ich nicht geringschätzen konnte. Jonathan war nicht nervös, er war zappelig. Er fragte mich: »Lege ich mich hin, oder kann ich im Sitzen sprechen?« Ich erwiderte, daß es den meisten Menschen vertraulicher und privater erscheint, im Liegen über sich selbst zu sprechen! Er zog seinen Mantel aus und legte sich auf die Couch. Ich beobachtete seine Willfährigkeit und registrierte auch, daß er nicht wußte, was er mit seinen Händen anfangen und wo er sie unterbringen sollte, nachdem er nun einmal auf der Couch lag. Es dauerte keine Minute, da stand er wieder und fragte, ob er eine Zigarette rauchen dürfe. Er schlurfte herüber, durchsuchte seine Mantel- und Hosentaschen und sagte dann ein wenig verlegen, aber mit einem deutlichen Anflug von Arroganz: »Darf ich mir eine Zigarette borgen, Sir – mein Chauffeur hat vergessen, mir welche mitzugeben.« Ich lächelte ironisch und sagte: »Wenn das so ist, müssen Sie Ihren Chauffeur vor die Tür setzen!« Er nahm im Sessel Platz und wurde ruhiger. Er wechselte das Thema und fragte: »Haben Sie all diese Bücher gelesen?« Ich erwiderte, daß gebildete Menschen Bücher nicht lesen, sondern mit ihnen leben. Wieder wechselte er das Thema und sagte: »Ich habe meine Mutter gestern abend angerufen; sie sagt, Sie seien sehr berühmt.« Darauf ging ich nicht ein, sondern meinte, es sei großmütig von ihm, seine Mutter wissen zu lassen, daß er sich wieder in Behandlung begebe, denn sie müsse in großer Sorge gewesen sein. Zum ersten Mal huschte ein sonderbar ernster Ausdruck über sein Gesicht. Mir war natürlich klar, daß er sich unsicher und paranoid genug gefühlt und deshalb Erkundigungen über mich eingezogen hatte, aber das sagte ich nicht. Dann fragte er ängstlich: »Werden Sie mich behandeln?« und ich erwiderte: »Das kann ich Ihnen heute nicht sagen, weil ich Sie kaum kenne, aber ich bin bereit, Sie in analytische *Obhut* zu nehmen.« Damit war die erste Stunde beendet.

An dieser Stelle werde ich mein klinisches Material einen Augenblick beiseitelegen, um einige Bemerkungen einzuschieben. Vor sechsundzwanzig Jahren, gegen Ende der zweijährigen Supervision meines ersten Falls, den ich als Ausbildungskandidat behandelte, hatte Anna Freud einmal – und ich zitiere ihre Formulierung so, wie ich sie erinnere, nicht im exakten Wortlaut – gesagt: »Es ist wichtig, jede Stunde im nachhinein noch einmal ganz von vorn an sich vorüberziehen zu lassen, statt sich nur an das zu erinnern, was beide beteiligte Parteien in dieser Stunde tatsächlich gesagt haben. Nur so werden Sie sich im Kopf eine persönliche ›Kartei‹ anlegen, auf die Sie künftig zurückgreifen können.« Das, was Anna Freud mit der Notwendigkeit meinte, das klinische Geschehen im nachhinein noch einmal zu überdenken, werde ich nun als »Nachbild« bezeichnen. Und ich unterlasse es nie, im Anschluß an eine erste Stunde sowie nach jeder kritischen Stunde mit einem Patienten dieses »Nachbild« zu prüfen und mir Notizen zu machen.

Nun zurück zu Jonathan und dem »Nachbild« unserer ersten klinischen Begegnung. Ich hatte bereits vermutet, daß er nicht fähig war, aus eigener Kraft um Hilfe nachzusuchen, da sein Arzt den Termin für ihn vereinbart hatte. Er war mit einer snobistischen Entschuldigung vierzig Minuten zu spät gekommen und hatte sich zwar die Manieren einer Aristokratie zugelegt, die es in dem Land, in dem er geboren und aufgewachsen war, gar nicht gibt, wirkte dabei aber sehr unbeholfen. Was mich jedoch an diesem »Nachbild« am meisten überrascht hatte, war sein Verhältnis zu seinem Körper, insbesondere die Ruhelosigkeit seiner Hände. Sehr flüchtig hatte er unentwegt irgend etwas berührt: sein Gesicht, die Zigaretten, den Sessel, seine Krawatte usw. Ich schloß daraus, daß er als Kind unter zwanghaften Tics gelitten haben mußte, und erinnerte mich, daß Winnicott von den Tics einmal gesagt hatte: »Tics bieten dem Kind die Möglichkeit, sich der Existenz seiner selbst sowie der Umwelt dadurch zu vergewissern, daß es unentwegt etwas berührt. Wenn wir einen Menschen ansehen, können wir sagen, daß er existiert, selber aber weiß er es nicht unbedingt!« Mir war auch aufgefallen, daß Jonathans gekünstelte Art, zu sprechen und sich zu bewegen, etwas Puppenhaftes hatte. Und ich war wirklich entsetzt, wenn ich mir in Erinnerung rief, wie er aussah: eine schäbige Negerpuppe, die sich als Mensch ausgab! Sein Haar zerzaust, die teuren Kleider in fürchterlichem Zustand! Er war wirklich bizarr! Aber er kannte seinen Weg im Leben! Mir wurde auch bewußt, daß er mir nichts über sich mitgeteilt, nichts mit mir geteilt hatte.

Zur zweiten Stunde erschien Jonathan pünktlich. Diesmal kam er im typischen Hippie-Look: Jeans, einen engen Pullover und ein Hemd mit offenem Kragen; um den Hals hatte er einen glänzenden Schal geschlungen. Er hatte Zigaretten bei sich, saß im Sessel und erzählte mir, er habe seit seinem neunten Lebensjahr schon viele »Irrenärzte« erlebt. Ich nahm seine Dreistigkeit zur Kenntnis und ließ ihn machen. Er nannte eine ziemlich große Anzahl sehr berühmter Leute, mit denen er seit seiner letzten Stunde zusammen gewesen war. Plötzlich fragte er mich: »Langweile ich Sie, Herr Khan?« Ich zögerte, während er sich am ganzen Körper zwickte, kniff und kratzte, und sagte dann: »Nein, aber es beeindruckt mich nicht!« Daraufhin versetzte er mich mit einer Frage in Erstaunen: »Herr Khan, glauben Sie, daß ich krank bin?« Ich antwortete prompt: »Das glaube ich nicht, aber Sie sind total verlaust!« Er lachte und erzählte mir, daß seine schwarze Kinderfrau immer nach Läusen in seinem Haar gesucht habe, worüber seine Mutter sich regelmäßig sehr ärgerte, weil er gar keine Läuse hatte. Bevor ich noch irgend etwas sagen konnte, fragte er, ob er mein Telefon benutzen könne. Ich erwiderte: »Ja!« Er sprach mit jemandem, und ich verließ das Zimmer. Er meinte: »Bitte, Herr

Khan, Sie müssen nicht aus dem Zimmer gehen.« Ich sagte zu ihm: »Ich muß nicht, aber ich respektiere die Privatsphäre.« Als ich zurückkam, schwieg er eine Zeitlang, dann erzählte er mir, weshalb er Analyse machen wolle. Seiner Darstellung zufolge war er der »Senkrechtstarter« des Londoner Pop-Jet-set, jedermann lud ihn ein und wollte mit ihm ausgehen, und er wußte nicht, was er sagen sollte und fand sich selbst lächerlich; deshalb nahm er immer irgendein hübsches Mannequin mit. Hier stellte ich meine erste Frage: »Wie viele Kinder haben Ihre Eltern gehabt?« Er antwortete, außer einer Zwillingsschwester hätte er keine Geschwister. Nun lobte er ein Gemälde an der Wand. Anschließend schlurfte er im Zimmer herum und fragte, wie lang seine Analyse dauern würde. Ich erwiderte, ich könne es nicht sagen. Er erzählte mir von seinem letzten Therapeuten und wie er ihn zum Narren gehalten habe. Ich sagte ihm, in dieser Hinsicht werde er bei mir keinen Erfolg haben. Er setzte sich und zappelte noch eine Weile herum, dann sagte er, er müsse gehen, weil er mit seinem Rechtsanwalt verabredet sei. Die Stunde hatte fünfunddreißig Minuten gedauert.

Zu seiner nächsten Stunde erschien Jonathan nicht. Als ich ihn erwartete, rief sein Arzt mich an und sagte, Jonathan tue es sehr leid, er habe die Termine verwechselt, brauche seinen Arzt aber dringender als mich und würde seinen nächsten Termin einhalten. Ich stellte mich darauf ein, und er kam tatsächlich.

Ich war mir sicher, daß Jonathan mir in diesen ersten drei Stunden anschaulich und authentisch vorgeführt hatte, wie er im Leben funktionierte und versuchte, mit einem diffusen und chronischen Leiden in sich selbst fertigzuwerden. Er hatte auch deutlich gemacht, daß er nicht in der Lage war, sich dem *vorgeschriebenen* analytischen Prozeß anzupassen oder von ihm Gebrauch zu machen. Er war ein wirklich begabter junger Mann, und er hatte seinen Weg im Leben gemacht, indem er von seiner Begabung Gebrauch machte. Das mußte ich respektieren, und ich mußte mich daran anpassen, wie er die therapeutische Beziehung und den analytischen Prozeß *für sich dosierte.* Bei der Lektüre der zeitgenössischen psychoanalytischen Literatur habe ich allzu häufig den Eindruck, daß Diagnose und Deutung der Psychopathologie unserer Patienten unsere klinische Variante der Moral darstellen. Wir geben vor, nicht zu urteilen, doch unsere Deutungs-Sprache ist normativ und setzt Richtlinien für psychische Gesundheit, während sie vorgibt, dem Patienten dabei zu helfen, von seiner »Unpäßlichkeit« zu genesen. Mir war natürlich nicht entgangen, daß Jonathan auf unsere ersten zwei Begegnungen mit Panik- und paranoiden Angstgefühlen reagiert und sich einerseits in eine hyperaktive, manische Steigerung seiner beruflichen Aktivität geflüchtet hatte, andererseits seine eigene Existenz auf andere Personen – seine Kollegen, Freunde, Eltern und seinen Arzt – verteilt hatte. Sein Arzt, der klug genug war, um zu erkennen, was geschehen war, hatte ihn deshalb sediert. Es gibt nun den Mythos einer »reinen« Psychoanalyse, die sich einzig und allein in der Übertragung und im analytischen Prozeß verwirklicht. Wir, die Analytiker, sind die einzigen, die an diesen Mythos glauben und dafür sorgen, daß er nicht ausstirbt. Im realen Leben sind wir und unsere Arbeit auf andere angewiesen, die für uns die Schmutzarbeit erledigen und die Belastung auf sich nehmen, die ihnen aufgrund unserer Arbeit mit den Patienten erwächst – Familien, Freunde oder Ärzte. Ich hatte gemerkt, daß Jonathan sich wirklich nicht selbst helfen konnte, und erkannt, daß er sich zwar manipulativ, aber nicht hinterhältig verhielt, daß er mit allen Wassern gewaschen, aber nicht unehrlich war. Ich fühlte auch, daß ich mich aktiv einsetzen mußte, damit er Vertrauen zu mir finden und seine eigene Identität entdecken könnte. Ich war mir sicher, Jonathan helfen zu können, er selbst zu sein, vorausgesetzt, daß sein Arzt uns dabei unterstutzte. Aufgrund dieser Überzeugung entschloß ich mich, seine Analyse fortzusetzen; ich war mir der möglichen Risiken bewußt, die damit für mich selbst und mehr noch für seinen Arzt verbunden waren, den man zur Rechenschaft ziehen würde, wenn sich während unserer gemeinsamen Behandlung Jonathans ein tödlicher Unglücksfall ereignen sollte. Geplante Suizidversuche sind selten erfolgreich, Unfälle jedoch sind der sicherste Weg zum Suizid, und Jonathan nahm keine Rücksicht, wenn er mit hochgezüchteten Autos durch die Gegend raste.

Ich habe hoffentlich nicht den Eindruck erweckt, daß ich mich in dem Glauben wiegte, Jonathan in Obhut zu nehmen und zu behandeln würde leicht sein. Über ein Jahr lang behielt er dasselbe Muster bei: er kam zu spät oder ging früher weg oder verschwand gar aus beruflichen Gründen ins Ausland. Im Laufe dieses Jahres aber lernte ich sämtliche Manöver kennen, die Jonathan in seinem privaten und beruflichen Leben durchführte. Dennoch fühlte ich mich allmählich entmutigt und hatte den Eindruck, daß ich für Jonathan nichts erreichte und wohl besser aufgeben sollte. Nur die beharrliche Behauptung seines Arztes, ich sei für Jonathan eine Hilfe, veranlaßte mich, weiterzumachen.

Dann veränderte ein zufälliges Ereignis die gesamte Atmosphäre und die Art der therapeutischen Arbeit mit Jonathan. Eines Tages erschien er, strahlte und hielt ein wunderbar verpacktes Paket in den Händen. Er fragte mich: »Nehmen Sie ein Geschenk an, Herr Khan?« Ich zögerte, weil ich mittlerweile wußte, daß Jonathan unter dem Zwang stand, großzügig zu sein, und Geschenke seine Technik waren, Dankbarkeit und Zugehörigkeitsgefühl zu verleugnen. Ausweichend sagte ich: »Kommt drauf an, was es ist.« Darauf ging er gar nicht ein, sondern gab zurück: »Bitte öffnen Sie es und sehen Sie selbst.« Das tat ich: es war ein prachtvolles Backgammon-Brett. Er fragte, ob ich das Spiel kennen würde, und ich antwortete: »Nein.« »Dann lassen Sie es mich Ihnen beibringen; gestern abend habe ich gerade gegen einen der besten Spieler Londons gespielt und über 1500 Pfund gewonnen!« Seine Augen blitzten fröhlich und keck. Er fügte hinzu: »Ich werde zehn Spiele mit Ihnen spielen, damit Sie lernen, wie es geht, und dann spielen wir richtig.« Ich ließ mich darauf ein. Während Jonathan das Spielbrett vorbereitete, fuhren mir unzählige Gedanken und Befürchtungen durch den Kopf. Hatte er die Absicht, seine Omnipotenz zu bestätigen und mich zu demütigen? Versuchte er, mit diesem Trick den gesamten analytischen Prozeß zu untergraben? Dann erinnerte ich mich daran, daß ich vor einigen Wochen seine Klage über seine Unfähigkeit, sich mit Menschen zu unterhalten, als Versuch gedeutet hatte, fortwährend mit dem, was er sagte, Erstaunen zu wecken oder zu dominieren, statt zu erkennen, daß die Konversation im normalen gesellschaftlichen Umgang ein Spiel ist. Jetzt hatte er mir ein Spiel mitgebracht, das mir die Möglichkeit [*potential space*] einräumte, seine Täuschungsmanöver in ein Spiel zu verwandeln. Ich nahm die Chance wahr, eingedenk Prinz Hamlets Devise: »Das Schauspiel sei die Schlinge, / In die den König sein Gewissen bringe.« (II 2)

In jener Stunde, in der Jonathan mir das Spiel beibrachte, fielen mir zwei wichtige Dinge auf. Er hatte nur zwei Spiele gespielt und anschließend dagesessen und mir in Form einer zusammenhängenden Erzählung geschildert, wie er das Spiel am vergangenen Abend gewonnen hatte. Er war nicht, wie bislang immer, von einer Sache zur anderen gesprungen. Zweitens war er zum ersten Mal bis zum Ende der Stunde geblieben. In seiner Beziehung zu mir bildete sich ungefähr folgender Rhythmus heraus: Jonathan kam nun pünktlich, und entweder redete er zuerst und bat anschließend um ein Spiel, oder wir spielten zuerst und redeten danach, wenn er sehr erregt und nervös war. Aber er begann, wenn auch nur am Rande, von sich selbst zu sprechen. Natürlich schlug er mich in jedem Spiel absolut vernichtend und heimste jedesmal seine zehn Pence ein. Einmal nahm ich die Gelegenheit wahr und sagte: »Es ist Ihnen doch klar, Jonathan: Sie spielen nicht, Sie machen mich fertig!« Das hatte eine verblüffend starke Wirkung auf ihn, und er erzählte mir, wie er seine Mutter, seine Kinderfrau und seinen Therapeuten verrückt zu machen pflegte, als er ungefähr elf Jahre alt war. Er baute komplizierte Gebilde mit seinem Metallbaukasten, und immer dann, wenn sie sich anschickten, in Begeisterung auszubrechen, hörte er sofort auf zu bauen und machte alles wieder kaputt. Von diesem Punkt an war es möglich, ihm aufzuzeigen, daß ihm in seiner Kindheit die Erfahrung des Spiels gefehlt und er sich statt dessen angewöhnt hatte, seinen Willen durchzusetzen.

Im Laufe von drei Monaten wurden die Backgammon-Spiele allmählich immer seltener. Während dieser Zeit jedoch erfuhr ich vieles über seine Kindheit.

Bevor ich davon erzähle, muß ich eine der letzten Partien schildern, die wir miteinander spielten. Ich lag vorn, da führte er plötzlich eine neue Regel ein, die ich nicht kannte, und nun gewann natürlich er. Anschließend fragte er ziemlich verlegen: »War das Ihrer Meinung nach unehrlich?« Ich sagte geradeheraus: »Nein, es war nicht unehrlich«, denn er hatte mir ein Buch über Backgammon gegeben, und wenn ich es gelesen hätte, hätte ich die Regel gekannt; aber, sagte ich, er habe auf jeden Fall ein *Geheimnis* daraus gemacht, und das mache mir Sorge, denn es passe nicht zu seinem allgemeinen Verhalten. Zum ersten Mal begann Jonathan in einer Stunde zu weinen.

Nun werde ich über die letzte Phase von Jonathans Behandlung berichten, die ungefähr sechs Monate dauerte. Jonathan fragte mich, ob er dreimal statt fünfmal pro Woche kommen könne, und ich stimmte zu, denn meiner Meinung nach hieß dies, daß er sich von der Anhänglichkeit hin zu Abhängigkeit und Beziehungsaufnahme innerhalb des klinischen Settings entwickelt hatte. Im Laufe der Backgammon-Partien hatte ich vieles über seine Kindheit erfahren. Seine Eltern hatten sich scheiden lassen, als er vier Jahre alt war, und er wurde hin- und hergeschoben: mal lebte er bei den Großeltern, mal bei der Mutter, dann wieder besuchte er seinen Vater – all diese Personen lebten in verschiedenen Städten. Sobald er eine von ihnen verlassen mußte, geriet er in furchtbare Angst und Panik. Sein Vater war sehr stolz auf ihn, hatte aber aufgrund seiner beruflichen Tätigkeit selbst kaum Zeit und übergab Jonathan dem Personal, das ihn verwöhnte und verhätschelte. Mit elf Jahren war er noch Bettnässer und nicht in der Lage, sich die Psychotherapie, die ihm im Alter von neun Jahren verordnet worden war, zunutze zu machen. In seinem privaten Lebensumfeld war er ein sehr gefügiges, scheues Kind mit unzähligen Tics. Nun konnte ich ihm aufzeigen, daß es sich bei diesem Kneifen und Herumkratzen im Gesicht, an seinem Körper und allen möglichen Gegenständen um genau dasselbe Phänomen handelte wie bei den Tics und daß es seine Technik war, sicherzustellen, daß die Welt um ihn herum nicht verschwand.

Jonathan war ein Mensch von scharfer Intelligenz, und es überraschte mich selbst, wie schnell er zu einem erwachsenen jungen Mann wurde, nachdem er erst einmal begonnen hatte, sich zu verändern. Er verbrachte seine private Zeit nicht mehr damit, in der ganzen Welt herumzutelefonieren, sondern fand genügend Stabilität in sich selbst. Gegen Ende seiner Behandlung konnte er eine Beziehung zu einer Frau aufnehmen, eine Beziehung, die auf Gegenseitigkeit beruhte und ihn zufriedenstellte. Zum ersten Mal in seinem Leben hatte er nun auch ein eigenes Zuhause und ein Privatleben. Er war immer umhergezogen, von einem Freund zum nächsten. Was seine Beziehung zu mir betraf, so lernte er nun auch, die Couch zu benutzen und es auszuhalten, daß ich mich nicht mehr in seinem Blickfeld befand, und so konnte er in meiner Gegenwart mit sich selbst allein sein. Seine

Behandlung mußte aufgrund äußerer Umstände – Jonathan mußte das Land verlassen – leider abgebrochen werden. Er kommt immer noch alle drei bis vier Monate, um ein paar Stunden zu nehmen, und hat seine Entwicklung stabilisiert.

Diskussion

Mit Absicht habe ich es vermieden, die komplizierte Psychopathologie dieses Patienten, die wir ziemlich gründlich analysiert hatten, detailliert zu beschreiben. An dieser Stelle will ich zeigen, wie der Möglichkeitsraum [*potential space*], den das Geheimnis für ein Kind darstellt und in dem es seine private, persönliche Tradition des reifenden und wachsenden Selbst errichten und bewahren kann (vgl. Khan [1974] 1988), sich zu Verschlossenheit und Verschwiegenheit verzerren kann. Diese Verschlossenheit dient nicht allein dazu, das Selbst vor Verletzungen zu schützen, mit denen das wachsende, aber verwundbare Ich nicht fertigwerden kann, sondern hat auch die Aufgabe, die wichtigen Pflegepersonen in der familiären Umgebung des Kindes zu schützen. Jonathan war bei seinen Großeltern, seinem Vater und seiner Mutter Vorfällen ausgesetzt gewesen, hatte Gespräche mitanhören müssen und war von jeder der betreffenden Parteien ermahnt worden, den anderen nichts darüber zu erzählen und mitzuteilen. Diese Aufspaltung des familiären Erfahrungszusammenhangs hatte er im Laufe der Adoleszenz zu seiner Lebenstechnik gemacht. Wie Winnicott ([1960 b] 1984, S. 47) bemerkte: »In der Psychoanalyse gibt es, wie wir wissen, kein Trauma, das außerhalb der Omnipotenz des Individuums liegt. Alles kommt am Ende unter die Herrschaft des Ichs und wird so mit sekundären Prozessen verknüpft.« Jonathans Lebensstil zeigt ganz deutlich, wie sein Ich sich die Herrschaft über das kumulative Trauma, zum Komplizen der Verschlossenheit und Verschwiegenheit in seiner Familie gemacht zu werden, gesichert hatte. Dieser Schritt aber hatte zu seiner wilden, extravertierten und unsteten Lebensweise geführt und ihn des Möglichkeitsraumes beraubt, innerhalb dessen ein Mensch im geheimen und ganz allein mit sich selbst wachsen kann.

Dies führt mich zu meinem zweiten Punkt, nämlich der klinischen Toleranz gegenüber der Beziehungslosigkeit solcher Patienten in der klinischen Situation und in der Übertragung. Wir neigen dazu, eine solche Beziehungslosigkeit entweder als Widerstand oder als feindselige Zurückweisung des Analytikers als einer verfolgenden Gestalt zu deuten. Häufig mag dies zutreffen, die entsprechende Deutung aber vermittelt dem Patienten das Gefühl, selbst an einer grundlegenden Unfähigkeit schuld zu sein. In diesem Bereich der Arbeit mit solchen Patienten ist ein Konzept Winnicotts ([1941] 1983) meiner Ansicht nach außerordentlich hilfreich. Winnicott schildert, wie ein Säugling sich in der Beratung gegenüber dem Spatel verhält, und beschreibt »eine Periode des Zögerns«, die sich zwischen die Phase, in der das Baby von dem Spatel angezogen wird, und den Augenblick, in dem es ihn schließlich in Besitz nimmt, schiebt. Ich glaube, daß das, was wir bei solchen Patienten für Widerstand halten, in Wirklichkeit »eine Periode des Zögerns« darstellt, die wir in der klinischen Situation berücksichtigen und als solche akzeptieren müssen.

Der letzte Punkt, auf den ich aufmerksam machen will, ist der, das Freuds Konzept der freien Assoziation davon ausgeht, daß der Patient spielen kann. Diese Fähigkeit aber können wir bei solchen Patienten nicht als *gegeben* voraussetzen. Wir müssen es ihnen ermöglichen, mit ihren Phantasien und den Erlebnissen in ihrer inneren Welt zu spielen, bevor sie frei assoziieren können. Haben sie diese Fähigkeit erst einmal entwickelt, kann die Analyse richtig beginnen, und dann, »wenn er (der Patient) zu Ihnen über sich selbst sprechen kann, wird die Analyse zum Abschluß kommen«, wie Lacan (1953 [1973]) sagt. Dann auch, möchte ich hinzufügen, kann der Patient beginnen, den durch das Geheimnis eröffneten Möglichkeitsraum und sein Alleinsein mit sich selbst als Lebensquelle zu betrachten und das Leben mit anderen zu teilen.

6

DAS GEHEIMNIS ALS MÖGLICHKEITSRAUM[1]

Nun sei still! Sag es keinem, kein Wort jetzt,
nie mehr –
In den Flammen dort singt sie, die Zeit ...
Ossip Mandelstam

In unserer klinischen Arbeit ist es mitunter wichtiger, einen Menschen am Leben zu erhalten, als ihn von seiner Krankheit zu befreien. Winnicott ([1967] 1979) faßt dies mit den Worten zusammen, »daß das Fehlen einer psychoneurotischen Krankheit zwar Gesundheit bedeuten kann, jedoch nicht unbedingt Leben bedeutet« (S. 116).

Mit dem Anspruch, zu *leben* und, falls dies nicht möglich ist, ein Leben zu führen, das »nicht unbedingt Leben bedeutet«, werden wir durch den Patienten konfrontiert; er ist kein einseitiger Ausdruck unserer restituierenden therapeutischen Omnipotenz. Wenn ein Patient uns mit diesem Anspruch konfrontiert, ist es unser gutes Recht, uns ihm zu *widersetzen*, aber wir dürfen ihn nicht mit einem anderen Anspruch verwechseln. Der Patient ist gewillt, krank zu

1 In deutschsprachigen Übersetzungen hat es sich mittlerweile eingebürgert, den von Winnicott eingeführten und von Khan zu einem zentralen Konzept seiner Theorie weiterentwickelten Begriff des *potential space* mit »potentieller Raum« oder auch »Spannungsbereich« zu übersetzen. Es ist aber auch deutlich geworden, daß eine solche Übersetzung nicht unproblematisch ist (vgl. z. B. Winnicott [1967] 1979, S. 116f., und in diesem Band S. 159). *Potential space* ist ein der Möglichkeit nach vorhandener, ein virtueller Raum, der unter Umständen zu einem schützenden Bereich wird, in dem das Subjekt – und das ist entscheidend – tastende Versuche, erste Schritte, Experimente wagen kann, die seinem Ich noch nicht verfügbar sind (siehe auch S. 151 ff.). Deshalb ziehe ich die Übersetzung »Möglichkeitsraum« vor. [Anm. d. Übers.]

bleiben und die Folgen so lange auf sich zu nehmen, wie er *lebt* oder eben *nicht lebt*. Sobald wir versuchen, sein Leben durch eine Kur zu untergraben, wird er entweder vor uns fliehen oder aber sein Recht, lebendig und krank zu sein, preisgeben und sich auf eine Komplizenschaft mit uns einlassen, die wir fälschlich für ein »Arbeitsbündnis« halten.

Gilles Deleuze ([1973] 1979) spricht, bei all seinem scharfen Spott, dennoch ein wichtiges Problem an. Er behauptet, daß Melanie Klein mit ihren Patienten einen Vertrag schließe, zu dem die Patienten ihre intensivsten Lebenserfahrungen beisteuern, die sie dann für die Patienten in Phantasien übersetzt. Er behauptet, daß Winnicott den psychoanalytischen Prozeß so weit treibt, daß dieser Vertrag nicht mehr realisierbar ist. Es geht dann nicht mehr nur um die Frage, wie »das Gelebte« [*vécu*] in Phantasien übersetzt oder gedeutet werden kann. Dieser Punkt ist Winnicott zufolge erreicht, wenn man mit dem Patienten seine Erfahrungen teilen muß. Deleuze stellt die Frage, ob es sich hier um eine Art Sympathie, Empathie oder Identifikation handelt. Er kommt zu dem Ergebnis: Was wir fühlen, sei eher die Notwendigkeit einer Beziehung, die weder gesetzlich noch vertraglich oder institutionell ist. (S. 110)

Natürlich sind die Philosophen immer klüger und gerechter als wir; sie werden von den ganz normalen, alltäglichen Demütigungen, uns den Ansprüchen eines Menschen versagen zu müssen, nicht geplagt. Das *Wort* ist seiner Natur nach unendlich großzügiger und verständiger als die *Tat*. Dennoch hat Deleuze recht: »Il faut y aller, il faut partager son état« [»Man muß so weit gehen und seinen Zustand teilen«]. Aber es braucht Zeit und Raum, will man das Leid eines anderen teilen und mittragen. Welchen Charakter haben *diese* Zeit und *dieser* Raum bei solchen Menschen?

»Gelebte Zustände« [*des états vécus*] eines toten Genies wie Nietzsche, über den Deleuze in dem Zusammenhang, aus dem ich ihn zitiere, mit so großem Verständnis schreibt, unter philosophischem Aspekt zu begreifen und zu teilen, ist eine Sache; sich selbst dem *lebenden* Nietzsche zur Verfügung zu stellen, um sich *gebrauchen* zu lassen (um Winnicotts Formulierung zu zitieren), war aber eine ganz andere. Es gelang niemandem.

Am 4. Januar 1889 schrieb Nietzsche ([1889] 1986, S. 573) von Turin aus an Georg Brandes:

> Meinem Freunde Georg.
> Nachdem Du mich entdeckt hast, war es kein Kunststück mich zu finden: die Schwierigkeit ist jetzt die, mich zu verlieren ...
> Der Gekreuzigte.

Sollte Deleuze den Einwand erheben, uns Analytikern fiele es viel zu leicht, jene zu verlieren, die sich dem Räderwerk unserer Kur nicht anpassen, wäre es nicht einfach, ihn zu widerlegen. Aber ich glaube doch, daß es uns klinisch mittlerweile möglich ist, auf das *Bedürfnis* solcher Menschen zu antworten, die darauf bestehen, außerhalb vertraglicher oder institutioneller Beziehungen zu *leben*.

Im Laufe einer jeden psychoanalytischen Behandlung erleben wir mit, wie ein Patient sich durch viele Räume – Innen/Außen, subjektive/objektive – bewegt, sich in vielen Räumen einrichtet, und wir teilen diese Räume mit ihm. Die gesamte analytische Situation erfüllt die verschiedenen Ansprüche, die der Patient in seinen unterschiedlichen Zuständen entwickelt, durch drei Modalitäten: den analytischen Prozeß, die analytische Beziehung (Übertragung) sowie das analytische Setting. Der analytische Prozeß realisiert sich durch Interpretation und befaßt sich mit der verborgenen Bedeutung (Freud), der fehlenden Bedeutung (Green) und der potentiellen Bedeutung (Khan) der Mitteilungen des Patienten. Hier genau wird der Analytiker par excellence zum »Ergänzungs-Ich« des Patienten (Heimann [1956] 1957).

Die Übertragungsbeziehung organisiert im Patienten jene Affektivität, die es ihm ermöglicht, die Rollen wichtiger Gestalten aus seiner Vergangenheit im Hier und Jetzt der analytischen Situation auf den Analytiker zu projizieren. In den letzten Jahrzehnten wurde die Rolle, die der Analytiker in der Übertragungsbeziehung spielt, um zwei weitere Funktionen, nämlich die des *holding* (Winnicott) sowie die Funktion des *containing* (Bion) ergänzt. In jüngerer Zeit erst und vorwiegend aufgrund der Untersuchungen von Winnicott und Balint ist der Gebrauch, den der Patient vom analytischen Setting macht, zum Gegenstand der Forschung geworden.

Die klassische Psychoanalyse hielt es für selbstverständlich, daß ein Patient über die Fähigkeit verfügt, sich das analytische Setting zunutze zu machen, und der größte Teil der analytischen Literatur ist der Diskussion über Gebrauch oder Mißbrauch des analytischen Prozesses durch den Patienten sowie der Übertragungsbeziehung gewidmet. Die Forschungen Winnicotts ([1955] 1983), Balints ([1968] 1970) und Milners (1969) haben uns zunehmend für den Umstand sensibilisiert, daß ein Patient in bestimmten Verzweiflungs- und Unruhezuständen einzig und allein vom analytischen Raum Gebrauch machen kann und nicht fähig ist, den analytischen Prozeß oder die Übertragungsbeziehung für sich zu nutzen.

Nach meiner klinischen Erfahrung nutzen die Patienten den analytischen Raum auf zwei verschiedene Weisen: sie gebrauchen ihn als konkreten Raum, in dem sie sich aufhalten können, und als einen Möglichkeitsraum, in dem sie verborgene Stimmungen und psychische Experimente zulassen, die ihre Ich-Fähigkeiten noch nicht zu realisieren vermögen. Den Begriff *Möglichkeitsraum* übernehme ich von Winnicott ([1967] 1979). In seiner Arbeit »Die Lokalisierung des kulturellen Erlebens« schreibt er:

Dic Erfahrungen im *potentiellen Bereich [potential space, Möglichkeitsraum] zwischen subjektivem Objekt und objektiv wahrgenommenem Objekt,* zwischen Ich und »Nicht-Ich« sind für das Kind von Anfang an äußerst intensiv. Dieser Spannungsbereich [*potential space,* Möglichkeitsraum] entsteht in der Wechselwirkung zwischen dem ausschließlichen Erleben des eigenen Ich (»es gibt nichts außer mir«) und dem Erleben von Objekten und Phänomenen außerhalb des Selbst und dessen omnipotenter Kontrolle.

In diesem Bereich hat jedes Kind seine eigenen guten und bösen Erfahrungen. Es herrscht weitestgehende Abhängigkeit. Der Spannungsbereich entsteht nur in Verbindung mit einem *Gefühl des Vertrauens* von seiten des Kleinkindes, das von der Vertrauenswürdigkeit der Mutterfigur oder der Umwelt abhängig ist, ein Vertrauen, das ein Beweis für die Introjektion der Vertrauenswürdigkeit ist. (S. 116f.)

Winnicott selbst hat das analytische Setting im Zusammenhang mit dieser Hypothese nicht untersucht. Dennoch scheint mir, daß seine Schnörkelspiel-Stunden uns anschaulich vermitteln, wie ein Kind Papier als Möglichkeitsraum benützt, um mit Winnicott allein zu sein. Und dieser Möglichkeitsraum des Papiers ist ein *gemeinsam geteilter* Raum, in dem Winnicott und das Kind *in wechselseitigem Miteinander* auf jenen »entscheidenden Augenblick« *hinarbeiten,* in dem das Erleben des Kindes dem Kind gedeutet werden kann (vgl. Winnicott 1970).

Das interessanteste klinische Beispiel dafür, wie ein Patient einen geheimen Möglichkeitsraum erschaffen kann, schildert uns Marion Milner (1969) in ihrem Buch *The Hands of the Living God.* Milner erzählt, daß ihre Patientin, Susan, in der Nacht vor ihrem ersten Beratungsgespräch eine Zeichnung angefertigt hatte. Diese Zeichnung hatte die Patientin im Laufe von zehn Analysejahren Milner gegenüber weder erwähnt noch ihr gezeigt. In ihrer Erläuterung zu Susans

Zeichnung geht Milner nicht näher darauf ein, daß es für Susan zuerst einmal notwendig gewesen war, in einer geheimen Privatsphäre, außerhalb des analytischen Settings, zu zeichnen. Im Gegensatz zu Winnicotts Schnörkelspiel-Zeichnungen, die er *zusammen mit* den Kindern anfertigte, konnte Susan, als sie zu zeichnen begann, Milner ihre Zeichnungen erst *nach* dem Geschehen zeigen. Susans Gebrauch des Möglichkeitsraums, den das Papier darstellt, ist, wie Milner es formuliert, ein wesentlicher Bestandteil ihrer »Selbstheilung«. Susan schiebt etwas von der analytischen Gesamterfahrung einstweilen auf, um es dann später in dem Möglichkeitsraum des Papiers zu verwirklichen. Ich übernehme hier André Greens (1973) Neubetrachtung des Freudschen Konzepts der aufgeschobenen Handlung. Green behauptet:

> Eine wesentliche Fähigkeit der psychischen Struktur ist die Fähigkeit, ein Erleben abzutrennen, vorläufig zu suspendieren, noch während es stattfindet. Dies geschieht nicht in der Absicht, das Erleben zu beobachten, wie es bei der bewußten Geistestätigkeit der Fall ist, sondern um das Bewußtsein davon auszuschalten, um es zu einem späteren Zeitpunkt, auf die je eigene Art und Weise, wiederzuerschaffen. Es ist wichtig, im Auge zu behalten, daß dieses Abschneiden oder diese innere Spaltung eine Voraussetzung dafür ist, daß durch Assoziation weitere Verbindungen hergestellt werden können. Wir sollten zwischen dem Augenblick der Erfahrung und dem Augenblick, in dem sie Bedeutung gewinnt, unterscheiden.

Es scheint mir, daß die Erfahrung *ihrer selbst*, die sie in der analytischen Situation machte, für Susan nur als *Geheimnis* eine Bedeutung erhielt – als das Geheimnis der Zeichnung, die sie in ihrer eigenen, abgeschiedenen Privatsphäre angefertigt hatte. Der Möglichkeitsraum des Papiers hält dieses

Geheimnis fest und bringt es zum Ausdruck. Ich werde nun anhand von klinischem Material zeigen, auf welche Weise ein sehr kleines Mädchen sich ein *Geheimnis* schuf und es als den Möglichkeitsraum benutzte, in dem es, vollkommen abgeschieden von seinem inneren Leben oder dem familiären Zusammenhang in der Außenwelt, weiterexistieren konnte.

Ein Kollege hatte mich dringend gebeten, eine junge Frau zu empfangen, die seiner Meinung nach einen psychotischen Zusammenbruch hatte. Als diese Patientin, ich werde sie Caroline nennen, bei mir eintraf, befand sie sich in höchst verwirrtem und aufgeregtem Zustand. Alles, was sie mir im ersten Gespräch erzählen konnte, war, daß ihr Mann sie eine Woche zuvor unter außerordentlich brutalen und demütigenden Umständen sitzengelassen hatte. Nun hatte er sich von ihr getrennt, um mit einer anderen Frau zusammenzuleben. Während sie ununterbrochen furchtbar weinte, wiederholte sie immer wieder: »Er hat mich zerstört!« Ich war von ihrer totalen Unfähigkeit, eine Beziehung zu mir aufzunehmen, beeindruckt. Im Laufe des etwa zweistündigen Gesprächs hatte sie mich kaum angesehen, obwohl sie mir gegenüber saß. Von dem Kollegen, der sie an mich überwiesen hatte, wußte ich, daß sie Ärztin war und in der vergangenen Woche nicht hatte arbeiten können. Ich hatte dieses sichere Gefühl, daß sie zu mir keine Beziehung aufnehmen könne, daneben aber wuchs während der Dauer des Gesprächs immer mehr die Überzeugung in mir, daß Caroline sich im Raum meines Sprechzimmers sicher und lebensfähig fühlte. Diese Überzeugung veranlaßte mich, Caroline zu sagen, ich sei bereit, sie in analytische Behandlung zu nehmen, wenn sie es wünsche. Caroline nahm mein Angebot an, ohne die geringste Reaktion zu erkennen zu geben.
Mit einer schon fast erschreckenden Pünktlichkeit kam Caroline fünfmal pro Woche zu ihren Stunden. Dieser Mangel

an Widerstand bot mir keinerlei Anhaltspunkte für das, was in und außerhalb der Analyse mit ihr vorging. Ihre Stimmungsschwankungen erfolgten in gefährlicher Schnelligkeit. Glücklicherweise hatte ich einen außerordentlich qualifizierten Arzt finden können, der Caroline medizinisch versorgte. Es wäre für mich unmöglich gewesen, Caroline ohne meinen ärztlichen Kollegen, der sie in medizinische Obhut nahm, in der Analyse zu halten oder sie am Leben zu erhalten. Caroline war keine schweigsame Patientin. Entweder weinte sie heftig und stöhnte: »Mein Mann hat mich zerstört«, oder sie kam in manischem Zustand an und redete wild über alles und jeden in ihrer Umgebung, nur nicht über sich selbst. Nach drei Monaten Analyse wußte ich über Caroline nicht mehr als nach dem ersten Gespräch.

Es schien sehr verlockend, ihr mangelndes Erleben – oder, um André Greens nachdrücklichere Formulierung zu gebrauchen, ihre Suspension des Erlebens – im analytischen Setting als Widerstand aus Angst oder feindseligem Argwohn zu deuten. Ihr ganzes Verhalten in der Analyse ging zweifellos mit einem Hauch von Heimlichtuerei einher, und ich entschied mich, diese als ihr Recht und als einen Teil ihres Privatbereichs zu respektieren.

Eines Tages dann hatte Caroline einen Unfall. Sie hatte nicht gemerkt, daß die Ampel umgesprungen war, und war mit ihrem Auto auf ein anderes, vor ihr stehendes gekracht. Ein außerordentlich höflicher Herr tauchte aus dem anderen Wagen auf, um sich den angerichteten Schaden zu betrachten. In dieser Situation war Caroline so hilflos, daß er ihr anbot, sich am nächsten Tag mit ihr zum Lunch zu treffen, um die Angelegenheit in Ordnung zu bringen. Er war sehr von ihr angetan. Caroline ist eine mollige, siebenundzwanzigjährige junge Frau von angenehmem Äußeren, und ihre ganze Art strahlt eine außergewöhnliche Hilflosigkeit aus, die sehr anziehend wirkt. Es verging keine Woche, und Caroline lebte in der Obhut ihres neuen Freundes in dessen

Haus. Ihr Arzt und ich waren über diese Atempause sehr erleichtert. Ihre Stimmungsschwankungen waren so extrem gewesen, daß wir begonnen hatten, ernsthaft über eine Klinikeinweisung nachzudenken. Der neugefundene Freund machte dies überflüssig. Er war ihr zutiefst ergeben und brachte für ihre verrückten Mätzchen eine Engelsgeduld auf. Im selben Augenblick, in dem Caroline diese Beziehung einging, entpuppte sie sich als ein anderer Mensch.

Caroline war sechs Jahre lang verheiratet gewesen und hatte die himmelschreiende Grausamkeit und Delinquenz ihres jungen Gatten brav über sich ergehen lassen. Nun begann sie zu agieren, indem sie die Liebe und Fürsorglichkeit ihres Freundes mit einer leidenschaftlichen Rachsucht auf die Probe stellte. Sie mißtraute seinen Beweggründen und legte heftige Wutanfälle an den Tag. In Gesellschaft brachte sie ihn in die peinlichsten Situationen. Zum Glück für alle Beteiligten verfügte ihr Freund über eine schier unausschöpfliche Fähigkeit, ihre Eskapaden in Grenzen zu halten und zu verkraften. In der Analyse war aus ihrem Gejammer »Ich bin von meinem Mann zerstört worden« ein »Ich bin mir selbst irgendwo im Leben verlorengegangen« geworden. Ich will diese Behandlungsphase hier nicht erörtern. Allmählich wurde aus Caroline eine kohärente Persönlichkeit, und nach und nach stimmten ihre Stimmungen mit ihren Handlungen überein.

In diesem Stadium – sie war mittlerweile seit neun Monaten in Behandlung – geschah es, daß sie eines Tages zu ihrer Stunde kam, einen Augenblick innehielt, bevor sie sich auf die Couch legte, und zu mir sagte: »Ich weiß jetzt, was mit mir los ist! Ich habe mich selbst versteckt.« Sie legte sich hin und fuhr fort: »Ich habe Ihnen nie erzählt, was ich gemacht habe, als ich dreieinhalb Jahre alt war.« Sie erzählte, wie sie eines Tages zwei silberne Kerzenhalter aus dem Eßzimmer ihrer Mutter geholt und im Garten vergraben hatte. Man hatte sie überall gesucht. Die Polizei war geholt worden,

und schließlich hatte die Versicherung eine Entschädigung gezahlt. Es waren teure Stücke. Sie hatte zwar begriffen, was wegen der Kerzenhalter im Haus geschah, aber kein Wort gesagt. Fünf Monate nach diesem Vorfall bezogen die Eltern ein neues Haus in einer anderen Stadt. Die ganze Geschichte war vergessen. Eines Tages dann, als sie neun Jahre alt war, kehrten ihre Eltern während der Ferien auf einen Besuch in das alte Haus zurück, das sie sehr mochten. Die neuen Bewohner waren Freunde von ihnen. Als alle Tee tranken, war Caroline in den Garten gegangen, hatte die Kerzenhalter ausgegraben und war mit ihnen zu ihren Eltern zurückgegangen. Sie schloß ihre Erzählung mit einem Lachen: »Es war wirklich die Hölle los, und mein Vater hat mich ordentlich verprügelt.«
In den Wochen, die dieser Mitteilung folgten, konnte Caroline mir detailliert die familiären Umstände schildern, die den Hintergrund für ihre Tat darstellten. Als Caroline drei war, hatte ihre Mutter frühgeborene Zwillinge zur Welt gebracht und war an einer Schwangerschaftsvergiftung erkrankt. Die ganze Atmosphäre im Haus hatte sich verändert. Eine Krankenschwester war eingestellt worden, die sich um die Zwillinge, zwei Mädchen, kümmerte. Die Mutter war in eine schwere Depression gefallen und jahrelang nicht in der Lage, aktiv am Familienleben teilzunehmen. Bis zu ihrem Besuch in dem alten Haus in dem Sommer, in dem die Mutter wieder zu arbeiten begonnen hatte, waren die Eltern noch nicht einmal in die Ferien gefahren. Genau zu diesem Zeitpunkt hatte die Patientin die Kerzenhalter ausgegraben und den Eltern zurückgegeben.

Als ich Caroline behandelte, hatte ich ihr ihre privaten Eskapaden von Anfang an – sowohl in der Analyse als auch außerhalb – ganz bewußt zugestanden. Damit war fraglos ein Risiko verbunden, das ich, wie ich fühlte, ihrem Bedürfnis und ihrer Erwartung entsprechend eingehen mußte, indem ich den klinischen Schutz und Halt (in Form von Zeit und Raum) zur Verfügung stellte und ihr so eine Möglichkeit gab, all das zu *transkribieren,* wonach sie auf ihre chaotische und verworrene Art und Weise suchte. Zusätzlich verschlimmert wurde die Situation in dieser Phase durch Carolines Arbeitsunfähigkeit; sie mußte ihre Arbeitsstelle aufgeben, und so blieb sie sich den ganzen Tag lang selbst überlassen. Ihr Freund ging früh zur Arbeit und kehrte erst am späten Abend zurück. Aufgrund ihrer verwirrten psychischen Verfassung konnte ich mir von ihrem Alltagsleben kein richtiges Bild machen. Jede einzelne Behandlungsstunde war nicht nur ein isoliertes *Happening* ohne Vorher und Nachher, sondern darüber hinaus ein Wirrwarr bizarrer Ausschnitte und Fragmente ihrer zufälligen Wahrnehmungen und flüchtigen Affekte. Dennoch blieb mir dieses sichere Gefühl, daß Caroline einen sehr privaten *Gebrauch* von dem analytischen Raum und allmählich auch von mir als Person machte. Sie behielt aber alles konsequent für sich.

Nachdem sie mir die Kerzenhalter-Episode einmal erzählt hatte, änderte sich die Art, wie sie in der Analyse zu sprechen pflegte, von Grund auf. Sie hatte drei Stunden gebraucht, um die ganze Geschichte zu erzählen. Zum erstenmal war Caroline in der Lage, von einer Stunde zur anderen eine thematische Kontinuität zu wahren. Noch wichtiger war, daß ich nun eine andeutungsweise Vorstellung davon bekam, welchen *Gebrauch* sie von mir machte. Ich gab ihr die Deutung, sie habe durch das Vergraben der Kerzenhalter eine Möglichkeit gefunden, sich aus der veränderten und traumatisierenden familiären Umgebung *zurückzuziehen* [*absenting*]. Ich sagte bewußt *zurückziehen* und nicht *verstekken*. Hier bediente ich mich eines Begriffs von André Green (1973). Ich deutete, daß die Kerzenhalter all die guten Erfahrungen symbolisierten, die sie aus dem Stillen und Füttern im Rahmen einer hinreichend-guten Bemutterung während ihrer Säuglingszeit und frühen Kindheit gewonnen habe.

Danach spaltete sie diese Erfahrungen ab, entzog [*absented*] sie dem Fortgang des familiären Lebens, in dem sie sich gefährdet fühlte und bloß existieren konnte und das sogar das Gute ihrer früheren Beziehung zur Mutter zu zerstören drohte. Ihre Fähigkeit, auf dieser frühen Altersstufe ein solches Selbstschutz-Manöver anzuwenden, hatte etwas entschieden Frühreifes. Das Vergraben der Kerzenhalter schuf ein Geheimnis, in dem sie sich einen Teil ihrer selbst in einer vorübergehenden Leblosigkeit zu erhalten vermochte, den sie mit ihren Eltern, insbesondere mit ihrer Mutter, nicht mehr leben und teilen konnte. Das *Geheimnis* umschloß ihr eigenes, *zurückgezogenes* Selbst.
Carolines Reaktion auf meine Deutung bestand darin, daß sie mir von psychosomatischen Erkrankungen erzählte, die zwischen ihrem fünften und neunten Lebensjahr immer wieder aufgetreten waren. Diese Krankheiten hatten sie von der Schule ferngehalten. Sie sagte, sie habe die Schule während dieser Krankheiten nie vermißt, obgleich sie ein aktives, sportliches und geselliges Kind war. Sie fügte hinzu: »Ich mußte mich immer wieder einmal zurückziehen und mit mir alleine sein, scheint es.« »Mit sich selbst und gleichzeitig mit Ihrem Geheimnis allein sein«, erwiderte ich.
Im Zusammenhang mit unserer Arbeit an ihrer Schaffung eines Geheimnisses, in dem sie einen Teil ihrer selbst vorübergehend suspendieren konnte, fragte mich Caroline: »Warum haben Sie das in den zwei letzten Monaten nie gedeutet? Fast jeden Freitag habe ich im Wartezimmer irgend etwas vergessen, oder wissen Sie das gar nicht?« Ich sagte ihr, daß ich es durchaus wüßte, weil mein Personal mich jedesmal darüber informiert und ich Anweisung gegeben hätte, ihr, egal was es sei, montags zurückzugeben, wenn sie wieder zur Analyse käme. Sie ließ nicht locker: »Warum haben Sie mir nichts gesagt?« Ich antwortete: »Weil Sie selbst nichts gesagt haben und ich Ihr geheimes Spiel mit dem Wartezimmer und dem Personal respek-

tierte.« Sie wurde nachdenklich und begann, leise zu weinen. Ich glaube, daß ich Caroline zum erstenmal in einer Stunde mit einem Affekt weinen sah, der dem entsprach, was gesagt oder erlebt wurde. Nach einer Weile erklärte ich ihr, mir sei aufgefallen, daß sie in einer Phase begonnen habe, Sachen liegenzulassen, in der sie ein heftiges Mißtrauen gegenüber ihrem Freund entwickelt hatte, weil sie glaubte, er versuche, ihr Leben zu kontrollieren; daß es meiner Ansicht nach bedeute, daß sie den Raum des Wartezimmers benutze, um übers Wochenende irgendeinen Gegenstand zurückzulassen, der für ein sehr persönliches, kleines Stück ihrer selbst stehe. Auf diese Weise war ein Stück von ihr dort in Sicherheit, sie konnte es sich am Montag wieder holen und schützte auch ihren Freund vor allem Ärger oder Zorn, der möglicherweise aus diesem Teil ihrer selbst ausbrechen könnte; daß ich nun, da ich mit der Kerzenhalter-Episode vertraut sei, sagen würde, sie habe mein Wartezimmer auf die gleiche Weise benutzt wie den Garten in ihrer Kindheit, um einen Ort zu finden, an dem sie ein Stück ihrer selbst heimlich hinterlegen konnte. Ich fügte hinzu, der Grund dafür, daß sie nicht das Behandlungszimmer benutzt hatte, sei der, daß mir der »zurückgelassene Gegenstand« unter Umständen sofort aufgefallen wäre und sie ihn dann hätte mitnehmen müssen; hätte ich ihn später gefunden, hätte ich ihr Geheimnis durch Deutungen sabotiert. Dieses Risiko konnte sie nicht eingehen.

Von diesem Punkt an änderte sich ihre Kommunikationsweise in den Stunden. Ich war überrascht zu beobachten, daß sie sich freudig an Erlebnisse aus allen Bereichen und Phasen ihrer Vergangenheit erinnern und sprühend vor Lebendigkeit von ihnen erzählen konnte. Dieses Material ist hier nicht mein Thema. Es stellte sich, kurz gesagt, heraus, daß sie im Alter von neun bis dreizehn vier unbeschwerte, sorgenfreie Jahre erlebte. Dann waren die Zwillinge an einer Lähmung erkrankt, bis zu deren Heilung Jahre vergingen.

Während dieser Zeit wurde Caroline ihrer Mutter eine treue Verbündete in der Pflege der Zwillinge. Gerade als das vorbei war, begegnete sie ihrem zukünftigen Ehemann und *kapitulierte* (ihre Formulierung) vor ihm. Er war wirklich böse, und sie wurde sein williges Opfer. Sie hatte alle Hoffnung aufgegeben, ihr eigenes Leben mit jemandem zu teilen. Am Ende hatte er sie brutal im Stich gelassen, und sie erlitt einen Zusammenbruch.

Ich möchte an dieser Stelle die Behauptung aufstellen, daß ein Mensch sich in Symptomen *verstecken* oder aber sich in ein Geheimnis *zurückziehen* kann. Das Geheimnis stellt hier einen Möglichkeitsraum zur Verfügung, in dem eine Abwesenheit in Form vorübergehender Leblosigkeit gewahrt werden kann. Ebenso wie die antisoziale Tendenz (Winnicott [1956] 1983) birgt das Geheimnis die Hoffnung, daß der Mensch eines Tages fähig sein wird, aus ihm aufzutauchen, aufgefunden und angesprochen zu werden und sich auf diese Weise in einen ganzen Menschen zu verwandeln, der sein Leben mit anderen teilt. Ich danke Pontalis, der meine Aufmerksamkeit auf eine Passage in Freuds Brief an Fließ vom 6. Dezember 1896 gelenkt hat:

> Du weißt, ich arbeite mit der Annahme, daß unser psychischer Mechanismus durch Aufeinanderschichtung entstanden ist, indem von Zeit zu Zeit das vorhandene Material von Erinnerungsspuren eine *Umordnung* nach neuen Beziehungen, eine *Umschrift* erfährt. Das wesentlich Neue an meiner Theorie ist also die Behauptung, daß das Gedächtnis nicht einfach, sondern mehrfach vorhanden ist, in verschiedenen Arten von Zeichen niedergelegt. (Freud [1950 a] 1975, S. 151)

Noch aufschlußreicher aber im Hinblick auf ein Verständnis der Funktion eines Geheimnisses ist für mich der Kommentar von Laplanche und Pontalis ([1967] 1972) zu diesem Brief:

Eine solche Idee könnte zu der Ansicht führen, daß alle Phänomene, denen man in der Psychoanalyse begegnet, das Zeichen rückwirkender Aktivität, sogar rückwirkender Illusion trügen. So spricht Jung von *Zurückphantasieren:* nach ihm reinterpretiert der Erwachsene seine Vergangenheit in seinen Phantasien, die ihrerseits ebensooft symbolischer Ausdruck seiner aktuellen Probleme sind. Nach dieser Auffassung ist die Reinterpretation für das Subjekt ein Mittel, vor den »Forderungen der Realität« in eine imaginäre Vergangenheit zu fliehen.

Unter einem anderen Aspekt ließe der Begriff ›Nachträglichkeit‹ auch an eine Konzeption der Zeitlichkeit denken, die von der Philosophie in den Vordergrund gestellt und von den verschiedenen Richtungen der Daseinsanalyse wieder aufgegriffen wird: das Bewußtsein schafft sich seine Vergangenheit und arbeitet deren Sinn aufgrund seines »Entwurfs« ständig um. (S. 314)

Diese Erläuterung hilft mir, rückblickend eine bestimmte Eigenschaft zu verstehen, die Carolines Verhalten charakterisierte, bevor sie mir von ihrem Geheimnis erzählte. Ihre Art, aufs Geratewohl zu reden, erschien mir manchmal ziemlich verrückt. Es fand keine seelische oder symbolische »rückwirkende Bearbeitung« irgendeiner Erfahrung statt. Nun beginne ich zu erkennen, auf welchem Weg Carolines Geheimnis ihrem Bewußtsein geholfen hatte, seiner eigenen Vergangenheit zu *entfliehen*.

Caroline lebte in dem unmittelbaren Hier und Jetzt explosiver Affekte und willkürlichen Verhaltens. Heute kann ich sehen, daß das, was im Innern versteckt oder verdrängt ist, sich in endlose Umordnungen und sogar in eine rückwirkende *Illusion* überführen läßt. Was aber in ein Geheimnis zurückgezogen wird, ist keiner Form weiterer Bearbeitung mehr zugänglich. Deshalb halte ich meine Bemerkung, die Kerzenhalter *symbolisierten* die frühere gute Beziehung zu ihrer Mutter, heute für falsch. Was für Caroline wichtig war, war die *Handlung* selbst, das Vergraben der Kerzenhalter, und nicht irgendeine symbolische Bedeutung, die sie vielleicht hatten. Mit dieser *Handlung* wurde der Punkt, an dem die Entwicklung eines *Füreinander-Daseins* mit der Mutter unterbrochen wurde, konkretisiert und in einem Geheimnis eingeschlossen. Im Möglichkeitsraum des Geheimnisses war dieses Faktum eingesperrt und »auf Eis gelegt«. Aber es nahm Caroline auch die Möglichkeit, im Zusammenhang mit neuen Erfahrungen Korrekturen und Weiterbearbeitungen vorzunehmen. In der seelischen Topographie ist ein solches Geheimnis weder im Innern einer Person noch außerhalb ihrer zu lokalisieren. Ein Mensch kann nicht sagen: »Ich habe ein Geheimnis in mir.« Der Mensch selbst ist das Geheimnis, aber sein Leben, das weitergeht, hat an ihm keinen Anteil. Caroline hatte in der Analyse nur die Möglichkeit, entweder von den Kinkerlitzchen des täglichen Lebens zu berichten oder gar nichts zu sagen. Und ihre Unfähigkeit als Widerstand zu behandeln hätte nur bedeutet, reaktive Schuldgefühle in ihr zu erzeugen. Dieses Problem ist für solche Patienten außerordentlich typisch: ihre Neigung zur Willfährigkeit macht sie überaus empfänglich für alle Deutungen, die Schuldgefühle hervorrufen. Deshalb habe ich Deleuze zitiert, der zu Recht gegen die Übersetzung des gelebten Lebens in bloße Phantasien protestiert. Eine solche Deutung von Phantasien erschafft eine pseudopsychische Realität, nach der der Patient süchtig wird. Dies führt zu jenen unendlichen, tiefen Analysen, von denen wir heutzutage oft hören.

Im klinischen Bereich können diese Patienten ihr Geheimnis nur dann mit uns teilen, wenn es uns gelingt, eine Atmosphäre der *wechselseitigen Gemeinsamkeit* zu schaffen. Dieses Teilen des Geheimnisses trägt zu jener »Erfahrung des wechselseitigen Miteinanders« (Winnicott 1970) bei, die die Fähigkeit der Mutter, sich dem Bedürfnis des Babys anzupassen, auszeichnet. Was es Caroline ermöglichte, ihr Geheimnis zu teilen, war meine Fähigkeit, das durch ihr Verhalten in und außerhalb der Analyse während der ersten acht Monate angerichtete Durcheinander und Risiko aufzufangen, sowie meine Fähigkeit, ihr für die Wochenendunterbrechung in der Analyse einen privaten Gebrauch des Wartezimmers einzuräumen.

Zum Schluß möchte ich darauf hinweisen, daß die Schaffung eines Geheimnisses in der Seele der betreffenden Person eine *Lücke* (Green 1973) öffnet, die reaktiv durch alle möglichen Arten bizarrer – intrapsychischer oder zwischenmenschlicher – Erlebnisse verdeckt wird. Als Kliniker sind wir in solchem Falle aufgefordert, zwischen dem wirklichen Erleben solcher Menschen und ihrem reaktiven Verhalten zu unterscheiden. Wie Deleuze formuliert, muß diesen Patienten die Fähigkeit vermittelt werden, ihr Erleben mit uns zu teilen, statt es lediglich als Phantasie zu betrachten oder in Form eines Symptoms zum Ausdruck zu bringen. Was für Caroline entscheidend war, wenn sie Gegenstände wie ihren Regenschirm oder eine Tafel Schokolade oder ein Buch zurückließ, war der *Akt* des Liegenlassens. Es war dieser *Akt,* den ich für sie festhielt und unauffällig mit ihr teilte, bis sie bereit war, ihn gemeinsam mit mir zu teilen.

Ich habe versucht, mit Hilfe eines klinischen Beispiels zu schildern, wie ein Kind sich in ein Geheimnis hinein zurückzog, als das gewohnte Leben mit der Mutter zusammenbrach, und wie die Patientin in ihrer Analyse allmählich Verbindung zu diesem Geheimnis aufnahm. Das Geheimnis ist nur eine Möglichkeit, solche Erfahrungen abzukapseln. Häufig stellt die Pseudologia phantastica für den Betroffenen einen ähnlichen Möglichkeitsraum dar. Und während einer Analyse hat manchmal sogar das ständige Vergessen von Träumen diese Funktion.

In Carl Gustav Jungs Autobiographie *Erinnerungen, Träume, Gedanken* fand ich eine interessante Bestätigung meiner Hypothese, daß das Geheimnis einen Raum erschafft, in dem das bedrohte Leben eines Kindes unversehrt aufbewahrt werden kann. Jung erzählt, wie er als Kind merkte, daß seine »ländlichen Schulkameraden«, mit denen er sich zusammentat, ihn sich selbst entfremdeten. Die Jahre zwischen sieben und neun waren für Jung voller turbulenter innerer Krisen. Im zehnten Lebensjahr schließlich führten »meine Entzweiung und Unsicherheit in der großen Welt [...] zu einer mir damals unverständlichen Maßnahme« (Jung 1982, S. 27). Jung schnitzte ans Ende seines Lineals ein etwa sechs Zentimeter großes Männchen, wickelte es in Wolle ein, bettete es in eine Schachtel, legte einen Stein neben das Männchen und versteckte die Schachtel auf dem »verbotenen Estrich« des Elternhauses. In einer Geheimschrift verfaßte er Briefe, und von Zeit zu Zeit kletterte er heimlich auf den Speicher, um sie dem Männchen zuzustecken. Jung beschließt seine Erzählung:

> Der Sinn dieses Tuns, oder wie ich mich darüber hätte erklären können, war mir damals kein Problem. Ich begnügte mich mit dem Gefühl neugewonnener Sicherheit und der Befriedigung, etwas zu besitzen, an das niemand herankam und um das niemand wußte. Für mich war es ein unverbrüchliches Geheimnis, das niemals verraten werden durfte, denn die Sicherheit meines Daseins hing daran. Wieso, fragte ich mich nicht. Es war einfach so.
>
> Dieser Besitz an Geheimnis hat mich damals stark geprägt. Ich sehe es als das Wesentliche meiner frühen Jugendjahre an, als etwas, das für mich höchst bedeutend war. (Ebd., S. 28)

7
DER LEERE KOPF

Peindre, non la chose, l'effet qu'elle produit.

Nicht den Gegenstand malen, sondern die Wirkung, die er hervorruft.

Mallarmé

What are all the fish that lie gasping on the strand?

Yeats

La preuve première d'existence, c'est d'occuper l'espace.

Der erste Existenzbeweis besteht darin, Raum einzunehmen.

Le Corbusier

Du hinderst mich mehr, als daß du mir hilfst, sagte Mercier.
Ich versuche gar nicht, dir zu helfen, sagte Camier, ich versuche, mir selbst zu helfen.
Dann ist ja alles gut, sagte Mercier.

Samuel Beckett

The ravine is deep
but where it closes briefly
blossoms the same fear.

Haiku, anonym

Am Anfang stehen *Handlung* und *Geste*. Phantasien, Gedanken, Träume, Spiel und Vorstellungen folgen nach. Die psychische Realität ist etwas Nachträgliches [*après coup*]! *Handlungen* und *Gesten* rufen sie hervor und bestimmen ihr Schicksal und ihr Los.

Eine Kollegin rief an und wollte unbedingt mit mir über eine Patientin sprechen. Es war nach 20 Uhr. Ich hatte einen Praxistag hinter mir! Aus irgendeinem Grund ließ ich das Gespräch durchstellen. Meine Kollegin, eine Analytikerin, kam ohne Umschweife auf ihr Anliegen zu sprechen. Sie wisse, sagte sie, daß ich mich in meiner freien Zeit nicht gern durch berufliche Telefonate stören ließe, aber sie sitze in der Klemme. Sie brauche meinen Rat. Eine junge Patientin hatte ihr Behandlungszimmer verwüstet. Sie war schon immer leicht explodiert, diesmal aber hatte sie den Bogen überspannt. Meine Kollegin hatte das Gefühl, sie in ihrer privaten analytischen Obhut nicht länger »halten« zu können. Es war nicht der erste Vorfall dieser Art gewesen. Auf eigenen Wunsch war die Patientin früher schon einmal in eine Klinik eingewiesen worden, nachdem ihr Verhalten in den Stunden und zu Hause völlig außer Kontrolle geraten war, es hatte aber nichts genutzt. Die Analytikerin wollte sie nicht wieder einweisen lassen und fragte, ob ich mir das Mädchen bitte ansehen und ihr sagen könnte, wie ich es einschätzte. Ich fragte, wie alt die Patientin sei. Sie war dreiundzwanzig Jahre alt, stammte aus einer reichen, guten Familie, war hochintelligent, anorektisch und verhielt sich mitunter sehr antisozial – und zwar absichtlich! »Ein nicht gerade vielversprechender Charakter«, sagte ich. Die Analytikerin meinte. »Nein! Sie ist sehr begabt, und ich glaube, Sie könnten sie *halten* und ihr helfen.« Ich dankte ihr für das Vertrauen, das sie mir entgegenbrachte, und fragte: »Wann soll ich sie mir ansehen?« »Möglichst heute abend!« antwortete sie. »Man sagt, daß Sie Tag und Nacht arbeiten! Wenn es Ihnen nicht paßt, muß ich sie heute abend in eine Klinik einweisen, denn in ihrer gegenwärtigen Stimmung und Verfassung wird ihre Mutter nicht mit ihr fertig.« Ich sagte: »In Ordnung, ich erwarte sie um 23 Uhr. Wer wird sie bringen?« »Die Mutter«, erwiderte sie. Damit war das Gespräch beendet. Die Patientin hatte sich im Zimmer aufgehalten und zugehört, als ihre Analytikerin mit mir telefonierte, und deshalb hatte ich das Gefühl, die Sache sei – zumindest auf einer Ebene – klar und eindeutig. Ich zerbreche mir nie den Kopf, wenn ich solche eigenwilligen klinischen Entscheidungen treffe. Ich warte einfach ab, was als nächstes *geschicht*. Die Ereignisse, von denen ich berichte, liegen mehr als fünfzehn Jahre zurück, selbst damals jedoch war ich davon überzeugt, daß Überlegungen in bezug auf die *Analysierbarkeit* eines Menschen sinnlos sind und am Wesentlichen vorbeigehen. Man nimmt einen Patienten entweder an oder nicht – das ist alles.

Ich erwartete das Mädchen in meinem Behandlungszimmer, was ich normalerweise nicht tue. Ich ziehe es vor, den Patienten eine Weile im Wartezimmer sitzen zu lassen und ihn dann persönlich ins Behandlungszimmer zu begleiten. So habe ich Zeit/Raum, mir ein Bild von dem Stil und dem Charakter eines Menschen zu machen, und diese Beobachtungen waren für mich immer sehr aufschlußreich. Aber ich hatte beschlossen, im Behandlungszimmer zu bleiben, weil ich wußte, daß das Mädchen verstört war und womöglich Ärger machen würde, wenn ich es warten ließ. Als sie, pünktlich auf die Minute, geklingelt hatte, begleitete sie deshalb der Boy zum Behandlungszimmer, wo ich sie begrüßte. Sie brummte etwas und sah weg. Sie war hochgradig nervös und ängstlich. Sie ignorierte meine Geste, mit der ich ihr einen Stuhl anbot, und lehnte sich mit dem Rükken an die Wand, die Hände hinter sich gefaltet. Wie ein Tier im Käfig starrte sie umher. Ich wartete. Sie war nicht ganz die »Person«, die ich erwartet hatte. Dafür, daß sie anorektisch war, wirkte sie ziemlich dick und stämmig, war groß und sah fast wie eine Inderin aus. Sie war beinahe hübsch, im Augenblick jedoch wirkte sie heruntergekommen und trug ihre teuren Kleider trotzig wie ein Landstreicher seine Lumpen. Nach einer unbehaglichen Pause meinte sie in eher feststellendem als fragendem Ton: »Hat *Calamity*[1] noch einmal mit Ihnen gesprochen?«

1 »Calamity« bedeutet »Katastrophe«, »Kalamität«. Möglicherweise spielt die Patientin mit diesem Kosenamen auch auf die berühmte Westernheldin »Calamity Jane« an. [Anm. d. Übers.]

»Wer ist *Calamity?*« fragte ich.

»Meine Analytikerin, auf deren Veranlassung ich hier bin. Sie sagt, Sie *werden* mir helfen.« Der Kosename, den sie ihrer Analytikerin gab, amüsierte mich und nahm mir eine Sorge, denn er zeigte, daß sie nicht nur Witz besaß, sondern auch Zärtlichkeit empfinden konnte. Mehr noch, er verriet, daß sie sich zwar *ihrer selbst bewußt* war, jedoch das, was sie in sich selbst wahrnahm und/oder erlebte, auf andere projizierte. *Calamity* stand, mit beiden Füßen auf der Erde, direkt vor mir. Ich äußerte mich dazu nicht, merkte es mir aber für die Zukunft vor. Wieder fragte sie, ein wenig ärgerlich: »Hat *Calamity* noch einmal angerufen?«

»Nein! Warum sollte sie?«

»Na, sie weiß alles, weshalb hat sie Ihnen also nicht mehr erzählt? Ich werde überhaupt nichts sagen.«

»Ich bin nicht darauf aus, irgend etwas herauszufinden«, sagte ich. Sie war sichtlich verblüfft. Es vergingen einige Minuten, dann drohte sie: »Ich werde auch dieses Zimmer verwüsten. Hier sind zu viele Bücher und Sachen.« Ihr Blick war drohend, und ich fühlte, daß sie das, was sie sagte, ernst meinte. Deshalb sagte ich zu ihr: »Bevor sie irgendwelche Mätzchen ausprobieren, kommen Sie bitte her, wir wollen uns die Hand geben.« Sie zögerte, bewegte sich nicht von der Stelle, streckte aber ihre rechte Hand aus. Ich stand auf, ging zu ihr und nahm ihre Hand fest in meine.

»Bitte, versuchen Sie, meine Hand zu drücken«, verlangte ich.

»Das mach' ich nicht!«

»Dann werde ich Ihre Hand drücken!« Einen Moment lang sah sie unentschlossen aus, dann meinte sie spöttisch: »Das werden Sie nicht tun!« Ich begann, ihre Hand zu drücken, fester und fester. Innerhalb einer Minute krümmte sie sich auf dem Fußboden und schrie: »Loslassen! Sie tun mir weh!«

»Das will ich auch«, erwiderte ich. Es klopfte an der Tür des

Behandlungszimmers. »Herein«, sagte ich und ließ ihre Hand los. Der Boy war gekommen, denn er hatte ihren Schrei gehört und fürchtete, es gebe Ärger. Sie stand auf. Ich sagte ihm, daß alles in Ordnung sei, und er ging. Sie war reichlich mitgenommen. Ich setzte mich wieder in meinen Sessel und sagte bestimmt, aber freundlich zu ihr: »Sie sehen, Sie können in meinem Behandlungszimmer keine Verwüstung anrichten; ich bin nicht nur physisch stärker und beweglicher als Sie, ich habe auch Personal, das mich schützt. Ich brauche keine Krankenhäuser.« Mit leerem Blick starrte sie auf den Boden.

»Jedenfalls bringen Sie mich nicht dazu zu sprechen!«

»Ich habe weder den Wunsch noch die Absicht«, sagte ich.

»Rufen Sie *Calamity* an, sie wird Ihnen alles erzählen!«

»Es ist zu spät, um jetzt noch anzurufen.«

»Ich rufe sie zu jeder Tages- und Nachtzeit an. Sie geht immer ans Telefon.«

»Nun, ich rufe nach 20 Uhr niemanden mehr an«, sagte ich.

»Ich werde anrufen«, meinte sie.

»Wenn Sie es wünschen!« Plötzlich fiel mir ein, daß das Telefon direkt neben meinem Schreibtisch stand. Ich warnte sie: »Geben Sie acht, daß Sie nichts umwerfen, sonst können Sie etwas erleben.« Sie wählte! Ihre Analytikerin war am Apparat. Dem Mädchen hatte es die Sprache verschlagen.

»Was soll ich ihr sagen?« fragte sie mich.

»Wie soll ich das wissen!« Sie sagte etwas, dann bat sie mich, herüberzukommen, weil ihre Analytikerin mit mir sprechen wollte. Ich willigte ein. Ihre Analytikerin sagte: »Sie möchte, daß ich sie morgen begleite, wenn sie überhaupt versuchen wird, mit Ihnen zu arbeiten.« Ich antwortete: »Wie Sie wollen!« Wir drei vereinbarten, uns am kommenden Tag um 17 Uhr zu treffen. Sie spottete: »Haben Sie keine anderen Patienten? *Calamity* kann die Termine ihrer Patienten nie verschieben; deshalb gehe ich manchmal spät am Abend zu ihr.« Recht zynisch erwiderte ich: »Vielleicht

sind meine Patienten anpassungsfähiger.« Sie wandte sich zum Gehen. Ich hatte das Gefühl, daß alles nach ihren Wünschen verlaufen war, und wollte sie in ihrem omnipotenten, manipulativen Verhalten ein bißchen verunsichern. Deshalb fragte ich: »Hat Ihre Mutter sie hergefahren?«
»Ja, sie wartet im Auto.«
»Bitte, gehen Sie sie holen. Ich möchte mit ihr sprechen, bevor ich morgen mit Ihnen und Ihrer Analytikerin zusammenkomme. Der Boy wird Sie begleiten.« Umstandslos willigte sie ein. Ihr Trotz, dachte ich, war also nur ein Bluff, um ihre Hilflosigkeit zu verbergen.
Sie kehrte mit ihrer Mutter zurück – einer eleganten, sehr gepflegten Frau mit einer sanften Stimme. Sie setzte sich, während ihre Tochter, wie zuvor, stehenblieb. Ich konnte merken, daß die Mutter mit der Analytikerin gesprochen hatte und hoffte (vielleicht gar davon ausging), daß ich ihre Tochter in Analyse nehmen würde. Um die Situation zu entspannen, sagte ich zu ihr: »Ihrem Akzent nach zu urteilen, sind Sie nicht in England aufgewachsen.«
»Ich habe mein ganzes Leben im Ausland verbracht«, antwortete sie, »bis mein Mann vor zehn Jahren starb.« Erneutes Schweigen. Ich half ihr wieder weiter: »Ich habe mir Ihre Tochter gut angesehen und hoffe, von ihrer Analytikerin morgen mehr zu erfahren. Vorerst möchte ich Sie bitten, mir freundlicherweise ein bißchen darüber zu erzählen, wo und wie Sie leben.« Die Mutter berichtete, sie lebten in einer großen, modernen Wohnung, in der ihre Tochter ein eigenes Zimmer habe. Da sie kein Personal im Haus hatten, lebten nur sie beide in der Wohnung, aber sie hatte eine große Familie und häufig viele Verwandte zu Besuch. Ich fragte sie, wie sie ihre Zeit verbringe. »Ich besuche Freunde und Verwandte«, erwiderte sie.
»Und Ihre Tochter?«
»Ab und zu nimmt sie Gelegenheitsarbeiten an, aber in den letzten fünf Jahren ging es ihr nicht gut, deshalb hat sie ihre

Ausbildung abgebrochen.« Ich sagte der Mutter unverblümt, sofern ich mich bereit erklären sollte, ihre Tochter in meine *therapeutische Obhut* [*therapeutic care*] zu nehmen, würde ich verlangen, daß wir drei uns auf eine Regelung ihrer äußeren Lebensverhältnisse einigten. Ich hatte absichtlich von »therapeutischer Obhut« statt von »Behandlung« oder »Analyse« gesprochen. Die Mutter begriff nicht ganz, was ich meinte, also setzte ich es ihr auseinander: »Ich werde einen Stundenplan aufstellen, der das tägliche Leben Ihrer Tochter regelt, das heißt, sobald ich sie besser kenne und wenn sie mir diese Chance gibt. Dann würde ich empfehlen, was sie in Zukunft tun soll. Ich werde es nicht akzeptieren, daß sie das ›Patientsein‹ zu ihrer Lebensform macht.« Die Mutter sagte: »Ich werde alles tun, was Sie wollen, aber es ist sehr schwierig, mit ihr umzugehen.«
»Dessen bin ich mir sicher«, erwiderte ich, »aber ich bin dazu ausgebildet worden, solche *Kreaturen* zu zähmen.« Das Wort »Kreatur« wählte ich in der Absicht, ihre Tochter zu provozieren. Ich merkte, daß sie nicht reagierte, deshalb sagte ich zur Mutter, es sei genug für heute. Ich würde sie am nächsten Abend anrufen und ihr meine Entscheidung mitteilen, wenn ich mit ihrer Tochter und der Analytikerin gesprochen hätte. Höflich schickten sie sich an zu gehen. Wiederum bat ich den Boy, sie zu ihrem Auto zu begleiten. Ich legte keinen Wert auf irgendwelche »Szenen« außerhalb des Hauses. Bisher was das Mädchen zu fügsam gewesen! In dem Moment, als sie sich zum Gehen wandte, fing ich einen Blick voller Angst und Schrecken auf.

Das erste Zusammentreffen hatte insgesamt nur ungefähr vierzig Minuten gedauert. Im großen und ganzen war ich von dieser *Kreatur* und ihren Eskapaden fasziniert. Bevor ich aus den »Notizen« zitiere, die ich mir an jenem Abend machte, muß ich beiläufig festhalten, daß ich von meinem Lehranalytiker, John Rickman, und zwei Supervisoren,

Anna Freud und Donald Winnicott, gelernt habe, die Lebensdaten, die der Patient in der ersten Beratungsstunde mitteilt, sowie seine gegenwärtigen Symptome und meine persönlichen Eindrücke zu notieren. Sie rieten mir auch, später »wichtige« Träume und Vorfälle in und außerhalb der Analyse sowie das, was ich selbst sage, festzuhalten. John Rickman hatte immer darauf bestanden, daß das, was man von einer Stunde nicht auf eine A 5-Karteikarte schreiben könne, es auch nicht wert sei, schriftlich festgehalten zu werden, weil nämlich eine *solche* Stunde in alle Richtungen auseinandergelaufen wäre. Glücklicherweise konnten weder Anna Freud noch Winnicott es leiden, wenn man ihnen lange Notizen »vorlas«. Was meine Bereitschaft angeht, mit der Mutter des Mädchens zu sprechen, so glaube ich, daß sie das Ergebnis meiner jahrelangen therapeutischen Arbeit mit Kindern ist, insbesondere der Arbeit, die ich unter Winnicotts stützender und lenkender Obhut durchführte. Da ich niemals in oder mit Institutionen gearbeitet habe, mußte ich mir die Eltern, Freunde und Verwandten meiner Fälle immer selbst ansehen. Selbst wenn ich »Sozialarbeiter« einsetzen könnte: ich glaube nicht, daß mein Temperament und Stil mit dieser Form klinischer Arbeit zu vereinbaren wären. Um auf »das Mädchen« zurückzukommen: Ich bin mir bewußt, daß ich – selbst in meinen Notizen – nie ihren Vornamen genannt habe, außer beim ersten Mal, als ich mir ihren Namen und ihre Adresse aufschrieb. Viel später erst begann ich, ihren Vornamen zu benutzen. Ich zitiere wörtlich aus meinen Aufzeichnungen nach unserer ersten Begegnung:

> Sie ist vielleicht keine Person, mit Sicherheit aber hat sie eine Seele. Was immer das bedeuten mag ... ihr unmögliches Benehmen und die ständigen Spötteleien resultieren zum großen Teil aus einer Unfähigkeit, sich auf sich selbst und auf andere zu beziehen, sich mit sich selbst und anderen zu verständigen ... die ganze übertriebene *Bedürftigkeit* und all

die Ansprüche, die augenblicklich erfüllt werden sollen, sind Symptome dafür, daß sie ihren Bedürfnissen, Sehnsüchten und Wünschen hilflos gegenübersteht ... Vieles von dem, was sie als ihr »Derangement« ausgibt/zur Schau stellt, ist nur zum Teil ihre eigene Verworrenheit; zum großen Teil sind es Einflüsse, die sich angesammelt haben und die sie weder zu einer personalisierten psychischen Erfahrung machen noch als belanglos von sich weisen kann (sollte ich besser sagen: sie kann keinen wirksamen Gebrauch von den Verdrängungsmechanismen machen!) ... Ist zu sehr mit dem Wohlergehen der anderen beschäftigt, wird damit nicht fertig und macht dann alles kaputt ... Offenbar hat sie in ihrer Kindheit Großzügigkeit und Liebe erfahren. Die Frage ist, von wem? ... Ob ich ihr helfen kann, hängt von Qualität und Charakter ihres Verhältnisses zu ihrer früheren Analytikerin ab und dem Mißbrauch, den sie mit ihr trieb! ... Mir persönlich gefällt sie als ein junges Mädchen mit greifbarem Potential, um ein gesundes und kreatives Leben zu führen ... Beide sind wir eigenwillige Charaktere – das wäre für jeden von uns das eigentliche Problem! ... Sie selbst hat sich zu einer *absurden Kreatur* à la Camus gemacht! keine Vergangenheit, keine Sprache, keine Leidenschaften. Nur gedämpfte Wut, Nicht-vorhanden-Sein, Zusehen! Bislang hat ihre Selbsterfahrung für sie kaum eine Bedeutung. Zwingt andere, einen Sinn *herzustellen!* (Vgl. Khan [1972a] 1988, [1972b] 1988; Winnicott 1972b)

Das Mädchen erschien pünktlich zu unserem nächsten Termin, *mit* seiner Analytikerin. Sie mußte unten auf sie gewartet haben, da sie aus verschiedenen Richtungen gekommen waren. Wieder hatte ihre Mutter sie gefahren. Ganz offensichtlich stand sie unter dem Zwang, ihre Umgebung zu *»kontrollieren«*. Ich war mir über die in Frage kommende Taktik und Strategie nicht recht im klaren. Für mich war es eine völlig neue Erfahrung, einen »Patienten« im Beisein seines Analytikers zu sehen und mich mit diesem zu beraten. Das hatte ich früher noch nie getan, und auch später ist es nicht mehr vorgekommen.

Ich erkannte die Analytikerin wieder, aber wir gaben uns den Anschein, einander nicht zu kennen. Das Mädchen fragte augenblicklich: »Warum tun Sie denn so, als ob Sie sich nicht kennen würden?« Ihre Analytikerin, die bequem im Sessel saß, lächelte freundlich. Ich sah das Mädchen streng an – und es war mir Ernst! Sie stand da wie zuvor: die Hände auf dem Rücken gefaltet, an die Wand gelehnt, stumm. Sie knurrte: »*Calamity,* sagen Sie ihm alles. Er muß Bescheid wissen. Er ist sehr eingebildet und glaubt, er könne mich *managen.* Das ist sein Lieblingswort.« Ich sagte ihrer Analytikerin, ich sei nicht neugierig darauf, wie die Analyse durchgeführt worden oder verlaufen sei. Ich müsse mich nur über einige *Geschehnisse* informieren, da »dieses Mädchen« sage, es könne sich an nichts erinnern und könne nichts erzählen. Das Mädchen schaltete sich ein: »*Calamity* ist mein Gedächtnis. Sie kann Ihnen alles erzählen. Sie weiß über alles Bescheid.« Ihre Analytikerin erwiderte sehr ruhig: »Ja, es fällt ihr sehr schwer, irgend etwas zu erzählen, und sie kann überhaupt keine Deutungen ertragen.« Dies faßte ich als einen Wink auf. Dann erzählte sie mir, das Mädchen sei dreiundzwanzig Jahre alt und seit ca. dreieinhalb Jahren fünfmal pro Woche bei ihr in Analyse. Für das Mädchen sei es eine turbulente Zeit gewesen, und an einem bestimmten Punkt sei ihm das Leben bei der Mutter und all den Familienmitgliedern, die sie besuchten, so anstrengend vorgekommen, daß es in eine Klinik gehen wollte. Fast ein Jahr lang blieb sie in der Klinik, in die die Analytikerin sie eingewiesen hatte. Sie kam regelmäßig zur Analyse, manchmal allerdings mußte die Analytikerin sie in der Klinik aufsuchen. Obwohl das Mädchen sich dem Krankenhauspersonal gegenüber nie »schlecht« benahm und sehr liebevoll mit den anderen Patienten umging, richtete es jedesmal ein

Chaos an, wenn die Analytikerin zu ihm kam. Meine Kollegin berichtete mir außerdem, daß das Mädchen in einem fremden Land geboren und aufgewachsen sei und daß es in seiner Familie eine glückliche Kindheit verlebt habe. Eine ganz besondere Beziehung habe es während dieser Zeit zu seiner Kinderfrau, einer Einheimischen, entwickelt, die ihm seine Bedürfnisse und Forderungen von den Augen abzulesen pflegte. Es war das jüngste von vier Kindern. Als das Mädchen acht Jahre alt war, hatte der Vater alle Kinder zur Ausbildung nach London gebracht. Drei Jahre später war er plötzlich gestorben. Die Familie war sehr reich und kultiviert und hatte bis zu seinem Tod in einer großen Londoner Villa gelebt. Danach faßte die Mutter den Entschluß, in ein modernes Apartment umzuziehen; sie entließ die Diener, hielt sich mit ausgefallenen Gelegenheitsarbeiten auf eine ziemlich manische Weise beschäftigt und reiste viel. Sie nahm auch selbst eine Analyse in Angriff. Das Mädchen war zur Schule gegangen und hatte keine Schwierigkeiten gemacht. Auf den Tod seines Vaters zeigte es keine Reaktion, für die Analytikerin eines der Schlüsselprobleme. Ganz außerordentlich aber vermißte es seine Kinderfrau, die hatte zurückbleiben müssen. In der Schule hatte es einen guten Start gehabt, um das fünfzehnte Lebensjahr herum aber, als seine Menstruation noch immer ausblieb, wurde es *krank* und konnte in der Schule nicht mehr arbeiten. Seine Mutter war sehr nachgiebig und ließ es gewähren. Die Mutter war zu jener Zeit selbst in Analyse, und als sie mit den Symptomen und dem Verhalten ihrer Tochter zu Hause nicht mehr fertig wurde, suchte sie ihr eine Therapeutin. Für das Mädchen sollte sich dies als sehr traumatisch erweisen. Zuerst wurde die Therapeutin krank und reichte es an ihren Ehemann weiter, der ebenfalls (ärztlicher) Psychotherapeut war. Dann wurde das Mädchen in die Scheidung seiner Analytiker hineingezogen. In mannigfacher Hinsicht hatte es ein delinquentes Verhalten entwickelt, und seine Eßprobleme verschlimmerten sich. Entweder hungerte es, bis es wie ein Skelett aussah, oder es mästete sich und wurde fett; der Mutter gegenüber verhielt es sich außerordentlich aggressiv. Es begann, Gelegenheitsarbeiten anzunehmen; in einer solchen Verfassung war es an seine gegenwärtige Analytikerin überwiesen worden. An dieser Stelle rief das Mädchen: »Warum sagen Sie ihm nicht die Wahrheit, *Calamity*. Die beiden haben mich völlig zwischen sich zerrieben. Oder nicht? Das haben Sie doch selbst gesagt.« Ich griff ein und sagte zu dem Mädchen: »Was damals geschehen ist, spielt heute keine große Rolle mehr.« Dann wandte ich mich mit der Bitte an die Analytikerin, mir kurz zu berichten, was mit dem Mädchen in und während der Analyse *geschehen* war.

Meine Kollegin erzählte mir, daß das Mädchen mit seiner analytischen Behandlung begonnen hatte, als es etwas über neunzehn Jahre alt war, so daß es sich nun seit etwa dreieinhalb Jahren in Behandlung befand. Sie war keine einfache Patientin gewesen, denn sie konnte nicht über sich selbst sprechen; war sie ängstlich oder depressiv, konnte sie nur *agieren;* in einem bestimmten Stadium hatte das Mädchen das Leben mit der Mutter nicht mehr ausgehalten und verlangt, in eine Klinik eingewiesen zu werden. Meine Kollegin, eine ärztliche Analytikerin, hielt das Bedürfnis für echt und empfand die Forderung als gerechtfertigt, deshalb wies sie das Mädchen in ein Krankenhaus ein. In jener psychiatrischen Klinik blieb es beinahe ein Jahr lang und kam mit dem Personal und den Patienten sehr gut zurecht. Regelmäßig fünfmal pro Woche kam es in die Behandlungsstunden, wenn es jedoch zu niedergeschlagen war, besuchte die Analytikerin es, und unweigerlich machte das Mädchen dann eine Szene. Während seines Krankenhausaufenthaltes begann es wieder, für seine Prüfungen zu lernen, und absolvierte mit Erfolg eine Kurzausbildung zur Kinderpflegerin. Aber seit es die Klinik verlassen hatte, war sein Verhalten –

sowohl zu Hause als auch in den Stunden – zunehmend untragbar geworden. Daß sie nun das Behandlungszimmer der Analytikerin verwüstet hatte, war der Gipfel und hatte die Analytikerin gezwungen, mit mir Kontakt aufzunehmen.

Ich sagte, daß ich nun genügend Informationen hätte, um eine Entscheidung treffen zu können. An diesem Punkt geriet das Mädchen in Panik und war nahe daran, die Analytikerin körperlich anzugreifen. Ich sagte: »Keine Gewalt hier, Sie wissen, was ich sonst tue.« Sie brach in Tränen aus und wandte sich flehend an ihre Analytikerin: »*Calamity,* wird er mich nehmen oder nicht? Man sagt, er sei sehr arrogant und es sei schwer, ihn zu gewinnen.« Ihre Analytikerin blickte mich ruhig und fragend an. Ich war zutiefst beeindruckt von der Art, wie meine Kollegin über das Mädchen berichtet hatte und wie sie mit den »Krisen« ihrer Patientin umgegangen war, die – das konnte ich mir vorstellen – häufig aufgetreten und sehr chaotisch und grenzenlos exhibitionistisch verlaufen sein mußten, so daß möglichst viele Personen hineingezogen wurden. Dennoch hatte ich das Gefühl, daß die Analytikerin nie von ihrem Vorhaben abgewichen war, dem Mädchen zu helfen, *Einsicht* in seine Probleme und seine Persönlichkeit zu gewinnen. Sie war bis an extreme Grenzen gegangen, um sich den Bedürfnissen der Patientin *anzupassen,* indem sie ein »Management« im Sinne Winnicotts praktizierte, hatte aber niemals den Ablauf ihres Alltagslebens in dieses Management einbezogen oder der Mutter die Aufgaben abzunehmen versucht, zu denen diese eigentlich verpflichtet war. Mir erschien diese Mischung aus professioneller Zurückhaltung und *realer* Fürsorglichkeit äußerst lobenswert.

Es war eine lange, verlegene Pause eingetreten, und ich wußte, daß das Mädchen explodieren würde, wenn ich nicht *handelte.* Ich sage dies, weil Wörter für dieses Mädchen Handlungen waren. An seine Analytikerin gewandt, erklärte ich ganz offen: »Ja, ich bin bereit, sie in meine therapeutische Obhut zu nehmen, wenn Sie weiterhin für die medizinische Versorgung garantieren (denn ich bin nichtärztlicher Analytiker) und nach ihr sehen, wenn sie Sie *braucht und wenn es Ihnen recht ist.*« Diese letzten Worte betonte ich. Das Mädchen blickte mich finster an: »Ich werde mich auf keine Bedingungen einlassen.«

»Das bringt uns zum eigentlichen Problem«, erwiderte ich ruhig. »Bitte lassen Sie mich sagen, was ich zu sagen habe, und dann werden Sie genügend Zeit haben, um zuzustimmen oder abzulehnen. Es gibt keinen Zweifel daran, daß Ihre Analytikerin und ich zusammenarbeiten werden. Deshalb werde ich Ihre Analytikerin nicht völlig ablösen.«

Um zu sagen, was ich sagen wollte, sprach ich in den *Zwischen*-Raum hinein, der von dem stehenden Mädchen und der sitzenden Analytikerin begrenzt wurde. Ich halte die Art, wie, wohin und auf was oder wen man während einer Beratungsstunde wie dieser blickt, für ebenso wichtig – wenn nicht noch wichtiger – wie das, was man sagt. Dies hatte ich gelernt, als ich Winnicott in seinen therapeutischen Beratungsstunden mit Kindern beobachtete. Er hatte die große Gabe, unauffällig präsent zu sein, ohne das Kind durch einen *erwartungsvollen* Gesichtsausdruck oder *wissende* Blicke in seiner Freiheit, zu spielen oder herumzukritzeln, zu behindern. Während ich meiner Kollegin zuhörte, hatte ich natürlich eine vorläufige Strategie für das therapeutische Vorgehen in diesem Fall und die Art, wie man es dem Mädchen am besten präsentieren könne, ausgearbeitet. Ich wußte mittlerweile, daß sie im gleichen Maß »fordernd« war, wie sie sämtliche Anforderungen, vor die man sie stellte – insbesondere solche, die in ihrem eigenen Interesse lagen – unerträglich fand. Aus dem wenigen, das mir über ihren Aufenthalt in der psychiatrischen Klinik und den erfolgreichen Abschluß ihrer Ausbildung zur Kinderpflegerin berichtet worden war, hatte ich geschlossen, daß sie sich um andere Menschen kümmern konnte, wenn *irgend jemand* sich um sie selbst *kümmerte,* das heißt, sie ganz in Obhut nahm. Ich war außerdem überzeugt, daß die wirksamste *therapeutische Instanz* bislang der *Raum* der psychiatrischen Klinik gewesen war, der sich so gravierend von dem familiären Raum unterschied, den sie mit ihrer Mutter teilte.

Als erstes sagte ich, daß ich dieses Mädchen nicht für so *krank* hielte, wie ihre Therapiegeschichte einen irrtümlich glauben lasse. Sie sei eine »*Vertriebene*« [*displaced person*], eine *Entwurzelte,* womit ich sagen wolle, daß ihr Leben fast ganz ohne eine Richtung oder Planung gewesen sei, daß sie nur wenige Beziehungen gehabt und in einer Vielzahl von »therapeutischen Als-ob-Beziehungen« eine Stütze gefunden hätte. Ich sei jedoch von der Tatsache beeindruckt, daß alle »Neuanfänge«, wie Balint sagen würde, in den vergangenen zwei Jahren eingesetzt hätten, als sie sich im *Raum* des psychiatrischen Krankenhauses befand. Deshalb laute die erste Frage: wie arrangieren wir zu Hause einen solchen Raum für sie, der ihr ein privates und funktionierendes Leben ermöglicht? Das Mädchen sagte spöttisch zu mir: »Da müssen Sie sich etwas Besseres ausdenken! Bei uns tummeln sich mehr Besucher als in einem Hotel!« Ich sagte, dies solle nicht ihre Sorge sein; ich würde die Angelegenheit mit ihrer Mutter regeln.
Danach sprach ich das Mädchen direkt an: »Sie haben gesagt, Sie wüßten, daß ich ein ›schwieriger‹ Analytiker wäre und Ansprüche stelle. Ich weiß nicht, was Sie über mich gehört haben, soviel aber kann ich Ihnen sagen: Was Verfügbarkeit, Mitgefühl und Geduld anbelangt, können Sie weder in quantitativer noch in qualitativer Hinsicht das von mir erwarten, was Sie von Ihrer Analytikerin gewohnt sind. Darüber hinaus werde ich es nicht akzeptieren, daß sie sozusagen von der Hand in den Mund leben. Wenn wir uns besser kennen, werde ich Ihnen empfehlen, was Sie studie-

ren sollen, wo und in welchem Umfang.« Sie knurrte: »Sie können mich nicht zwingen zu arbeiten! *Calamity*! Sie haben ihm nichts davon erzählt, was ich mache und tue.« Ich versicherte ihr, daß ich kaum für nötig hielte, jetzt noch davon zu hören, woraufhin sie schrie: »Was verlangen Sie von mir?« Ich machte eine Pause und erwiderte dann: »Drei Dinge, in dieser Reihenfolge: einmal kommen Sie regelmäßig zum vereinbarten Termin in Ihre Stunden, fünfmal pro Woche. Wenn Sie es nicht aushalten zu bleiben, können Sie jederzeit gehen, aber ohne Theater zu machen. Keiner von uns ist verpflichtet, sich durch die vollen fünfzig Minuten zu quälen.«

»Aber«, schnauzte sie mich an, »meine Mutter kann nicht die ganze Zeit auf mich warten, bis ich die Nase voll hab' und abhaue.«

»Es wird überhaupt nicht nötig sein, daß sie wartet«, sagte ich. »Dies ist eine große Wohnung, und es gibt genug Personal. Wenn Sie nicht im Behandlungszimmer bleiben können, können Sie jederzeit in das Zimmer der Sekretärin gehen, sich dort hinsetzen und lesen, solange Sie sie nicht in ihrer Arbeit stören; oder Sie können mit dem Boy in der Küche sitzen und Tee oder Kaffee trinken – aber er wird nicht tratschen, also versuchen Sie es besser gar nicht.« Dies schien sie zu akzeptieren, und sie fragte, welches die zweite Sache sei, die ich verlangte: »Sie wissen, ich werde weder sprechen noch mich hinlegen.«

»Das erwarte ich gar nicht von Ihnen! Der zweite Punkt ist: Sie nehmen pro Tag, siebenmal in der Woche, eine Stunde Privatunterricht.«

»Siebenmal«, schrie sie auf. »Calamity, was hat er vor?«

»Ja, siebenmal pro Woche«, wiederholte ich, »denn ich möchte, daß Ihr Tag, über die Analysestunden hinaus, eine minimale *Struktur* erhält.« Sie war beleidigt und wartete.

»Die dritte Sache ist die: wie und unter welchen Umständen auch immer Sie gewöhnlich zu speisen pflegen – mindestens

dreimal in der Woche essen Sie mit Ihrer Mutter, allein oder mit Ihrer Schwester – ohne sonstige Gäste aus der Verwandtschaft.«
Sie lachte spöttisch: »Ich möchte sehen, wie Sie Mama dazu bringen, drei Abende lang zu Hause zu bleiben!«
An diesem Punkt wandte ich mich ihrer Analytikerin zu und sagte: »Ich habe Sie und Sie haben mich angehört. Ich werde ihr ab Montag fünfmal pro Woche eine reguläre Stunde geben (es war Donnerstag). Ich hoffe, daß Sie sie morgen noch sehen können. Ich möchte aber klarstellen, daß mein Angebot, sie zu nehmen, sie keineswegs dazu verpflichtet, sich darauf einzulassen. Ich möchte mit ihr nicht das Spiel ›Opfer-Täter‹ spielen, das sie mit allen anderen gespielt hat. Wenn sie also aus persönlichen Gründen, aus Angst oder Dickköpfigkeit, nicht kommen will, dann informieren Sie einfach meine Sekretärin. Höre ich nichts (ich wandte mich an das Mädchen), erwarte ich Sie am Montag dann und dann.«
Damit trennten wir uns. Ich war erschöpft, denn ich hatte vorher keine Ahnung gehabt, wie wir drei miteinander auskommen und in welche Richtung die Dinge sich entwickeln würden. Der Erfolg war größtenteils der klugen Gelassenheit meiner Kollegin zu verdanken, die mir hinsichtlich ihrer klinischen Erfahrung und beruflichen Position in Wirklichkeit unterlegen war. Sie besaß Würde, Haltung und ein höfliches Wesen. An diese klinische Begegnung habe ich mich immer dankbar und mit einem gewissen Vergnügen zurückerinnert.

In sachlicher und nüchterner Perspektive zeigen sich die Dinge mir immer in der Nachbetrachtung. Vergebens bemühe ich mich, mir meine Nachgedanken zu diesem Fall in Erinnerung zu rufen. Wenn ich meine Notizen zu Rate ziehe, die ich unmittelbar danach festgehalten habe, finde ich die folgenden flüchtigen Aufzeichnungen, die nicht im mindesten versuchen, dieses seltene, ja, in meiner klinischen Praxis *einmalige* Ereignis systematisch darzustellen.

Gott sei Dank, es ist vorbei! Ich habe nicht die leiseste Ahnung, was ich mir aufgeladen habe. Aber so mache ich es ja immer.

Ihre Analytikerin: Wirklich eine außergewöhnliche Person: vereint eine solch »distanzierte« Hingabe und Fürsorge, ohne zudringliche Einmischung, mit einer so hartnäckigen Absicht, *Einsicht* zu fördern! Wie unsere Ausbildung uns darauf festlegt!

Das Mädchen: Bizarres Geschöpf. Zu welcher Person sie einmal *werden* wird, ist völlig offen: die Komplizin eines Perversen; ein Junkie; eine professionelle Therapeutin; eine verantwortungsbewußte Ehefrau und Mutter! Hat einen scharfen Verstand und beißenden Witz. Das eigentliche Problem: hat – innerlich oder äußerlich – keinen *eingefaßten Raum,* von dem sie leben könnte!

Ist manisch und kultiviert auf perverse Art Erregtheitszustände, bis sie ihnen ganz ausgeliefert ist; – hier wedelt der Schwanz mit dem Hund! Hochexplosiv – diese Aktionen sollte man aber nicht als Ausdruck von Leidenschaft, Wut oder sexuellen Bedürfnissen mißverstehen!

Ihr haarsträubendes Benehmen ist ihre einzige Möglichkeit, den Anschein zu erwecken, sie verfüge über eine Identität. Sie ist verdammt selbständig, weiß aber kaum etwas von Unabhängigkeit!

Ich vermute, daß sie durch ihre Kinderfrau eine *überbehütete* Kindheit hatte, die zu dieser absurden Gleichsetzung in ihr führte: zu versuchen, für andere zu *sorgen* und *totale* Fürsorglichkeit für sich selbst zu beanspruchen. Ein Tauschgeschäft, kein Sich-aufeinander-Beziehen!

Wenn es keine Trauer um ihren Vater gibt, hat sie nichts, was ihr helfen könnte, den »verrückten« Versuchen ihrer Mutter, mit Verlust und Pflichten fertigzuwerden, zu begegnen.

Wenn sie hilflos ist, *agiert* sie, um Fürsorglichkeit zu provozieren; sie kann nicht um Hilfe bitten.
Ihre Esserei! – ebenso wie sie kein Gefühl für den Raum um sie herum hat, gibt es fast kein Gefühl für den Raum *in* ihr. Kann sich selbst nicht ertragen! Dennoch, ihre Ausstrahlung, ihre Reglosigkeit und ihr Herumstarren haben etwas Vielsagendes!!
Wartet darauf, das zu verinnerlichen, was sie bis jetzt nur *registriert* hat. Kann ich ihr einen »psychischen Apparat« aufbauen? Wie?
Ihre *unfaßbare* Angst! So empfindsam. So *un*-psychisch! Das genau *zwingt* sie zu ihrem unmöglichen Verhalten.

Obwohl diese nachträglichen Gedanken mir nicht zu weiteren Einsichten in die Krankheit des Mädchens verhalfen, veranlaßten sie mich zumindest, einen drei Punkte umfassenden Maßnahmenkatalog aufzustellen: erstens, von Anfang an mit Entschiedenheit zu zeigen, daß *mein klinischer Raum* sich in bezug auf das, was er anbot und wie er benutzt werden sollte, von allen anderen Räumen unterschied, die sie bislang erlebt hatte; zweitens, die Bedeutung ihres *Verhaltens* innerhalb und außerhalb des klinischen Raumes zu betonen, anstatt den psychischen Gehalt oder das »Warum« und »Wozu« ihrer Beziehungen zu erforschen; und drittens, ein *klinisches Sich-aufeinander-Beziehen* [*relating*] zu entwikkeln und zu fördern, statt irgendeine Art von (Übertragungs- oder sonstiger) *Beziehung* [*relationship*] zu forcieren. Obwohl ich dies fünfzehn Jahre, nachdem die Ereignisse sich zugetragen haben, schreibe, weiß ich noch immer nicht, wie ich den Unterschied zwischen dem Sich-aufeinander-Beziehen und einer *Beziehung* für mich selbst zutreffend definieren soll. Ich habe versucht, ihn mir selbst mit Hilfe von Rickmans (1951) Ein-Körper/Zwei-Körper-Theorie und Winnicotts ([1969] 1979) Konzept des *Gebrauchs* eines Objekts zu erklären; beide jedoch helfen mir nicht, den Unterschied, den ich kenne und erlebe, zu formulieren. Ich kann nur einige vorläufige Bemerkungen anbieten. Sich-aufeinander-Beziehen oder Bezogenheit sollte nicht als reservierte oder unpersönliche klinische Einstellung zu der Person, die sich in therapeutischer Obhut befindet, mißverstanden werden. Es hat mehr mit einer quantitativen *Dosierung* der Affektivität und dem Einhalten einer gewissen psychischen Distanz zu tun; und noch mehr ist es eine Frage der Zeit. Das *Sich-aufeinander-Beziehen* ist auf die jeweilige Begegnung begrenzt, und seine Kontinuität entwickelt sich im Laufe der Zeit kumulativ aus solchen Begegnungen; eine *Beziehung* hingegen kann, zumindest in meinen Augen, unmittelbar beginnen, und in diesem Fall gibt es keine aufmerksam vorausschauende Zurückhaltung in bezug darauf, wie sie sich zu einer Gegenseitigkeit entwickeln wird. *Sich-aufeinander-Beziehen* beinhaltet weniger Gegenseitigkeit, sondern ist mehr ein im Augenblick *bewußt angestrebtes Verhältnis*. Darüber hinaus wird es, zumindest meinerseits, bewußter durch persönliche Antworten und Reaktionen geformt. Ich habe den Eindruck, eine *Beziehung* bedeutet, daß beide Parteien sich in gewisser Weise einander ausliefern. Im *Sich-aufeinander-Beziehen* behält jeder sich eine Getrenntheit und Distanziertheit vor, die einen größeren Spielraum offenläßt.

Um auf das Mädchen zurückzukommen: sie traf am Montag pünktlich zur verabredeten Zeit ein und wurde zum Behandlungszimmer begleitet, wo ich sie erwartete. Sie nahm exakt dieselbe Haltung am selben Platz ein. Mir fiel auf, daß sie einen Mantel trug, der fast bis zum Boden reichte, und daß ihr Gesicht ziemlich hager und ausgemergelt wirkte. Sie war stumm. »Es ist warm hier im Zimmer. Sie können ruhig Ihren Mantel ausziehen«, sagte ich.
»Ich kann nicht«, antwortete sie und sah ganz verlegen aus. Ein unangenehmes Schweigen entstand. Dann schimpfte sie

zornig: »Es ist nicht meine Schuld. Gestern hatten wir den ganzen Tag Familienbesuch, zum Lunch und zum Dinner. Am Schluß wurde ich wütend auf Mama, rannte um Mitternacht fort und fuhr bis heute früh um sieben durch die Gegend. Dann habe ich verschlafen, und Mama weckte mich. Deshalb hatte ich keine Zeit, mir etwas anzuziehen, sondern trage nur mein Nachthemd.«

Ich betrachtete sie vorsichtig, während sie redete. An ihrem Auftauchen in Nachthemd und langem Mantel war nichts Anzügliches. Dennoch hatte ich das Gefühl, daß es für sie unzählige Dinge verkörperte, von denen ich rein gar nichts wußte. Ich beschloß also, den »ersten Punkt« zu befolgen. Ich sagte ihr freundlich, aber entschieden, daß sie mit ihrer Art, sich anzuziehen, erfolgreich jede mögliche Arbeit sabotiert habe, die ich mit ihr an diesem Tag hätte machen können. Wenn sie es nicht akzeptieren könne, daß mein klinischer Raum etwas anderes sei als ihr Schlafzimmer, dann könne ich nichts Vernünftiges tun. Deshalb sei es besser, die Stunde hiermit zu beenden; sie solle morgen, ordentlich angezogen, wiederkommen. Absichtlich verzichtete ich darauf, sie zu fragen, was sie sich dabei gedacht habe, nachts sieben Stunden lang durch die Gegend zu fahren. Sie war unerwartet still und fügsam. Nach einer Pause sagte sie: »Ich glaube nicht, daß Mama draußen ist und auf mich wartet.«

Ich erwiderte, der Boy würde sie zum Taxi bringen.

»Ich habe meine Handtasche nicht mitgenommen und habe kein Geld bei mir.«

»Er wird Ihnen das Geld leihen.« Ich zog die Glocke, und der Boy klopfte an die Tür. Im Gehen begriffen, wandte sie sich um und fragte: »Werden Sie wirklich einen Lehrer für mich suchen?«

»Ja«, sagte ich. »Ich habe mich bereits mit jemandem unterhalten. Ich werde heute abend mit Ihrer Mutter darüber sprechen. Sagen Sie ihr bitte, daß ich sie kurz nach 20 Uhr anrufe.«

Wie verabredet, rief ich ihre Mutter noch am selben Tag um 20 Uhr an und bat sie, ihre Tochter an den anderen Apparat zu holen, was sie auch tat. Ich sagte zu der Mutter, wenn sie es sich nicht abgewöhne, so viele Verwandte zu beherbergen, müßte ich ihre Tochter in einer Einrichtung *unterbringen,* was ich eigentlich lieber nicht täte, denn die Leute würden an solchen Orten doch nur alle möglichen neuen Marotten voneinander abgucken. So wie die Dinge stünden, hätten wir mit ihrer Tochter bereits genug zu tun. Übereifrig versicherte mir die Mutter, ein solches Wochenende wie das letzte würde es nicht mehr geben, und sie würde dreimal pro Woche abends mit ihrer Tochter zusammen essen. Anschließend bat ich sie, mich sofort – egal, wie spät es sei – anzurufen, wenn ihre Tochter nachts mit dem Auto losfahre. Ich hatte mein Personal angewiesen, rund um die Uhr jede Nachricht von ihr in Empfang zu nehmen und weiterzugeben. Ich setzte ihr auseinander, daß es mir lieber sei, die Polizei nehme ihre Tochter wegen Verwirrtheit »in Gewahrsam«, als daß sie sie wegen Herumtreiberei oder Kriminalität verhafte. In diesem Fall könnte ich allerdings kaum etwas ausrichten, ich hätte jedoch Zugang zur Polizei und könnte in solchen Fällen für die Betreuung während der Haft sorgen. Die Mutter war einverstanden und sehr dankbar. Zum Schluß teilte ich ihr mit, daß ich mich mit einem sehr erfahrenen Lehrer in Verbindung gesetzt hätte, der auf den Privatunterricht von Personen spezialisiert sei, die sich in der gleichen Lage wie ihre Tochter befänden. Im Moment könne er sie nur dreimal pro Woche, jeweils zwei Stunden, unterrichten, aber er wolle sich mit ihr gemeinsam entscheiden, in meiner Gegenwart. Wenn sie also beide einverstanden seien, könnte ich ihn bitten, am Donnerstag während ihrer Stunde zu kommen. Sie stimmten dieser Vereinbarung zu.

Ich weiß, daß an meinem Bericht bislang nichts Ungewöhnliches oder Dramatisches ist. All meine Kollegen sind mit solchen Situationen Hunderte von Malen fertiggeworden. Doch wir lesen in der Literatur zwar viel von »Arbeitsbündnis«, Übertragung und Management, doch über die Art und Weise, wie ein Analytiker in den Charakter und Verlauf seines therapeutischen Unterfangens nun tatsächlich regulierend eingreift, wurde kaum etwas geschrieben. Wir sprechen verallgemeinernd von der »Grundregel« und der Fähigkeit oder Unfähigkeit (dem Widerstand) eines Patienten, sie zu befolgen. In der realen klinischen Erfahrung jedoch entwikkeln die Dinge sich bei jeder Person völlig anders, ganz gleich, welchen Arbeitsstil man gewöhnlich bevorzugt.

Das Mädchen, der zukünftige Lehrer und ich trafen uns und vereinbarten, daß er sie dreimal wöchentlich in Mathematik, Englisch und Geschichte unterrichten sollte. Er würde die Stundenzahl erhöhen, sobald ihm mehr Zeit zur Verfügung stünde. Das *Setting* war nun mehr oder weniger minimal festgelegt. Ich werde nun aus bestimmten, entscheidenden Phasen dieser Behandlung, die länger als fünf Jahre dauerte, solche Details schildern, die für das Thema dieser Arbeit wichtig sind, in der es um eine Person geht, die nach Erholung von inneren Reizen oder äußerlich verursachten Einflüssen sucht, welche ihr weder Raum noch Zeit lassen, *offen und unbeeinflußt* [*blank*] sie selbst zu sein und als solche zu träumen, zu denken, Beziehungen aufzunehmen, zu spielen und zu arbeiten. Statt dessen erlebt sie Leere, einen leeren Kopf, die Vergeblichkeit der Verstandesfunktionen und einen unstillbaren seelischen Schmerz (vgl. Winnicott [1935] 1983, [1971 a] 1979; Giovacchini 1972 a; Pontalis 1977).

Bisher habe ich ausführlich beschrieben, mit welchen Management-Maßnahmen die Unterbringung [*placement*] des Mädchens in seinem eigenen Zuhause erfolgte. Ich übernehme den Begriff »Unterbringung« von Winnicott ([1956]

1983), der bei der Diskussion der antisozialen Tendenz eines Jungen, dessen Behandlung er wegen des Durcheinanders abbrechen mußte, das der Junge in der Klinik anrichtete, schrieb: »Es ist leicht einzusehen, daß die richtige Behandlung für diesen Jungen die Unterbringung in einer Familie und nicht Psychoanalyse gewesen wäre. Erst nach der Unterbringung hätte die Psychoanalyse einen Sinn gehabt.« (S. 231)

An diesem Prinzip habe ich mich bewußt orientiert. Das Erstaunliche für uns alle – die Mutter, ihre letzte Analytikerin und mich selbst – war, daß das Mädchen diese geregelte »Unterbringung« nicht nur akzeptierte, sondern aktiv an ihr mitwirkte. Ich habe mich immer gefragt, warum! Der einzige Grund, den ich anbieten kann, ist die *Wahl des Zeitpunktes*. Jetzt war sie *bereit* für eine solche Unterbringung, mit fünfzehn hingegen, als sie erstmals krank wurde, war sie es noch nicht gewesen. Zu allem Unglück war ihr Management durch die privaten Umstände ihrer Psychotherapeuten zusätzlich aus den Fugen geraten. Ich betone diesen Aspekt des geeigneten Zeitpunkts, weil wir meiner Ansicht nach die Bedeutung der Frage unterschätzen, ob eine Person bereit ist und über sich selbst so verfügen kann, daß eine Analyse überhaupt sinnvoll wird. Es ist nicht immer die Schwere seiner Krankheit, die bestimmt, welchen Gebrauch ein Patient von der Analyse machen wird. Pontalis (1981) hat dieses Problem in einem neuen Zusammenhang, dem der negativen therapeutischen Reaktion, diskutiert. Als das Mädchen bei seiner früheren Analytikerin angefangen hatte, war es widerwillig und von rachsüchtigem und heftigem Mißtrauen gegenüber jedermann erfüllt. Es konnte weder seine *Gefühle* in ihrem wahren Zusammenhang erleben noch seine eigenen Gedanken *denken*. Dieses Mädchen lebendig und am Leben erhalten zu haben stellte eine gewaltige Leistung seiner Analytikerin dar. Ich schreibe dies nicht leichtfertig. Ich übernahm so eine wertvolle Tradition psychotherapeutischer Fürsorge um das Mädchen, von der ich profitieren konnte. Wir lesen sehr wenig darüber, wie eine Person von einem Analytiker an einen anderen übergeben wird. Ich hielt die frühere Analytikerin während der gesamten Behandlung auf dem laufenden.

Um auf das Mädchen zurückzukommen: Was ich oben geschrieben habe, sollte man nicht mißverstehen – ich hatte die Schwierigkeit und Komplexität ihrer Psychotherapie nicht unterschätzt. Es gab zwar, wie erwartet, zahlreiche Krisen, aber an keinem Punkt hatte ich das Gefühl, daß sie, trotz all ihrer Handicaps, die sie nun einmal hatte, nicht fest entschlossen war, aus unserer Arbeit einen Erfolg zu machen. Ich wiederhole, daß sie in meinen Augen niemals im eigentlichen Sinne *krank* als vielmehr *unreif* war. Der Begriff der »Unreife« wird nur selten als diagnostischer Begriff benutzt. Meines Wissens hat nur Winnicott sie für ein ernstes klinisches oder Persönlichkeitsproblem gehalten (vgl. Winnicott [1945] 1983, [1958] 1984, [1962] 1984). Der Unreife liegt ein *Zustand der Nichtintegriertheit* zugrunde, der – statt durch die Reifungs- und Entwicklungsprozesse zu dem zusammengefügt zu werden, was eine Person als »ich« [*me*] bezeichnet – dissoziiert und nach und nach von allen Arten bizarrer intrapsychischer und charakterologischer Symptome wie von einer Kruste überzogen wird. All diese Eskapaden der Überbleibsel von inneren Verworrenheiten und äußeren Belastungen stellen eine »Selbstheilung« dar. Diese »Selbstheilung« rückgängig zu machen sollte sich als die schwierigste Aufgabe erweisen.

Im ersten Schritt mußte dafür gesorgt werden, daß das Mädchen erkannte und sich bewußt machte, daß sein »Wahnsinn«, sein »Verrücktsein« – wie sie selbst ihre Verfassung in unterschiedlichen Stimmungen bezeichnete –, sein *»leerer Kopf«*, allesamt Masken darstellten, die etwas schützten, das ihm tief im Innern viel bedeutete und zu dem es den Zugang verloren hatte. Es ist nicht schwierig, Symptome oder Verhaltensstörungen zu deuten, wie aber deutet man einer Person »etwas«, an das diese Person keine Erinnerung hat beziehungsweise gar keine Erinnerung haben *kann*? Die Sache entwickelte sich besser, als wir erwartet hatten. Sie arbeitete hart für ihre Unterrichtsfächer, war jedoch sehr einsam. Ich wußte, wie sehr sie zu leiden hatte, aber noch konnte ich nicht viel sagen oder tun, um ihr zu helfen. Nach ihrer ersten Prüfung erzählte sie einen Traum aus der vorangegangenen Nacht. Es war ihr erster Traum, seit sie ihre Behandlung bei mir aufgenommen hatte. In dem Traum war sie mit dem Gefühl aufgewacht, sie sei in meinem Behandlungszimmer und müsse also dort auf der Couch geschlafen haben. In Wirklichkeit aber blieb sie in den Stunden noch immer stehen. Sie hatte häufig gesagt, daß sie jeden Morgen mit dem sonderbaren Gefühl aufwache, ihre Umgebung sei nicht dieselbe wie die, in der sie sich schlafen gelegt hatte; daß es eine Weile dauere, bis sie ihr Zimmer wiedererkenne. Sie hatte panische Angst gehabt, mit »leerem Kopf« in die Prüfung zu gehen und nicht in der Lage zu sein, die Fragen zu verstehen. In Wirklichkeit, so erzählte sie mir, seien ihr die Prüfungsfragen leicht vorgekommen. Sie wollte etwas über ihren Traum von mir hören. Ich sagte einfach, sie fühle sich sicherer, wenn sie in meiner Umgebung aufwache, als zu Hause, weil ich wisse, wie sehr ihr daran gelegen sei, ihre Sache gut zu machen. Für sie gehe es nicht nur darum, das Examen zu bestehen. Sie mußte ihr Bestes geben und konnte nicht voraussehen, was in der realen Situation dabei herauskommen würde. An dieser Stelle erinnerte ich sie daran, wie oft sie freundlich bemerkte, daß ihre Mama nie von sich aus fühlte, was in ihr vorging; man mußte es ihr sagen. Dieser auffällige *Mangel* an Empathie auf seiten der Mutter war Ursache vieler Wutausbrüche. Sie stimmte mir zu, daß sie den Traum für einen guten Traum halte und er sie in ihrer Zuversichtlichkeit hinsichtlich der Klausur an diesem Tag bestärkt habe.

Ich fühlte, daß sie auf eine ausführlichere Deutung wartete. Sie hatte noch sechs weitere Klausuren vor sich. Ich beschloß, mich auf das Risiko einzulassen und noch einen Schritt weiterzugehen. Ich sagte zu ihr, daß sie in ihrem eigenen Traum zwar in meinem *Raum* (dem Behandlungszimmer) erwache, sich die Annehmlichkeiten, die ihr hier zur Verfügung stünden, jedoch versage.

»Welche zum Beispiel?« fragte sie.

»Sie hätten träumen können, daß der Boy Sie mit einer Tasse Tee weckt.« Ich wußte, daß das Aufwachen für sie ein wirkliches Problem war, weil sie im Schlaf ihre Psyche-Soma-Kohärenz verlor.

Sie lachte und sagte: »Sie haben wirklich eine merkwürdige Art zu analysieren. *Calamitys* Deutungen hätten sich um sexuelle Phantasien und was weiß ich gedreht.«

Auch das könnte durchaus richtig sein, sagte ich zu ihr. Für mich sei es jedoch auffallend, daß sie zwar Vertrauen und Sicherheit gefunden habe, um auf ihre eigene, private Weise von meinem *Raum* Gebrauch machen zu können, daß aber etwas in ihr sie daran hindere, in ihm auch *zu wachsen und zu gedeihen* [*thrive*]. Ich benutzte dieses Verb absichtlich und fuhr fort, das sei für sie die eigentliche Schwierigkeit bei diesen Prüfungen. Sie könnte sich vielleicht *weigern,* aus ihrem Wissen das Beste zu machen. Augenblicklich griff sie das Verb »weigern« auf:

»Ich versprechen Ihnen, ich meine es ernst, ich will mein Bestes geben.«

Ich sagte ihr, dessen sei ich mir sicher, aber wie sie ja selbst nur zu gut wisse, gebe es recht häufig einen großen Unterschied zwischen dem, was sie eigentlich zu tun beabsichtige, und dem, was sie schließlich wirklich tue. Den Grund für diese Diskrepanz führte ich auf ihre übergroße Angst vor *Fehlbarkeit,* vor der *Möglichkeit des Scheiterns* [*fallibility*] zurück. Als sie mich bat, das näher zu erklären, sagte ich, sie habe Angst davor, einen Fehler zu machen; daß es in ihr trotz der unverhohlenen Gewohnheit, Chaos anzurichten, eine sie noch stärker vereinnahmende und fordernde Perfektionsgewohnheit gebe, die sie aus zwei Kulturen übernommen habe – der ihrer Kinderfrau sowie der ihrer Eltern. Aus dem, was sie mir bisher über ihr Leben in der Schule erzählt hatte, wurde deutlich, daß es zwischen ihr und ihren Mitschülerinnen nur selten Rivalität oder Konkurrenz gab, daß sie vielmehr sich selbst mit dem verglich, was sie von sich erwartete. Was sie als »Steifheit« im Sportunterricht bezeichnet hatte, war genau dieselbe Sache, auf die ich nun ihre Aufmerksamkeit zu richten versuchte – nämlich, daß die panische Angst, Fehler zu machen, in ihr der Initiative zuvorkomme, etwas zu versuchen. Ich fuhr fort, indem ich das Gesagte damit verknüpfte, daß sie sich selbst, wie ich im Zusammenhang mit ihrem Traum gedeutet hatte, nicht »wachsen und gedeihen« ließ. Ich werde an späterer Stelle ausführlicher erläutern, auf welche Weise die Strukturen ihres sehr strengen Ichideals sie lähmten, das herrisch und absolut wurde, je mehr sie sich aus den Beziehungen ihrer Kindheit löste, aus denen diese Strukturen erwachsen waren – beispielsweise die Art der Fürsorglichkeit und Aufmerksamkeit, die sie von ihrer Kinderfrau erhalten hatte, und die Stabilität einer großen Familie, die durch die Präsenz ihres Vaters und dessen Autorität zusammengehalten wurde. Sie selbst war sich dieser Strukturen noch nicht einmal bewußt. Man konnte auf ihr Vorhandensein nur aufgrund der Negativität ihres Verhaltens schließen, nachdem ihre Krankheit eingesetzt hatte und sie sich von sich selbst immer stärker isolierte und entfremdete.

Sie schien dies aufzunehmen, was mich ziemlich überraschte, weil ich normalerweise, sobald ich zu sprechen begann, in ihren Augen jenen glasigen Ausdruck bemerkte, der ein sicheres Zeichen dafür war, daß sie zwar registrierte, was ich zu ihr sagte, aber nicht wirklich zuhörte. Ich merkte, daß sie ihre Einstellung zu mir geändert hatte. Hatten wir bisher sozusagen »nebeneinander« gesprochen, so waren wir nun zu kameradschaftlichem Gespräch übergegangen. Sie war zufrieden damit, wie sie ihr Examen absolviert hatte. Ihre Neugierde war, wie sie es formulierte, durch die zwei Worte *angestachelt* worden, die ich bei der Deutung ihres Traums benutzt hatte, die Worte »gedeihen« und »Fehlbarkeit« nämlich. Sie fragte: »Muß ich aufgrund dessen, was Sie meine Angst vor der Fehlbarkeit nennen, mit den Menschen in *Widerstreit* geraten, um die ich mich eigentlich sorge? Später habe ich solche Gewissensbisse, wenn ich sie im Stich lasse, daß ich anfange, Mist zu bauen.« Mir fiel auf, daß sie nicht von Schuldgefühlen, sondern von »Gewissensbissen« sprach.

»Nach den Sommerferien werde ich es vielleicht mit ›der Couch‹ versuchen.«

Mit dieser Bekundung ihres guten Willens gingen wir vor der ersten langen Unterbrechung ihrer Behandlung auseinander.

Als ich aus meinen Ferien zurückkehrte, erwartete mich bereits ein Brief von der Mutter des Mädchens. Sie schrieb, ihre Tochter habe sie gebeten, mir ihre Neuigkeiten mitzuteilen; sie traue sich nicht, selber zu schreiben. Das Mädchen hatte nicht nur in sämtlichen Fächern bestanden, sondern sogar einige Auszeichnungen erhalten. Mehr noch, sie war in London an der Universität ihrer Wahl und in den Fächern, die sie sich ausgesucht hatte, angenommen worden. Das waren wirklich gute Nachrichten, denn eine ihrer akuten Befürchtungen war die, einen Platz an irgendeiner Universität außerhalb Londons zu erhalten und dann wählen zu müssen zwischen der Analyse und einem weiteren Jahr Wartezeit einerseits und dem Abbruch der Analyse andererseits. Ich schrieb der Mutter sofort und dankte ihr für die Nachrichten sowie für ihr unerschütterliches Vertrauen und Wohlwollen in all den zurückliegenden Monaten. Da ich wußte, daß das Mädchen den Brief mit Sicherheit lesen würde, fügte ich noch eine beiläufige Spitze an: »Jetzt beginnt unsere eigentliche Arbeit. Wir wollen hoffen, daß es uns allen weiterhin gelingen wird, unser Bestes zu geben.« Absichtlich hatte ich die Betonung nicht auf das Gelingen, sondern auf die gemeinsame Anstrengung gelegt.

Das Mädchen kam pünktlich zurück und hatte seine Absicht, »die Couch auszuprobieren«, nicht vergessen, erbat sich jedoch einen einwöchigen Aufschub bis zum Beginn des Collegestudiums. Damit war ich einverstanden. Zwei Kennzeichen ihres klinischen Erlebens – nämlich die Angst, sich einer völligen Abhängigkeit auszuliefern, sowie die *Notwendigkeit des Versagens* (Khan [1972 a] 1988) – und einen Aspekt ihres Charakters, das Wesen und die Bedeutung des Mißmuts (vgl. das dritte Kapitel des vorliegenden Bandes), habe ich bereits geschildert. An dieser Stelle habe ich mich für anderes Material entschieden. Überdies behält man die Erinnerung an die Analyse eines Patienten niemals als statische *Tatsache* im Kopf – wenn sie überhaupt je eine *Tatsache* darstellt oder zu einer solchen wird. Durch die Erfahrungen, die wir mit anderen Patienten und in unserem eigenen Leben machen, wandelt sie sich im Laufe der Zeit, um entweder ganz zu schwinden oder aber umfassender zu werden und zusätzliche Bedeutungen zu gewinnen. Nur wenige Patienten bleiben so real für uns, und zu diesen wenigen gehört dieses Mädchen für mich.

Ich war tief beeindruckt von ihrer *neuen* körperlichen Ausstrahlung. Sie war schlank geworden und hatte nun eine äußerst wohlproportionierte Figur, ganz anders als die Zustände fetter Aufgedunsenheit und skelettartiger Magerkeit, zwischen denen sie in den vergangenen zehn Jahren hin und her schwankte. Sie hatte wirklich hart daran gearbeitet, sich der neuen menschlichen Umgebung im College zu präsentieren. Ich wußte, daß sie viele Dinge völlig mißverstand. Sich selbst in Angst und Schrecken zu versetzen war bei ihr

eine Ich-Perversität. Schüchtern fragte sie: »Haben Sie einen Brief von Mama erhalten?«
Ich neckte sie: »Ja, und haben Sie gelesen, was ich ihr geantwortet habe?«
Sie lachte! »Sie und Mama kommen so gut miteinander aus; und beide lieben Sie es, Arrangements zu treffen!«
Ich ging nicht darauf ein. Auch hatte ich mich wohl gehütet, ihr in irgendeiner Hinsicht zu gratulieren. Wenn sie auf die leiseste Kritik von anderen so unglaublich intolerant reagierte, so war sie noch weniger fähig, ein Lob anzunehmen und zu akzeptieren. Ein Lob konnte für sie nur eines bedeuten: die tyrannische Aufforderung, es noch besser zu machen. Anzuerkennen, daß sie sich all dies nur einbildete, lag noch jenseits ihrer psychischen Möglichkeiten. Beschränkungen und Grenzen schufen keine Halt gebenden, umfassenden »Behälter« [*containers*] im Sinne Bions (1967), sondern forderten dazu heraus, verletzt zu werden. Später sollte ich Pontalis' (1977) einfühlsame und unvoreingenommene Annäherung an diese Probleme lesen. Die Bewegung vom *Spiel* [*jeu*] zum *Ich* [*je*] verlief bei ihr bestimmt niemals geradlinig. Sie war explosiv, intermittierend, chaotisch. Pontalis schreibt in seinem Vorwort zur französischen Ausgabe von Winnicotts *Playing and Reality*[2]: »Der Möglichkeitsraum, den *Playing and Reality* erschließt – und der beim Lesen bereits gegenwärtig ist –, macht uns eine Realität bewußt, die wir gewöhnlich nur wahrnehmen, *wenn sie nicht vorhanden ist.*«
In diesem Zusammenhang können wir Pontalis' scharfsinnige Bemerkung meines Erachtens erweitern und sagen, daß eine Fallgeschichte die Erkenntnis und Vervollständigung unserer Begegnung mit dem Patienten als Person ist *aufgrund eines Mangels,* den es in jeder klinischen Begegnung geben muß. So erklärt sich der Stil, in dem ich diesen Auf-

2 In der deutschen Ausgabe *Vom Spiel zur Kreativität* (1973) nicht enthalten. [Anm. d. Übers.]

satz geschrieben habe. Im übrigen wird es nicht das letzte Mal sein, daß ich über dieses Mädchen schreibe, und ich weiß, daß jedes Mal ein anderes »ich« über ein anderes »Mädchen« schreiben wird. Pontalis (1977) formuliert zutreffend: »[...] die Analyse erfordert die gemeinsame Suche beider Beteiligten.« Dies kann nie den Rang einer fertigen *Tatsache* erlangen. Jede der beteiligten Parteien erlebt und erinnert diese »*gemeinsame* Suche« anders. Man staunt, wenn man die zweite Analyse einer Person durchführt, die zu einer schriftlichen »Fallgeschichte« ihres früheren Analytikers geworden ist, wie sehr sich die Ereignisse in der Erzählung des Patienten von dem unterscheiden, was der Analytiker mitgeteilt hat. Mit vollem Bedacht habe ich deshalb für die Schilderung meiner klinischen Arbeit mit diesem Mädchen den Begriff »Fallgeschichte« nicht benutzt und mich statt seiner für »klinische Begegnungen« entschieden. Wie ich gleich schildern werde, traf in den Erfahrungen dieses Mädchens »die Bewegung vom *Spiel* [*jeu*] zum *Ich* [*je*]« auf die Grundproblematik des Lebens und Sterbens.

Um auf das Mädchen zurückzukommen: Trotz all ihrer Ängste war sie sowohl bei ihren Kommilitonen als auch bei den Dozenten *auf Anhieb* beliebt. Sie war älter als fast alle ihre Kommilitonen. Ich habe »auf Anhieb« bewußt hervorgehoben, weil ich diese Beliebtheit nicht als etwas betrachtete, was sie sich erworben hatte, sondern sie für das Resultat eines inneren Zwangs hielt. Alles müßte sofort, augenblicklich geschehen. Sie hatte kein *Vertrauen* in Zeit und Entwicklung. In ihrer neuen Umgebung hatte sie schon bald einen guten Stand, und ihr Trick, mit dem sie dies schaffte, ist erzählenswert. Sie wurde jedermanns *Vertraute*. Ich deutete dies als einen Weg, ihre Identität indirekt, durch den *anderen*, zu bilden. Ich ging noch einen Schritt tiefer und sagte: »Am College machen Sie das gleiche wie in Ihrem Traum, in dem sie zwar in diesem Behandlungszimmer aufwachen, aber sich weigern, genährt zu werden – statt

Freunde zu gewinnen und Beziehungen aufzunehmen, ›stopfen‹ sie sich mit dem Material Ihrer Mitstudenten voll.«

Sie war in einer manischen Jubelstimmung und tat meine Deutung verächtlich ab – als meinen Neid auf ihre Fähigkeit, anderen zuzuhören und ihnen zu helfen. Sie ging so weit zu sagen: »Wenn ich anderen zuhöre, leiste ich bessere Arbeit als Sie.«

Ich erwiderte spöttisch: »Ein Papierkorb kann jeder sein!« Irgendwie wollte ich es verhindern, daß eine plötzliche Bestürzung und Desillusionierung sie umwerfen würde. Ich wußte, wie unsicher und verletzlich sie psychisch noch immer war.

Die Dinge nahmen ihren Lauf. Sie arbeitete hart, um ihre erste Hausarbeit in diesem Semester vorzubereiten. Sie las wie besessen; sie schrieb die Arbeit. An dem Tag, an dem sie sie ihrem Professor übergeben sollte, rief sie mich um acht Uhr früh an. Sie war in totaler Panik. Sie sagte, sie müsse mich sehen, bevor sie die Arbeit abgebe – sie habe in der Nacht ihren »wiederkehrenden Traum« gehabt. Ich brachte sie in meinem Zeitplan unter. Zitternd traf sie ein und legte sich hin, öffnete ihre Tasche, gab mir eine große weiße Karteikarte und sagte:

»Ich habe meinen Traum für Sie aufgeschrieben. Er ist immer gleich. Sie hatten recht, als Sie dachten, ich würde ›abstürzen‹.« (Das hatte ich nie zu ihr gesagt!) »Jetzt weiß ich, daß ich das College nicht schaffen werde. Immer, wenn ich diesen ›wiederkehrenden Traum‹ habe, werde ich krank: ich kann nichts tun.«

Während sie ununterbrochen redete, las ich den Traum. Ich gebe ihn hier genauso wieder, wie sie ihn aufgeschrieben hatte:

Wiederkehrender Traum über dieses Thema: Ich hatte die zwei Wellensittiche (blau/zart und grün/kräftig) nicht ausreichend gefüttert. Mir war das Vogelfutter ausgegangen, und ich hatte ihnen seit ein paar Tagen nichts mehr gegeben. Als ich die Tür zu dem Zimmer öffnete, in dem sie frei fliegen konnten, flatterten sie schwach umher und blieben schließlich regungslos, tot, liegen (besonders der blaue Vogel).

Sie hielt inne und fragte: »Wie deuten Sie den Traum?«
Bevor ich ein Wort sagen konnte, »platzte« sie heraus: »*Calamity* hat diesen wiederkehrenden Traum immer als Ausdruck suizidaler Wünsche gedeutet, oder als Ausdruck von Todeswünschen gegen meine Mutter und meine Geschwister.«
Ich sagte: »Nun, das könnte stimmen! Aber sagen Sie mir bitte zuerst, worauf sich die Formulierung ›über dieses Thema‹ bezieht.« Sie sagte , sie bezöge sich auf ihre Krankheit, ihre Anorexie. Nachdem sie diesen Traum im Alter von fünfzehn Jahren zum erstenmal geträumt hatte, hatte sie aufgehört zu essen. Es war der Beginn ihrer Krankheit. Sie wiederholte: »Ich werde wieder krank werden. Bitte, tun Sie etwas. Helfen Sie mir.«
Ich war mir sicher, daß ihre Ängste, sie könne erneut krank werden, berechtigt waren. Ich versuchte, Zeit zu gewinnen und sie ein bißchen zu beruhigen. Sie konnte ihre panische Angst kaum beherrschen. Ich fragte sie: »Haben Sie Ihre Arbeit abgeschlossen?« Sie öffnete ihre Tasche und reichte mir ein sauber getipptes Manuskript von ca. fünfzehn Seiten. »Das ist eine Hilfe«, sagte ich. »Ihnen geht das Futter nicht aus, nur Ihren Wellensittichen!«
»Aber ist der Traum eine destruktive Wunscherfüllung?« fragte sie. »Seit ich fünfzehn war, bin ich mir nie sicher gewesen, ob ich leben will oder sterben oder ob ich lebe oder tot bin.« Sie begann zu weinen.
»Darum dreht sich der Traum, mit Sicherheit«, sagte ich – »Leben oder Sterben. Mir ist allerdings noch nicht klar, weshalb Sie von diesem Thema immer wieder träumen, wenn Sie sich seiner doch jeden Tag bewußt sind. Deshalb

frage ich mich, ob Sie diesen Traum träumen oder ob er eine Geschichte ist, die Sie sich immer wieder selbst erzählen.«

»*Calamity* hat nie in Frage gestellt, daß es ein Traum ist«, protestierte sie, »warum tun Sie es?«

»Wenn ich Ihren Text lese«, erwiderte ich, »habe ich den Eindruck, daß es ihm sowohl an Absurdität als auch an einer gewissen halluzinatorischen Eigenschaft mangelt. Und meiner Erfahrung nach haben alle Träume diese Eigenschaften in bestimmtem Maße. Ihr Traumtext ist zu literarisch und zu durchdacht. Sei es, wie es mag, erzählen Sie mir, wie Sie das Träumen in der vergangenen Nacht erlebt haben.«

»Es ist immer das gleiche: ich habe Gewissensbisse und bin traurig wegen der Wellensittiche.«

Ich bemerkte, daß sie wiederum das Wort »Gewissensbisse« benutzt und weder Anteilnahme noch Schuldgefühle erwähnt hatte. Ich versuchte, anders an den Traum heranzugehen, und sagte: »Dieser wiederkehrende Traum hat eine Gemeinsamkeit mit dem ersten Traum, den Sie mir erzählt haben.«

»Welche denn?« schrie sie beinahe.

»Genau wie Sie in meinem Behandlungszimmer nicht gedeihen, gedeihen Ihre Wellensittiche nicht in Ihrem Traum-Käfig-Raum.«

»Ich kann überhaupt keine Verbindung erkennen. Sie müssen schon mehr leisten. In diesem Zustand kann ich nicht ins College gehen.«

Wir schwiegen beide. Ich fühlte, daß ich sie nicht erreichte, also versuchte ich es noch einmal anders. Ich fragte sie: »Angenommen, einer Ihrer ›Freunde‹ am College hätte Ihnen diesen Traum anvertraut, wie es manchmal geschieht. Was würden Sie sagen?« Sie fühlte sich herausgefordert. Ich hatte beinahe körperlich gespürt, daß sie immer mutloser wurde.

»Erstens«, sagte sie, »würde ich ihn als einen Traum akzeptieren. Dann würde ich mich fragen: ›Was ist der latente

Traumwunsch!‹« Das amüsierte mich, und ich beschloß, mit ihrer Bemerkung zu *spielen*.

»Sie haben in den Ferien also Freuds *Vorlesungen zur Einführung in die Psychoanalyse* gelesen.«

»Ja, hab' ich! Und Sie doch auch. Warum sagen Sie mir nicht, was Sie für den latenten Traumwunsch halten?«

»Nun«, erwiderte ich, »ich will Ihnen sagen, was ich *über* den ›wiederkehrenden Traum‹ denke. Er kehrt immer wieder, weil er erfolgreich etwas *verbirgt*. Und er verbirgt *es* nicht, indem er es latent bleiben läßt, sondern indem er es erkennbar macht. Was er zeigt, ist Ihr Neid darauf, daß die Vögel zunächst ›frei fliegen‹. Erst als Sie ihnen zusehen, ›flattern sie schwach umher und bleiben schließlich regungslos, tot, liegen‹. Ich glaube nicht, daß das Ausgehen des Futters und das mehrtägige Nicht-Füttern den entscheidenden Teil des Traumes ausmachen; dieser Teil ist nur ein Flickstück, das die Situation in sich plausibel macht. Sie übernehmen Verantwortung für den falschen Aspekt.« Sie äußerte keinen Zweifel an meiner Deutung, änderte aber, ebenso wie ich, ihre Taktik und fragte: »Weshalb habe ich es in der vergangenen Nacht Ihrer Meinung nach wieder geträumt?«

»Sie haben Ihre Hausarbeit fertiggeschrieben und getippt. Ich glaube, Sie sind davon überzeugt, daß sie gut ist und Ihrem Professor gefallen wird. Sie fürchten den Neid Ihrer Kommilitonen. Sie haben schreckliche Angst davor, daß diese sie nicht länger mit ihren Vertraulichkeiten ›füttern‹. Sie haben Angst, den Rang einzubüßen, den Sie sich als ihre *Vertraute* gesichert haben.«

Sie schwieg, dann sagte sie: »Sie reden vielleicht einen Blödsinn. Ich sollte mich beeilen, sonst komme ich zu spät zu meinem Professor.« Als sie ging, wandte sie sich um und sagte: »Danke dafür, daß sie meinen Termin umgelegt haben.«

Ich war von meiner Deutung nicht überzeugter als sie, aber

der Trick hatte funktioniert! Sie war ins College gegangen; sie hatte das Risiko auf sich genommen. Ich hatte ihre Furcht vor dem Neid ihrer Freunde gedeutet und nicht ihre panische Angst davor, daß der Aufsatz vielleicht nicht so gut sein könnte, wie sie dachte, weil ich zwischen ihr selbst und ihrem »wiederkehrenden Traum« eine gewisse psychische Distanz herstellen wollte. Als ich ihn las, war mein erster Eindruck der, daß sie mit dem Traum zu stark identifiziert war, nur wußte ich damit zu diesem Zeitpunkt nichts anzufangen. Heute würde ich nicht zögern, mit Hilfe von Pontalis' Konzept des Traumobjekts zu deuten, daß die *Krankheit* des Traums daher rührt, daß sie als Person einerseits und als Traumobjekt andererseits (eingesperrte Vögel) ein und denselben Traumraum einnimmt. Träumerin und Traum sind eins! Eben dieses Fehlen einer psychischen Distanz veranlaßt sie, die »Leere im Kopf« zu suchen, denn sie ist nicht in der Lage, zwischen ihren Gedanken und ihrem denkenden Selbst zu unterscheiden. Diese Sätze aber schreibe ich im nachhinein, ungefähr zehn Jahre später. Damals suchte ich nach Mitteln und Wegen, sie zu befähigen, das *Verfertigen* ihres Traumes als ein *psychisches Geschehen* zu erleben, das eine persönliche Hervorbringung darstellte und intrapsychisch zugleich dennoch von ihr getrennt war.

In den Wochen und Monaten, die dieser Stunde folgten, legte sie den »wiederkehrenden Traum« sozusagen beiseite. Andere Lebenserfahrungen beanspruchten ihre Aufmerksamkeit dringlicher und nachdrücklicher. Ich kann sie bestenfalls mit dem Begriff *Körperlichkeit* [*corporeality*] kennzeichnen. Mehr und mehr wurde sie sich der Tatsache bewußt, daß sie eine junge Frau war und entsprechende Bedürfnisse hatte. Ich spreche von *Körperlichkeit* und nicht von *Sexualität,* weil hier meiner Ansicht nach ein sehr bedeutsamer Unterschied besteht! Die Sexualität wird zu einem Merkmal (Bestandteil) des Körperichs, sobald dieses sich zu einer bestimmten Reife entwickelt. Die Körperlichkeit geht diesem Prozeß voraus und faßt ihn allmählich ein. Das aber ist ein Thema, das ich zu einem späteren Zeitpunkt zu erörtern hoffe. An dieser Stelle genügt es zu sagen, daß sie ihr erstes College-Jahr gut hinter sich brachte, sich verlobte und die Prüfungen des ersten Jahres außerordentlich gut bestand. Ich werde nun einen Traum aus der Phase schildern, in der sie das letzte Semester am College vor ihren Abschlußprüfungen begann.

Bevor ich den dritten Traum des Mädchens diskutiere und diese Erzählung abschließe, sollte ich kurz noch ein wenig mehr über ihre damalige Lebenssituation mitteilen.

1. Sie hatte sich, wie ich schon erwähnt habe, verlobt und sollte nach ihren Prüfungen heiraten und gemeinsam mit ihrem Mann eine Wohnung beziehen. Über ihn muß ich nicht mehr sagen, als daß er ein sehr anständiger Mensch war, er war ihr ergeben und konnte sich mit ihr nicht messen – folglich gab es keine Rivalität! Aber er studierte ebenfalls und war einige Jahre älter als sie.

2. Obwohl die Ehe »arrangiert« worden war, wie es dem Brauch ihrer Familie entsprach, hatten sie und ihr Bräutigam, seitdem sie verlobt waren, eine wirklich vertrauensvolle, fürsorgliche und rücksichtsvolle Beziehung zueinander entwickelt. Es war keine Verbindung aus Leidenschaft, aber das machte nichts. Wir alle – das Mädchen, seine Mutter, ich und die frühere Analytikerin – wußten das und akzeptierten es so, wie es war.

3. In den vergangenen Monaten, seit sie ihren »wiederkehrenden Traum« geträumt hatte, hatte sie an der Analyse wirklich aktiv teilgenommen. Wir hatten außerordentlich interessante Arbeit geleistet, indem wir ihre »körperlichen Identifizierungen« mit der desolaten und »verrückten« Verfassung ihrer Mutter nach dem plötzlichen Tod ihres Vaters verstanden und begriffen, wie sehr sie sich in das Leid der Mutter eingefühlt hatte, zu deren Wohlergehen sie jedoch

nur wenig *beitragen* konnte. Der Tod ihres Mannes hatte die Mutter, wie das Mädchen sagte, um den Verstand gebracht. Er war wirklich eine Persönlichkeit gewesen, und solange sie ihn hinter sich wußte, hatte sie sehr gut für ihn und ihre Kinder sowie die übrige Familie gesorgt. Als er starb, fühlte sie sich völlig verloren; sie begann – statt zu trauern –, ihre Kinder in einer wahnsinnigen Weise zu umsorgen, und verhielt sich völlig verrückt. Sie dachte nicht daran, wieder zu heiraten, obgleich sie recht jung war. Das wahnsinnige und chaotische Gebaren des Mädchens war sowohl eine Parodie als auch eine rachsüchtige Nachahmung des Verhaltens der Mutter. Dies hatte ihre Persönlichkeitsentwicklung zu einem Mädchen im Menstruationsalter mit neuentstehender Körperlichkeit und ihr Frausein »vermasselt«, wie sie es ausdrückte. Darauf aber werde ich hier nicht näher eingehen.

4. Seit ihrer Verlobung, das heißt ungefähr *neun* Monate vor dem Traum, über den ich berichten werde, hatte ich nach den Sommerferien ihre Stundenzahl von fünf auf drei pro Woche verringert. Es geschah in gegenseitigem Einverständnis aller betroffenen Parteien – des Mädchens, seiner Mutter und seiner früheren Analytikerin. Ich hatte kein Geheimnis daraus gemacht, daß ich ihr und ihrem Verlobten auf diese Weise mehr Zeit und Raum füreinander lassen wollte. Meiner Beurteilung nach war sie nun so weit, mehr Verantwortung für ein unabhängiges, »gemeinsames« Leben mit anderen Personen zu übernehmen. Sie war zu *anhänglich* und zu behütet gewesen, und sie hatte davon profitiert. Nun mußte sie neue Risiken und Wagnisse eingehen. Sie hatte dies voll und ganz akzeptiert und nahm sehr konstruktiv an allen Bereichen ihres Lebens und ihrer Beziehungen teil.

In eben dieser Atmosphäre, als ihr letztes College-Semester vor den Abschlußprüfungen begonnen hatte, erschien sie eines Tages mit ungeheuer finsterer und wütender Miene. Sie stieß hervor: »Ich werde mich heute nicht hinlegen. Wieder habe ich den ›wiederkehrenden Traum‹ gehabt, aber er war anders.« Pause. »Nein, ich werde ihn Ihnen nicht erzählen. Ich habe noch andere Dinge, die Sie zuerst wissen müssen.«

Ruhig sagte ich: »Ich kann warten!«

»Das tun Sie auch besser!« knurrte sie, und dann konzentrierte sie sich darauf, mich wohl eine halbe Stunde lang sehr gehörig und auf äußerst spöttische und leidenschaftliche Weise schlechtzumachen und zu beschimpfen. Ich habe die Quintessenz ihrer Anschuldigungen später aufgeschrieben und gebe sie hier wieder:

»Ich bin verrückt. Mama weiß es. *Calamity* weiß es. Sie wissen es. Und ich weiß es auch. Ich war verrückt und hatte einen leeren Kopf, als ich zu Ihnen kam, und was haben Sie getan? Nichts! Ich bin noch genauso verrückt, und mein Kopf ist immer noch leer! O ja, Sie und Mama haben es wunderbar hingekriegt, jeden übers Ohr zu hauen, auch mich!«

Ich lehnte mich bewußt zurück, um ihrer Tirade Raum zu geben, und hörte mit einer Mischung aus spöttischer Unduldsamkeit und ehrlichem Mitleid zu. Als sie mir mit diesem ersten Erguß von Vorhaltungen keine Reaktion entlokken konnte, änderte sie ihre Taktik und fuhr fort:

»Ich bin nicht nur verrückt. Ich bin wahnsinnig. Und dieser arme Narr, der mich heiraten will, hält mich für schlau und intelligent. Ja, mein Kopf ist vollgestopft mit all dem Unsinn, den ich lesen mußte. Aber begreifen tue ich nichts. Mein Kopf ist leer. Ich sage Ihnen, ich kann immer noch nicht denken. Ich kann nicht mal versuchen, das zu tun, was Ihr Kopf unentwegt macht! Hören Sie jemals auf zu denken? Nie! Jeder sagt, wie schlau und belesen Sie sind. Alles Quatsch. Sie können gar nicht anders. Sie sind genauso *krank* wie ich, nur anders.«

Als sie merkte, daß sie mich nicht dazu bewegen konnte, ihre Albernheiten mitzumachen, änderte sie erneut ihre

Taktik. Sie weinte und lachte zugleich, während sie auf eine Art sprach, die ich an ihr als einen Ausdruck von Verzweiflung kannte. Sie knurrte: »Sie haben mich nicht gebeten, Ihnen den Traum zu erzählen. Er interessiert Sie wohl nicht im geringsten, wie?«

Ich sagte: »Sie wissen, daß ich nicht neugierig bin, was meine Patienten angeht. Wenn Sie soweit sind und sich entsprechend fühlen, werden Sie erzählen und Ihren Traum mitteilen. Sie können ihn nicht ungeträumt machen.«

»Aber ich werde ihn vergessen. Das ist ein anderes Problem. Ich vergesse alles. In meinem Kopf bleibt nichts hängen.« Sie hielt inne. »Stimmt es, was man über Sie sagt: daß Sie alles über Psychoanalyse gelesen und alles im Kopf haben?«

»Ganz und gar nicht«, antwortete ich. »Aber das meiste davon ist englisch geschrieben. Ich habe ein anderes Problem als Sie: Ich kann nicht vergessen. Das ist das Vertrackte daran.«

»Ach, verfallen Sie nur nicht in Selbstmitleid. Sie sind ein miserabler Schauspieler! Ich kenne alle Ihre Tricks. Sie wollen mich beruhigen, damit alles nach Ihren und Mamas Wünschen geht. Aber ich sage Ihnen: Ich werde alles vermasseln, meine Prüfungen, meine ›Hochzeit‹. Wissen Sie was? Mama macht bereits Gästelisten und hat mich schon zweimal gefragt, ob Sie zur Hochzeit kommen.

»Welche Hochzeit?« fragte ich, bewußt spöttisch.

»Meine natürlich – welche sonst? Oder speisen Sie auch noch andere Analysanden auf diese Weise ab? Wenn Sie *beschließen,* daß Sie Ihren Teil *mit Auszeichnung* erledigt haben« (das sagte sie mit beißendem Spott), »sollen andere Sie ablösen. Aber ich werde es Ihnen zeigen. Ich werde Ihnen alles vermasseln – und zwar anständig.«

»Gott sei Dank, allmählich lernen Sie, daß Stil unerläßlich ist«, sagte ich.

Sie fuhr aus der Haut: »Warum können Sie mich nicht ernst nehmen wie Ihre anderen Analysanden? Wissen Sie, daß ich mich mit einigen Ihrer jetzigen und ehemaligen Analysanden angefreundet habe? Sie fahren alle voll auf Sie ab« (so drückte sie sich aus, wenn sie sehr böse war!). »Ja, weshalb können Sie mich nicht ernst nehmen?«

»Wenn ich Sie auf die Weise ›ernstgenommen‹ hätte, wie Sie es sich vorstellen, dann hätten Sie auch diese Analyse ›vermasselt‹, und wir würden heute nicht miteinander sprechen.«

»Wie selbstzufrieden Sie sind – nicht wahr? Und Mama ist genauso zufrieden mit Ihnen. Und *Calamity* ebenfalls.« Sie brach in ein lautes, wahnsinniges Gelächter aus. »Wenn sie nur wüßte, wie Sie analysieren – sie bekäme einen Anfall. Sie ist zwar bieder und ernst, aber sie ist ehrlich. Bei ihr durfte ich verrückt sein und mein Chaos anrichten – bei Ihnen nicht! Ich mußte hart arbeiten, Prüfungen machen. Sie und Mama haben dafür gesorgt, daß ich mich verlobe, aber ich mache Ihnen einen Strich durch die Rechnung. Ich werde Ihnen den Gefallen nicht tun: meine Prüfungen machen, heiraten und einen Balg nach dem andern in die Welt setzen – genau wie Mama! Sie wissen, daß sie auch eine Universitätsausbildung hat. Sehen Sie sich an, was sie daraus gemacht hat! Nichts! Ja, ich werde alles vermasseln.« Sie schwieg. »Bald werden Sie mir sagen, daß die Zeit für heute um ist. Gut, ich werde Ihnen meinen Traum aus der vergangenen Nacht erzählen: es war derselbe Käfig, aber er war vollkommen leer. Keine Vögel, kein Vogelfutter oder Vogelmist – nur ein sauberer und leerer Käfig. Wie mein Kopf, werden Sie mir jetzt erzählen.«

Ich fragte ruhig: »Waren Sie in dem Traum?«

»Nein, diesmal habe ich weder gesehen noch gefühlt, daß ich in dem Traum vorkam. Ich sah nur den sauberen, leeren Käfig.«

Ich schwieg und fragte dann: »Es ist mit Sicherheit ein neuer und anderer Traum. Sie werden erwachsen, junge Frau, wissen Sie?« (Es war das erste Mal, daß ich sie so anredete.)

Ihre Augen blitzten auf: »Sie glauben wirklich, daß es ein positiver Traum ist?«
Pause. Sie begann leise zu weinen. »Das sagen Sie nur, damit ich gehe. Aber ich gehe heute nicht.«
»Sie wissen, daß Sie sich immer im Zimmer der Sekretärin ausruhen können. Das haben Sie früher auch schon getan. Und was ich gesagt habe, habe ich auch gemeint: es ist ein anderer Traum, und überdies hat er Geist und Witz [*wit*]. Ich finde, seine Bildersprache hat Witz!«
»Was meinen Sie damit?«
»Sie haben gesagt, Ihr Kopf sei völlig leer. Diesen Zustand oder das Verrücktsein kann man auch anders bezeichnen, nämlich als *geistlos*. Und das ist es, was der Traum verbildlicht, ins Bild umsetzt. Ihre Deutung ist richtig: der leere, saubere Käfig und Ihr leerer Kopf sind ein und dasselbe. Nur, inzwischen können Sie von Ihrem leeren Kopf träumen. Das ist der Unterschied, denn man muß über die psychische Fähigkeit verfügen, für seine Empfindungen und sein Selbstgefühl eine solche Bilderwelt und Metaphorik erschaffen zu können.«
»Ihnen kann nichts die Sprache verschlagen, oder? Nun, Sie haben sich bemüht, auch wenn es keinen Sinn ergibt. Also werde ich jetzt gehen. Bitte, vergessen Sie den Traum nicht. Es ist kein dummer Traum, nicht wahr?«
»Nein, überhaupt nicht!« sagte ich. »Ich werde über ihn nachdenken. Sie wissen, daß ich immer ein bißchen Zeit brauche, um Sie einzuholen.«
Sie ging.

Ja, ich brauchte immer Zeit, um das Mädchen einzuholen. Sie hatte eine bestimmte Art, mein Denken zu »blockieren«. Sie war in meinem Raum zu *präsent*. Immer dann, wenn sie ging, fiel mir augenblicklich die »richtige Deutung« ein. Später lernte ich es, die »Nachgedanken« zum richtigen Zeitpunkt zu deuten. Manchmal mußte ich wochenlang auf eine Gelegenheit warten, bis ich »meine Deutung« geben konnte. Ich verstand dies als eine weitere Methode des Mädchens, mich dazu zu bewegen, sie zu »halten«. Schließlich hatte sie mir ja als erstes erzählt, daß *Calamity* ihr Gedächtnis sei. Ich verwandelte die *Funktion,* sie durch die Erinnerung an ihr Material im Gedächtnis zu behalten, in die Funktion eines »psychischen Haltens«, während ich in der Realität abwesend war. Dies hatte ich ihr beiläufig gedeutet.

Ich habe den mutwilligen und recht schonungslosen Wortwechsel zwischen dem Mädchen und mir so ausführlich geschildert, weil ich eine Vorstellung davon vermitteln möchte, wie ich gemeinsam mit diesem Mädchen lernte, Wörter und Sprache (*les mots, les paroles et la langage*) als einen *Raum* zu benutzen, in dem Sprechen, Zuhören und Zusehen ein *Spiel* mit dem Sprachwitz (eine Art verbalen Schnörkel-Zeichnens), *gemeinsam getragene* Bemühung (von Pontalis als »Beteiligung« [*participation*] bezeichnet) und *Diskurs* (der mehr ist als nur ein Austausch von Material und Deutungen) waren.

Meiner klinischen Erfahrung zufolge haben Patienten eine schlechte Prognose, wenn sie in ihrer verbalen Beteiligung am klinischen Prozeß keinen Sprachwitz aktivieren können. Ebenso halte ich Kinder dann für wirklich *krank,* wenn es ihren Zeichnungen an *persönlichem Witz* mangelt, und denke, daß man in solch einem Fall nicht viel tun kann, damit sie psychisch oder emotional wachsen und gedeihen. Hätte dieses Mädchen sich nicht seinen Sprachwitz zunutze machen können, wenn es redete, schimpfte, mir schlecht gesonnen war oder von sich erzählte, so wäre der klinische Prozeß zusammengebrochen, und es hätte keine aktive, gemeinsam getragene klinische Kameradschaftlichkeit, kein Spiel, keinen Diskurs gegeben. Damit möchte ich nun zum Schluß kommen, indem ich berichte, was ich meinerseits aus dem Traum *gemacht* habe.

Schnaufend und keuchend kam das Mädchen mit leichter Verspätung in die nächste Stunde. Auf der Couch legte sie los: »Sie würden sagen, daß ich meinen Widerstand und Zorn ausagiere, indem ich zu spät komme, aber mein Auto ist nicht angesprungen. Ich mußte ein Taxi nehmen.«
»Da liegen Sie falsch! Im Gegenteil«, sagte ich. »Sie haben dem eigentlichen Wunsch Ihres Traumes stattgegeben.«
»Welcher wäre das?«
»Ungeduld, das heißt, Sie können nicht warten!« erwiderte ich. »Sie menstruieren gerade?«
»Ja«, sagte sie. »Sie wissen es doch, warum fragen Sie dann?«
»Nur damit wir uns einig sind! Ihre Verlobung liegt nun fast genau neun Monate zurück. Wenn Sie in diesem Jahr nicht Ihre Prüfungen hätten machen müssen und der Natur freien Lauf gelassen hätten, dann wären sie mittlerweile schwanger oder sollten es doch sein.« Sie setzte sich auf, stieß ein brüllendes Gelächter aus und sagte: »Sie sind derart komisch! Sie wissen alles! Zuerst habe ich Liebe gemacht, und dann habe ich überlegt: ›Angenommen, die Pille versagt und ich werde schwanger. Damit würde ich Khan gehörig vor den Kopf stoßen. Niemals wird er einer Abtreibung zustimmen, also wäre mein Studium für die Katz.‹«
Ich sagte: »Aber Sie sind nicht schwanger geworden. Das ist der Vorteil, wenn man träumen kann. Es hindert einen daran zu agieren. In Ihrem Traum jedoch haben Sie die Zeit übersprungen. Sie haben die Prüfungen bereits hinter sich; Sie haben zwei Kinder bekommen. Es gibt kein Babygeschrei mehr und keine Mutterpflichten. Sie sind endlich frei und können tun, was Sie wollen. Die Leere im Kopf ist für Sie ein idealer Zustand. Sie ist eine neutrale Ausgangslage für einen unbelasteten, ungehinderten Aufbruch, von Ihnen ebenso begehrt wie gefürchtet. Selbst wenn sich der latente Traumwunsch verändert, machen sie im Wachzustand ihre Erwartungen daran fest. Die Frage ist durchaus realistisch.

Was wollen Sie tun, wenn Ihr Studium abgeschlossen ist und Sie verheiratet sind und Kinder haben?«
Sie zögerte nicht eine Sekunde: »Ich möchte Psychoanalytikerin werden.«
»Das können Sie sich aus dem Kopf schlagen«, sagte ich. »Es ist sehr schade, aber man wird Sie nicht annehmen, weil Sie eine ›Klinikeinweisung‹ in Ihrer Biographie haben.«
»Sind sie wirklich so borniert und eingebildet, wie man erzählt? Sie waren doch auch reichlich plemplem, wie haben Sie es geschafft?«
»Damals war das Klima anders, und die Britischen Analytiker und Anna Freud haben mich sehr gefördert.«
»Sie haben in Ihrem Leben immer viel Glück gehabt, nicht wahr?« fragte sie recht bekümmert.
»Ja«, sagte ich, »aber geben Sie nicht auf. Es gibt Ausbildungswege und Möglichkeiten, dieselbe Arbeit zu leisten. Es ist doch die Arbeit, die Sie leisten wollen und die Sie brauchen, nicht wahr?«
»Ja! Werden Sie mich unterstützen? Sie haben überall Einfluß.«
»Ja, ich werde Sie unterstützen, sobald Sie verheiratet sind und ein Kind haben.«
»Dann werde ich zu alt für die Ausbildung sein.«
»Nein«, sagte ich, »ich verspreche Ihnen, daß ich Ihnen eine solide Ausbildung verschaffe.«
»Werden Sie mich ausbilden?« fragte sie ungeduldig.
»Nein, das geht leider nicht.«
»Das wußte ich. Ich kenne Sie sehr gut, wissen Sie? Ich wußte, daß Sie sich in Ihrem Kopf schon alles zurechtgelegt hatten. Was werden Sie tun?«
»Nun, wir müssen abwarten, aber zuerst einmal der Reihe nach. Ich werde Ihnen beistehen, bis Sie ein Baby erwarten. Ich werde weiterhin für Sie da sein, die Analyse jedoch abbrechen. Sie müssen die volle Verantwortung übernehmen, gemeinsam mit Ihrem Mann, um das Baby zu bekommen

und aufzuziehen. Wenn es soweit ist, werde ich einen Analytiker für Sie suchen, oder vielleicht finden Sie selber einen. Wie es auch sein mag, ich werde die Ausbildung unterstützen.«

»Und das wird Ihnen niemand abschlagen?«

»Nein. Ich stelle selten übertriebene Ansprüche.«

Im Anschluß an diese recht dramatische Stunde fiel die klinische Arbeit wieder in ihren normalen Rhythmus, und wir waren in der Lage, mit dem mentalen Vokabular, das jedem von uns zur Verfügung stand, sehr detailliert durchzuarbeiten, was die »Leere im Kopf« für sie bedeutete. Ich komme zum Ende, indem ich einige unserer Schlußfolgerungen im einzelnen aufführe. Ich formuliere dies so vorsichtig, weil vieles von dem Material, das ich damals nur sehr vage verstehen konnte, mir durch die Forschungen im letzten Jahrzehnt klarer geworden ist. Einen Großteil dieser nachträglich gewonnenen Einsicht verdanke ich den Forschungen meiner französischen Kollegen und französischen Denkern, die vor allem zum Thema Sprache und Denken geschrieben haben – von Lévi-Strauss bis zu Michel Foucault.

Um die Geschichte des Mädchens abzuschließen: sie blieb noch fast eineinhalb Jahre in Analyse. Während dieser Zeit bestand sie ihre Prüfungen mit hervorragendem Ergebnis, heiratete und richtete ein eigenes Zuhause ein. Als sie schwanger wurde, beendeten wir ihre Analyse in gegenseitigem Einverständnis. Nachdem sie ihr erstes Kind bekommen hatte, wurde sie zur psychotherapeutischen Ausbildung angenommen und von einem Analytiker ihrer eigenen Wahl ausgebildet.

Leere im Kopf! Was bedeutete sie für dieses Mädchen! Wozu diente sie ihr? Wie funktionierte sie bei ihr? Wie war dieser Zustand überhaupt entstanden? Warum war er so widersprüchlicher Natur: die Erfüllung eines tiefen Wunsches, wie es der eine Traum symbolisierte, und eine Frage von Leben und Sterben, wie ein anderer Traum zeigte?

In der vollständigen Epistemologie ihrer Selbsterfahrung könnte man von einem Dreieck sprechen, dessen drei Spitzen die »Leere im Kopf«, das Perfektionsstreben und die panische Angst vor der Möglichkeit des Scheiterns waren. Den Raum dieses Dreiecks nahmen vorwiegend zwei Affekte ein: »nackte Panik« und Gewissensbisse! Intensiviert wurden diese noch durch die »Sprachverwirrung«, um Ferenczis (1933) Begriff in anderem Zusammenhang zu gebrauchen, zwischen »Körperlichkeit« und Denken (vgl. Merleau-Pontys Begriff des *corps vécu* [*gelebter Leib*]). Sie trieb diese Affekte aus sich heraus, indem sie sie in Form ihrer chaotischen Eskapaden »bekannte«! *Handlungen* waren für sie ein greifbareres Bekenntnis als Worte. *Handlungen* konnten überdies – als »Nicht-Ich«-Phänomene – »außerhalb« der psychischen Realität bleiben (vgl. Ricœur [1960] 1971).

Einen »leeren Kopf« zu haben bedeutete, *Un*-Gedanken zu haben oder, wie man genauer, aber umständlicher sagen könnte: sich in einem Zustand unterhalb oder jenseits des *Denkens* zu befinden! Sie hatte Gedanken. In Wirklichkeit hörten sie nie auf. Deshalb notierte ich mir an einer Stelle:

> Fragt, weshalb die Vögel fliegen und dann flattern und sterben?
> Ich antworte: Die Gedanken hören nie auf; nur das Denken.
> Die Manie ist ein Killer. Sie kennt keine Grenzen.

Mit Sicherheit eine Nicht-Deutung!

Eine andere hingekritzelte Notiz aus der Endphase ihrer Analyse lautete:

> Stöhnte über ihren leeren Kopf. Und die Angst-Agonie, die dieser ihr verursacht. Dann brach sie in Panik aus: Ich werde

an der Kopfleere sterben. Ich sage: nicht, wenn man sich an Ihre beiden Träume hält. Die Vögel sterben, weil sie sich in einem Käfig-Raum befinden; und Sie stehen hilflos und voller Hilfsmittel zugleich da. In dem sauberen, leeren Raum ist alles zu erkennen. Sie sagt: kürzlich habe ich eine neue »nackte Panik« bekommen – was ist, wenn man nie stirbt! Immer weiterlebt, ewig? Wie die Berge?

Was ließ dieses Mädchen so jäh zwischen kindischem, ungeduldigem, forderndem Verhalten und wirklicher Gedankentiefe hin und her schwanken? Ich habe es noch immer nicht herausgefunden, so wie ich auch die akute Angst-Agonie nicht erklären kann, die sie dabei litt. Sie zwang mich, über den Unterschied zwischen ätiologisch-deutenden Rekonstruktionen und ontologischer Phänomenologie nachzudenken. Keine von beiden kann die andere ersetzen. Diese zwei Ansätze müssen zusätzlich ergänzt werden durch all die neueren Forschungen über den Gebrauch der Sprache in der Mythenbildung, im Diskurs und in der Beziehung zum Selbst. Analytiker können ihre Arbeit nicht länger nur mit dem »Vokabular« von Freuds Metapsychologie erklären. Solche Patienten verlangen, daß wir die Grenzen unseres »Vokabulars« erweitern, damit wir ihren Bedürfnissen im klinischen Gespräch und in der Beteiligung am klinischen Prozeß gerecht werden. Wir können in der klinischen Psychoanalyse *die Unruhe des Denkens* nicht länger selbstzufrieden mit dem Besen unseres »Vokabulars« unter den metapsychologischen Teppich kehren.

8
DIE BÖSE HAND

> Cette manie bizarre de faire le mal pour le seul plaisir de la faire est une des passions de l'homme la moins comprise et par conséquent la moins analysée et que j'oserais cependant croire possible de faire rentrer dans la classe commune des délires de son imagination.
>
> Diese seltsame Manie, das Böse zu tun um des bloßen Vergnügens willen, es zu tun, ist eine der am wenigsten verstandenen und infolgedessen am wenigsten analysierten Leidenschaften des Menschen, von der ich indessen zu glauben wage, es sei möglich, sie in die allgemeine Kategorie der Delirien seiner Einbildungskraft zurückzuführen.
>
> *de Sade*

Klinisches Material

Der Patient, den ein mir unbekannter Arzt an mich überwiesen hatte, war ein großgewachsener Mann mit gewandten Manieren, elegant gekleidet und in seiner Art zu sprechen höflich zurückhaltend. Für mich ist die äußerliche Selbstdarstellung eines Patienten im ersten Beratungsgespräch ebenso wichtig wie die erste »eingeübte« Selbst-Reportage – wenn nicht sogar wichtiger. Als er sich setzte, fiel mir auf, daß seine rechte Hand irgendwie verkümmert, deformiert war, er sie aber weder zu verstecken suchte noch zur Schau stellte. Folglich nahm ich an, daß er sich mit ihr abgefunden hatte, was auch immer der Grund für die Verletzung sein mochte. Nach einer kurzen Pause sagte er: »Ich bin ein böser Mensch, und daran ist nichts zu ändern.«

Diese Selbst-Diagnose machte mich betroffen, denn in meiner zwanzigjährigen Praxis hatte ich noch nie gehört, daß eine Person, auch ein Patient, so etwas über sich selbst sagte. Ich wußte nicht genau, wie ich reagieren sollte, und so erwiderte ich: »Vielleicht nicht, aber falls Sie es wünschen, können wir versuchen, ein wenig darüber herauszufinden, wie Sie zu einem so vernichtenden [*damning*] Urteil über sich selbst gekommen sind.« Ich hatte sorgfältig abgewogen, welches Adjektiv in Frage käme. Er schwieg eine Weile, dann fragte er, was sein Arzt mir erzählt hätte. Ich antwortete: »Sehr wenig«, und fügte hinzu, ich wüßte nur, daß er verheiratet sei, Kinder habe, im Beruf erfolgreich sei und ein zufriedenes Familienleben geführt habe, bis er vor ca. drei Monaten plötzlich in eine akute Depression verfiel und nicht mehr zur Arbeit gehen konnte. Ich sagte noch: »Ihr Arzt hat mir mitgeteilt, daß Sie sich allen Vorschlägen, psychotherapeutische Hilfe zu suchen, widersetzt hätten«, und fragte ihn leicht ironisch, wer oder was ihn denn dazu gebracht hätte, mich aufzusuchen. Er erwiderte, seine Frau sei Dozentin und habe einige meiner Arbeiten gelesen. Sie hatte ihm zugesichert, daß ich nicht versuchen würde, aus ihm einen »Patienten« zu *machen* oder ihm eine Behandlung aufzuschwätzen, und deshalb sei er einverstanden gewesen, mich *kennenzulernen*. Mir fiel auf, daß er »kennenlernen« sagte, nicht etwa »konsultieren«. An diesem Punkt verschwieg ich, was den Arzt an seiner gegenwärtigen Verfassung am meisten beunruhigt hatte – daß er sich nämlich weigerte, etwas zu essen. Bestenfalls ließ er sich überreden, Flüssigkeiten oder Nahrung in flüssiger Form zu sich zu nehmen. Einer Einweisung ins Krankenhaus hatte er sich widersetzt. Ein Blick auf ihn sagte mir, daß er einiges an Gewicht verloren haben mußte, denn sein maßgeschneiderter Anzug hing schlotternd an ihm herunter, ich hielt ihn aber nicht für sehr depressiv. Ich hatte eher das Gefühl, daß er sich etwas in den Kopf gesetzt hatte und gleichzeitig völlig resigniert war.

Aus der Glanzlosigkeit seiner Augen und dem matten Klang der Stimme schloß ich, daß irgendein noch nicht lange zurückliegendes Erlebnis ihn auf traumatische Weise hinsichtlich seiner eigenen Person desillusioniert haben mußte. Deshalb seine Diagnose, er sei »böse«. Den Mann aber, der gekommen war, um mich *kennenzulernen,* konfrontierte ich nicht mit einer einzigen diesbezüglichen Deutung. Er hatte lange Pausen gemacht, aber es war ein privates Schweigen, kein Ausdruck von Widerstand. Deshalb versuchte ich nicht einmal, in dieser Phase in eine »therapeutische Auseinandersetzung« [*therapeutic contest*] mit ihm einzutreten. Er war damit einverstanden, in der folgenden Woche wiederzukommen, und wir gingen freundlich auseinander.
Ich hatte ihn mittags, vor meiner Siesta, getroffen, und als ich über unsere erste Begegnung nachdachte und darüber einnickte, zuckte mir plötzlich ein Gedanke durch den Kopf, der mich aufschrecken ließ: »Wenn er so eigenwillig und negativ motiviert ist, wie kommt es dann, daß er sich nicht umgebracht hat?« Irgendwie ging mir seine verkümmerte Hand nicht mehr aus dem Kopf. Weder er noch sein Arzt hatten verraten, was er beruflich machte, und lange klinische Erfahrung hatte mich gelehrt, daß es nicht nur zwecklos ist, sondern die Möglichkeit zukünftiger gemeinsamer Arbeit sogar zunichte macht, wenn man versucht, Informationen aus jemandem herauszuquetschen, der nicht bereit ist, sich mitzuteilen. Mit voreiligen Deutungen greift man der fruchtbaren therapeutischen Auseinandersetzung vor, und die Person wechselt dann entweder von einer Stimmung des »Nicht-Vertrauens« zu aggressivem Mißtrauen und verläßt uns, oder sie wird zu einem »willfährigen Patienten«, dessen eigenes Selbst sich zurückgezogen hat (vgl. Winnicott [1960a] 1984).
Der Mann (ich bezeichne ihn absichtlich noch nicht als »Patienten«) war immer noch in derselben Stimmung und Verfassung, als er wiederkam. Es entstand eine lange Pause,

dann fragte er: »Was kann ich Ihnen erzählen?« Ich beschloß, seine verschleierte Herausforderung anzunehmen und sagte offen: »Mir ist die Verletzung an Ihrer rechten Hand aufgefallen. Wie haben Sie das *fertiggebracht*?« Diese Formulierung hatte ich ganz bewußt gewählt. Er antwortete höflich: »Ich habe es nicht *fertiggebracht*; es ist mir passiert.« Ich merkte, daß er sehr sensibel auf meine Wortwahl reagierte und daß er niemandem – weder sich selbst noch irgend jemand anderem – die Schuld an der Verletzung gegeben hatte. Das sagte mir immer noch gar nichts. Er ließ das Thema fallen und erzählte ein wenig von seiner Familie, vor allem von seiner Sorge darüber, daß seine gegenwärtige »Verfassung« – wie er es nannte – die Kinder (er hatte zwei Söhne und eine Tochter) traurig mache und ihre Vorbereitung auf die Mittlere Reife bzw. das Abitur störe. Unsere Begegnung nahm den gleichen liebenswürdigen Verlauf wie die erste und war für beide Seiten ebenso unverbindlich. Als ich später über sie nachdachte, hatte ich das sichere Gefühl, daß er mich *in Spannung* hielt. Das begriff ich als einen wesentlichen Bestandteil seines inneren psychischen Lebens.

Herr X – wie ich ihn von nun an nennen werde – kam in den folgenden drei Monaten vor den Sommerferien regelmäßig dreimal pro Woche. Es überrascht mich einigermaßen, wie wenig Erinnerungen ich daran habe, was in diesen Stunden geschah, und wie wenig in meinen Notizen aus dieser Phase zu finden ist. Ich zitiere aus meinen Aufzeichnungen:

> In der dreizehnten Stunde (er kam nun seit einem Monat zu mir) berichtete Herr X, er hätte wieder angefangen zu arbeiten, und bat mich, seine Stunden zu verlegen. Ich habe mich ihm angepaßt.

Ungefähr sechs Wochen später notiere ich:

Mrs. X rief heute abend an. Entschuldigte sich vielmals für ihren Anruf, da sie fürchtete, ich könne ihn als Störung von Herrn X' Behandlung (ihre Bezeichnung – das Wort wurde von Herrn X oder mir nie gebraucht!) auffassen. Sie hatte mich angerufen, um mir zu sagen, wie sehr sie darüber erleichtert sei, daß Herr X nun wieder richtige Mahlzeiten zu sich nehme. Ziemlich verlegen fügte sie hinzu, sie wolle nicht hinter seinem Rücken über ihn reden, aber sie wisse, daß er große Schwierigkeiten habe, über sich selbst zu sprechen, obwohl er eigentlich kein verschlossener Mensch sei. Ich dankte ihr.

Herrn X gegenüber spielte ich mit keinem Wort darauf an, daß er wieder zu essen begonnen hatte, und versuchte auch nicht, ihn dazu zu bewegen, es mir zu erzählen; ebensowenig hatte ich ihm gesagt, daß ich durch seinen Arzt von seiner Verweigerung der Nahrungsaufnahme wußte, und der Arzt hatte sich dazu ebenfalls nicht geäußert. Auch auf das Thema der entstellten Hand war ich, obwohl ich es angesprochen hatte, nicht wieder zurückgekommen, nachdem er es hatte fallenlassen. Bei vielen Gelegenheiten wäre es mir ein leichtes gewesen, seine manifeste Erzählung in unbewußte Ängste oder Phantasien zu übersetzen, die sich auf die entstellte Hand bezogen, ich war jedoch überzeugt, daß ich ihm *seine* Zeit geben und auf seine Bereitschaft, mir Informationen über sich selbst mitzuteilen, warten mußte.

In der letzten Stunde vor den sechswöchigen Sommerferien sagte Herr X gleich zu Beginn: »Sie haben mich einmal gefragt, wie ich es *fertiggebracht* (er betonte das Verb, das ich benutzt hatte) hätte, meine rechte Hand zu verletzen.« Im folgenden fasse ich die Geschichte, die er mir erzählte, zusammen:

An einem winterlichen Tag radelte er nach dem Lunch im Haus eines Freundes auf dem Land nach Hause. Es war regnerisch, und die schmale Landstraße war glatt. Hinter ihm hupte ein Auto, um ihn zu warnen; als er versuchte, näher an die Hecke heranzufahren, rutschte das Fahrrad weg, er fiel hin, und das Auto zerquetschte seinen ganzen rechten Arm. Das einzige, woran er sich erinnerte, war, daß er in irgendeinem Londoner Krankenhaus mit steifem, eingegipsten Arm wieder aufwachte. Seine Eltern und die Familie saßen an seinem Bett. Nach einer Woche kehrte er in ihr Landhaus zurück, um bei seiner Familie zu leben. Die Sache nahm keinen günstigen Verlauf, so daß man in den darauffolgenden sechs Monaten viermal unter Narkose den Gips erneuerte. Er erinnerte sich lebhaft daran, daß der Chirurg seinem Vater auf dem Flur zugeflüstert hatte, der Knochen sei infiziert und womöglich gangränös; sollte dies sich bewahrheiten, müsse der Arm amputiert werden. Man brachte ihn wieder nach Hause, und nichts wurde offen mit ihm besprochen.

Dann war ein Freund seines Vaters, der in den Schweizer Alpen lebte, zu Besuch gekommen und hatte den Vater überredet, Herrn X (der damals vierzehn Jahre alt war) mit in sein Chalet nehmen zu dürfen, da er einen Chirurgen persönlich kannte, der auf das Richten und Heilen solch multipler Frakturen spezialisiert war. Die Eltern waren einverstanden, und so fand er sich nach einigen Tagen in den Schweizer Alpen und in der Klinik des Chirurgen wieder, in der er drei Monate lang blieb und mehrere Male operiert wurde. Nach drei Monaten aber hatte sein Arm nur noch einen Verband; er kehrte in das Haus zurück, das dem Freund seines Vaters gehörte, und ging alle zwei Tage zur Physiotherapie in die Klinik. Der Chirurg hatte sehr offen mit ihm gesprochen und gesagt, der Arm würde vollständig heilen, die Verletzungen der Sehnen durch frühere Operationen jedoch könne man vorerst nicht korrigieren. Er konnte seinen Daumen sowie den zweiten und dritten Finger benutzen, die beiden anderen aber waren steif und verkümmert.

Er hatte mir die Geschichte in seiner üblichen, zurückhaltenden und bedächtigen Art erzählt. Er hatte dafür über eineinhalb Stunden gebraucht, und ich hatte ihm die Zeit gelassen, weil er der letzte Patient in diesem Quartal und an jenem Tag war. Er sagte, er werde für sechs Wochen mit seiner Familie verreisen, und bat um einen Termin nach seiner Rückkehr, den ich ihm bereitwillig einräumte.
Schaue ich die Notizen über diese Stunde durch, finde ich folgende Aufzeichnungen:

Sonderbar, wie bereitwillig ich mich den Bedürfnissen dieses Mannes anpasse. Ob es daran liegt, daß er sie niemals als Forderung formuliert?
Er hat so wenig gesagt und um sich selbst herum geredet, ohne von sich selbst zu sprechen, und doch hat er mich nie gelangweilt. Warum? Ich habe ihn nicht gebeten, »frei zu assoziieren«, und habe ihm auch nicht die Couch angeboten. Es ist tatsächlich so, daß auch ich es aufgeschoben habe, ihn als Patienten zu behandeln. Ich habe beschlossen, auf den rechten Augenblick und auf seine Bereitschaft, sich mitzuteilen, zu warten. Absichtlich habe ich alle Deutungen zurückgehalten und keinen Versuch unternommen, »Material zu sammeln«.
Ebenso wichtig ist es, festzuhalten, daß wir recht strikte Verhaltensregeln untereinander entwickelt haben, ohne sie ausdrücklich zu formulieren. Wir verkehren beispielsweise in denselben gesellschaftlichen Kreisen, und ich habe ihn und seine Frau in Theaterfoyers und auf Cocktail-Partys gesehen, aber nie einen Blick oder ein Wort mit ihm gewechselt, und keiner von uns beiden hat es in der folgenden Stunde jemals erwähnt.

Es ist kaum daran zu zweifeln, daß wir einander testen. Mit welchem Ergebnis – ich habe keine Ahnung, weder was mich noch was ihn betrifft. Für mich ist es jedoch ganz klar, daß er – ohne es zu wissen – wesentliche Merkmale des Unfalls und seiner Nachwirkungen »darstellt«.
Zweifellos hat er in dieser Phase auch ein starkes Bedürfnis, mich in Spannung zu versetzen und warten zu lassen. Es liegt etwas Rachsüchtiges darin, dessen Charakter ich jedoch nicht genau bestimmen kann. Ich nehme es wahr, aber es ist nicht unangenehm.
Was die Erzählung über seinen Unfall und die schmerzhaften Folgen angeht, unter denen er noch lange zu leiden hatte, so bin ich beeindruckt davon, wie »cool« er alles beschrieb, ganz unpersönlich und ausdruckslos; er sprach nicht einmal über Schmerzen und Beschwerden. Nur Fakten, nicht aber seine – psychische oder affektive – Reaktion darauf. Sollten wir jemals bis zu jenem Punkt des gemeinsamen Entdeckens gelangen, so wird es sich, denke ich, zeigen, daß diese Dissoziation für seine Charakterbildung und sein inneres, psychisches Leben von größter Wichtigkeit war.

Als Herr X aus seinem Urlaub zurückkehrte, war er braungebrannt und wirkte körperlich außerordentlich fit. Ich kann nicht behaupten, daß ich mir, während ich mich auf unsere Wiederbegegnung einstellte, sicher war, wie ich anfangen oder inwieweit ich mich ihm im therapeutischen Setting anpassen würde. Glücklicherweise löste er einige der Probleme. Er sprach kurz davon, daß er mit seiner Familie sehr schöne Ferien verlebt habe, und fragte mich dann, wie ich meine verbracht hätte, worauf ich zur Antwort gab: »Äußerst erholsam.« Nach einer Pause sagte er: »Es überrascht mich, wieviel ich von meinem Fahrradunfall und dem Jahr mit den verschiedenen Armoperationen geträumt habe. Wenn ich aufwachte, konnte ich mich nie an die Träume erinnern, den letzten aber habe ich mit einiger Mühe aufgeschrieben.«

Als er zu seiner Tasche griff, um das Blatt Papier mit dem Traum herauszuholen, nahm ich die Gelegenheit wahr, die Situation in eine eindeutiger therapeutische Beziehung zu manövrieren. Eher beiläufig bemerkte ich, ich hätte zwar nichts dagegen einzuwenden, wenn er im Sitzen seine Träume erzähle oder mit mir spreche, nach meiner klinischen Erfahrung jedoch fühle man sich, sobald man die psychische Region des Träumens in Erinnerung rufe, privater und behaglicher, wenn man seine Träume von der Couch aus erzähle. Reichlich naiv – für einen Mann seines Niveaus – fragte er: »Bitten Sie mich, daß ich mich auf die Couch lege, und wollen Sie damit sagen, es sei besser für mich?« Ohne zu zögern antwortete ich: »Ja.« Er zog seinen Mantel aus und legte sich ohne weitere Fragen hin. Der Traum, über den er berichtete, stammte aus seiner letzten Ferienwoche:

> Ich fahre auf einem Fahrrad über eine Landstraße – ich weiß nicht genau, in welchem Land –, und zwei junge Mädchen, die ein Wettrennen machen, überholen mich. Als sie an mir vorbeifahren, gebe ich derjenigen, die mir am nächsten ist, mit meiner rechten Hand einen Klaps auf den Hintern.

Dann sagte er, er habe keine weiteren Erinnerungen an diesen Traum.

Natürlich merkte ich sofort, daß in dem Traum zwei Dinge vorkamen, die er nicht mehr tun konnte: das eine davon war Radfahren; das andere, er konnte niemandem mehr mit der flachen rechten Hand einen Klaps geben, weil sie zu verkümmert war, sehr wohl aber konnte er mit ihr zuschlagen. Er schwieg lange, und zum ersten Mal, seit ich ihn kannte, hatte ich das Gefühl, daß er in sich und mit sich selbst kämpfte, ob er mir etwas erzählen sollte oder nicht. Er war unentschlossen. Ich interpretierte den Traum in diesem Stadium nicht, und er kam auf die Wiederaufnahme seiner Ar-

beit am kommenden Tag zu sprechen (vgl. Khan [1972e] 1988).
Herr X erschien pünktlich zu seinem nächsten Termin und sah müde, abgespannt und ängstlich aus. Zuerst dachte ich, es hinge damit zusammen, daß er wieder angefangen hatte zu arbeiten, aber er klärte mich schon bald über den wahren Sachverhalt auf. Er erzählte, er hätte, was so gut wie nie vorkäme, eine schlaflose und unruhige Nacht verbracht. Seine Frau habe es gemerkt, und sie sei beim Frühstück darauf zu sprechen gekommen. Er erzählte ihr, daß er während der Ferien einen Traum gehabt und ihn mir gestern geschildert hätte, ohne daß etwas dabei herausgekommen wäre. Anschließend hatte er seiner Frau den Traum erzählt. Er hielt inne.
Ich war außerordentlich beunruhigt. War es ein schwerer Fehler von mir gewesen, den Traum nicht aufzugreifen und kein weiteres Material zu sammeln? Aber in dieser Stunde war eine neue Komponente von Herrn X' inneren psychischen und emotionalen Bedürfnissen aufgetaucht: er mußte *sich bekennen.* Heute verstehe ich seine Zurückhaltung als eine Selbstschutzmaßnahme gegen Selbstbeschädigungen, als zwanghaftes Bekennen und auch als einen Trick, *den anderen* zum unwissentlichen Komplizen zu machen (vgl. Khan [1964] 1983). Überdies war ich mir nun sicher, daß Herr X nicht zu mir gekommen war, weil er Einsicht oder Heilung suchte, sondern um in einen *Stand der Gnade* zurückzufinden, den er verloren hatte. Deshab hatte er in seiner ersten Äußerung mir gegenüber das Adjektiv *böse* [*evil*] benutzt, um seine Persönlichkeit zu charakterisieren. Ich bin mir bewußt, daß es der psychoanalytischen Sprache fremd ist, die Schwierigkeiten eines »Falls« mit Begriffen wie »böse/das Böse« und »Stand der Gnade« zu diskutieren (eine Ausnahme machen Karl Menninger [1973] und vielleicht Fairbairn [1952]). Dennoch bringen genau diese Begriffe die Wahrheit über die private, persönliche Selbsterfah-

rung mancher unserer Patienten zum Ausdruck, die wir – weil es kein angemessenes begriffliches Vokabular gibt – mit unserem gewohnten metapsychologischen Jargon und der entsprechenden klinischen Taktik töricht verleumden.

Ich beschloß, an meinem Ansatz festzuhalten, und nach einer kurzen Pause kam Herr X mir zu Hilfe. Er sagte, seine Frau habe ihm vorgeschlagen, doch noch einmal mit mir über den Traum zu sprechen, wenn seine Erzählung ihn derart aufgewühlt habe.

Jetzt beschloß ich, die Karten auf den Tisch zu legen. Ich sagte zu ihm, der Traum sei in der Tat wichtig, ich könne seine Bedeutung jedoch noch nicht erkennen, weil ich so wenig über ihn wisse. Ich fügte hinzu, daß er in dem Traum zwei Dinge getan hatte, zu denen er nun nicht mehr imstande sei – weder könne er radfahren noch mit einer *flachen* rechten Hand zuschlagen. Ich sagte, er könne mir weiterhelfen, wenn er mir von dem Leben in seiner Familie und seinen Aktivitäten vor dem Unfall erzählte. Er erwiderte, während der Ferien habe er seiner Frau zugehört, die sich mit einem Freund über die psychologische Notwendigkeit, ein Tagebuch zu führen, unterhielt und dabei insbesondere an einige Schriftsteller dachte. Ihm war die Idee gekommen, daß er vielleicht einen kurzen Lebensbericht schreiben und mir geben sollte. Das würde uns Zeit sparen. Ich sagte zu ihm, daß es in der klinischen Situation (diesen Begriff [*clinical situation*] benutzte ich zum ersten Mal) wesentlich produktiver sei, wenn die Person selbst, mit ihrer eigenen Stimme und der eigenen Gestik, berichte. Ich kann mir beim besten Willen nicht erklären, weshalb ich die »Gestik« noch erwähnte. Offensichtlich hatte er sich viele Gedanken gemacht, denn er beschrieb seine Kindheit mit knappen Worten:

> Er war das mittlere von fünf Kindern und hatte zwei ältere Brüder sowie zwei jüngere Schwestern. Er war in dem gro-

ßen Landhaus seiner Eltern aufgewachsen, die beide wohlhabend waren und einen hohen gesellschaftlichen Rang einnahmen. Seine Brüder und Schwestern waren sehr intelligent und schlau. Er erinnerte sich, daß er selbst ein ziemlich verträumtes und faules Kind gewesen war und es gerade so schaffte, seine Prüfungen ohne große Anstrengung zu bestehen. Die Familie war groß, Tanten, Cousins und Neffen gehörten dazu, so daß es an den Wochenenden sehr gesellig zuging. Die Kinder spielten in den weitläufigen Anlagen des Landhauses, wo sie ihren Tennisplatz und ihre Tischtennisplatten hatten. Da die Eltern sehr jung geheiratet hatten, konnten sie sich aktiv am Spiel der Kinder und an ihren sportlichen Aktivitäten beteiligen. Seine Lieblingssportarten waren Tennis und Krocket. Die Eltern drängten ihn nicht zu intellektuellen und schulischen Leistungen, denn sie hielten ihn für einen Spätentwickler. Es war eine, wie er sagte, idyllische Kindheit, in jeder Hinsicht. Er konnte sich nur an eine einzige Krankheit erinnern – eine Mandeloperation. Und auch davon wußte er nur noch, daß die Krankenschwestern ihn mit unglaublichen Mengen von Eis verwöhnten, das er lutschen und schlucken sollte.

Wir waren am Schluß der Stunde angelangt, und diesmal gab ich ihm ganz bewußt eine Deutung. Ich sagte zu ihm, es habe mich die ganze Zeit beeindruckt, wie offen und anschaulich er über sich selbst berichte, nie aber würde ich das Gefühl los, daß er nicht von sich selbst gesprochen habe. Ich wisse beispielsweise, setzte ich hinzu, daß er aufgrund seiner Operationen qualvolle Beschwerden habe erleiden müssen, davon aber sei in seinem Bericht nicht die Rede gewesen, und auch in seinem Traum seien die Verhältnisse wieder normal. Weiterhin sagte ich, daß es uns vielleicht gelänge, seine Selbsterfahrung und *Selbstheilung* (Khan [1970 b] 1988) besser zu verstehen, wenn er sich an die drastische Beschneidung seiner Lebensmöglichkeiten nach dem Unfall erinnern könnte. Ich betonte das Wort »Selbstheilung« und erklärte, daß es eine beachtliche Leistung von ihm gewesen sei, sich nach einer so langen Zeit voller traumatischer Ereignisse und angesichts der irreversiblen Nachwirkungen, die er ertragen mußte, derart erfolgreich wieder ins Leben zu integrieren.

Als er seinen Mantel anzog, meinte er ziemlich süffisant: »Ich habe das alles nun seit wohl dreißig Jahren beiseite geschoben, aber ich werde mein Bestes tun, um mir möglich viel wieder in Erinnerung zu rufen.«

In dieser Stunde hatte ich zum ersten Mal das Gefühl, daß wir dem, was ihn in seinem Innern quälte, nähergekommen waren. Nach wie vor fehlten mir präzise Anhaltspunkte, aber ich begann zu vermuten, daß es sich bei ihm um einen *verhinderten Perversen* [*pervert manqué*] handelte. Dies paßte meines Erachtens gut dazu, daß er in seinem Urteil über sich selbst das Adjektiv »böse« benutzt hatte. Ich hatte das Gefühl, daß er ein kreatives Leben hatte führen können, indem er vorsätzlich eine psychische Dissoziation aufrechterhielt, die ungefähr acht Monate zuvor aus irgendeinem Grund in sich zusammengefallen war. Nun war ich zuversichtlich, ihn als Person »halten« und ihm als »Patienten« helfen zu können. Die Art und Weise, wie er seine Frau involviert hatte, indem er ihr den Traum erzählte, war in meinen Augen eine für ihn sehr typische Taktik; er machte *den Anderen* zum Mitbeteiligten, statt ein Mitteilungsbedürfnis zu befriedigen. Auf diese Weise konnte er auch seinem eigenen inneren, psychischen Leben unpersönlich und distanziert gegenüberstehen (vgl. Khan [1979] 1983). Da sein Material mir jedoch für all diese Probleme keine sicheren Anhaltspunkte bot, gab ich ihm keine diesbezüglichen Deutungen.

Nach dieser Stunde setzte Herr X seine bruchstückhafte Selbstdarstellung wochenlang fort, indem er von seinem täglichen Leben und seiner Familie erzählte. Mir fiel auf, daß er mir noch immer nicht gesagt hatte, was er eigentlich

machte. Er hatte eine sehr subtile Art, »anonym« über sich selbst zu sprechen.
Für die Kinder von Herrn X begannen die Schulhalbjahrsferien, und er fragte, ob er ein verlängertes Wochenende mit seiner Familie verbringen könne, um seine Eltern in ihrem Landhaus zu besuchen. Er hatte sie seit fast einem Jahr nicht gesehen, da sie die meiste Zeit des Jahres in ihrem Haus an der Côte d'Azur lebten; überdies hatte sein Vater Geburtstag. Er würde so zwei Stunden ausfallen lassen müssen. Ich teile diese banalen Details mit, weil mir die Bedachtsamkeit, die er hier bewies, einiges über seinen Charakter sagte. Wie wir später sehen werden, spielte all dies bei seinem »depressiven Zusammenbruch« eine große Rolle.
Herr X war in ziemlich finsterer, niedergedrückter Stimmung, als er von seinem Aufenthalt bei seinen Eltern zurückkehrte, der, wie er meinte, für seine Familie äußerst angenehm gewesen war. Nach einer langen Pause sagte er:
»Ich hatte Gelegenheit, meine Mutter zu fragen, wie ich mich während der langen Phase meiner Armoperationen und Therapie *verhalten* (*behaved*: seine Formulierung) habe. Sie hat mir erzählt, daß das Auto, das über meinen Arm gefahren war, nicht angehalten hat, glücklicherweise jedoch kam schon bald ein anderes Auto vorbei. Sie wußten, wer ich war, und brachten mich zur nächsten Gaststätte, von dort aus riefen sie einen Krankenwagen und setzten sich mit meinen Eltern in Verbindung, die sie kannten. Meine Mutter wiederholte immerzu, was für ein tapferer und munterer Patient ich die ganze Zeit über gewesen sei, und sie erzählte von drei Episoden, die Sie vielleicht interessieren. Als ich nach der Operation erwachte, war ich gar nicht besonders aufgeregt. Als aber die Krankenschwester mir das Essen brachte und versuchte, mich zu füttern, weil ich es mit der linken Hand nicht schaffte, brach ich in Tränen aus. Zum Glück war meine Mutter anwesend und löste sie ab, und

während meines restlichen Aufenthalts im Krankenhaus und im Landhaus fütterte sie mich selbst. Ich persönlich kann mich an all das nicht erinnern, nur daran, daß es unbequem war, ausgestreckt schlafen zu müssen, weil mein Arm im Gips war. Die zweite Sache, die sie mir, mit einem gewissen Amüsement, erzählte, war die, daß ich mich weigerte, von den Krankenschwestern gewaschen zu werden, deshalb überredete mein Vater den Chirurgen, das Waschen unserem Butler zu überlassen. Dasselbe Arrangement wurde getroffen, als ich in die Schweiz reiste – der Butler begleitete mich. Auch daran habe ich keine Erinnerung. Das einzige, woran ich mich vage erinnern kann, ist ein Gefühl der Demütigung angesichts meiner Hilflosigkeit und Abhängigkeit von anderen. Meine Mutter hat mir erzählt, daß ich mich von meinen Brüdern, Schwestern, den Cousins und Cousinen abzusondern begann, als ich nach den verschiedenen Operationen wieder nach Hause kam, da ich mich nicht mehr an ihren Spielen beteiligen konnte, und meine Zeit damit verbrachte, zu lesen oder aber alleine in dem großen Garten spazierenzugehen, der sich um unser Haus herum ausbreitete.«

Mir fiel die Verbindung zwischen Demütigung, übergroßer Abhängigkeit und der Weigerung zu essen auf, aber in dieser Phase äußerte ich mich dazu noch nicht, sondern bemerkte statt dessen:

»Um es kurz zu sagen, Sie entfremdeten sich Ihrer Familie und Ihren Freunden immer stärker.«

Er antwortete: »Ja, so könnte man es sagen«, und fuhr fort:

»Es wurde schlimmer, als ich in die Schweiz ging. Obwohl die Kinder des Freundes meines Vaters englisch sprechen konnten, sprachen sie in der Regel ein merkwürdiges Kauderwelsch aus Französisch und Deutsch, das ich nicht verstehen konnte, und so fühlte ich mich ausgeschlossen. Ich unternahm lange Spaziergänge, immer in Begleitung des

Butlers, für den Fall, daß ich ausrutschen oder stürzen und mir wieder den Arm verletzen würde. Ich hatte Tom (den Butler) sehr gern, weil er mir nie etwas verboten hat. Auch der Chirurg war sehr freundlich; er zeigte mir, wie ich mit einem Löffel essen konnte, auf den ich die vorgeschnittene Nahrung mit einem merkwürdigen Gerät aus Metall schob, das ich kaum mit der rechten Hand zu halten vermochte. Allmählich wurde ich darin zum Experten und war sehr froh, meine ›Freiheit‹ (seine Formulierung) auf diesem Gebiet wiedergewonnen zu haben. Das Gerät habe ich noch. Es ist tatsächlich aus Silber. Unglücklicherweise mißlangen die Versuche, mit der linken Hand schreiben zu lernen, vollkommen. Ich glaube, das hatte etwas damit zu tun, daß ich es nicht akzeptierte, für immer verkrüppelt zu sein.«

Diese Einsicht, die er hier äußerte, überraschte mich, da er über sich bislang ohne jede Spur von Introspektion oder Verständnis seiner selbst gesprochen hatte.

Die Faktoren Entfremdung, Kommunikationsunfähigkeit und Gebrauch eines Geräts als Hilfsmittel, um Selbständigkeit und Freiheit wiederzuerlangen, merkte ich mir vor, um in Zukunft auf sie zurückzukommen (Khan [1972 c] 1988).

Ich war immer der Ansicht, daß ein einzelnes zentrales Trauma die Charakterbildung nicht auf dieselbe Art beeinflußt wie das, was ich als das »kumulative Trauma« bezeichnet habe, worunter ich die Fortgesetztheit kleiner Traumata verstehe, die die Ichfunktionen in der Kindheit oder Adoleszenz einschränken. Sie führen häufig zu Charakter-Störungen oder aber Perversionen (siehe Khan [1963 a] 1988, [1964 b] 1983, [1973] 1983, [1980] 1983).

Ich werde nun die Hauptmerkmale der klinischen Arbeit, die wir in jenem Jahr in den sechs Wochen vor Weihnachten leisteten, zusammenfassen.

Zuerst möchte ich den veränderten Charakter unserer Beziehung beschreiben. Sein Vertrauen wuchs, und immer weniger schweifte er von seinem persönlichen Leben ab. Ich kann nicht behaupten, daß er eine Übertragung im eigentlichen Sinn entwickelte; seine Art, sich auf mich zu beziehen, enthielt ganz offenkundig eine gewisse Distanz und Unpersönlichkeit. Er sprach jedoch weniger so über sich selbst, als ob er eine andere Person sei, die er gut kenne, und gefühlvoller über seinen Chirurgen und einen Lehrer in der Schweiz.

Herr X fuhr mit seiner Erzählung fort und berichtete, daß er vier Operationen hatte, nach sechs Wochen nur noch einen Verband am Arm trug und zwei der verrenkten Finger seiner rechten Hand frei waren. Durch die Physiotherapie wurde seine Hand ein bißchen beweglicher. Dann hatte der Chirurg eine neue Idee: er schickte ihn zu einem alten Maler, der privat Zeichenstunden gab. Er hoffte, daß die verkümmerten Muskeln sich allmählich kräftigen würden, wenn er es lernte, mit dem Bleistift umzugehen, und das klappte. Herr X fand den Lehrer sympathisch, und dieser stellte fest, daß er einen begabten Schüler hatte. Herr X zeichnete gut, und sobald seine Hand beweglicher wurde, ließen sich kleine Aufgaben des alltäglichen Lebens, so das Essen mit der Gabel in der rechten Hand, immer besser mit ihr bewältigen. Nun hatte er das Gefühl, »nicht länger eingesperrt«, sondern »befreit« (seine Formulierungen) zu sein. Er lernte auch die Sprache der Kinder und wurde auf diese Weise geselliger. (Er konnte bereits Französisch, nicht jedoch ihren Dialekt.) Aber er war, wie er betonte, zurückhaltender und beherrschter geworden. Vor seinem Unfall war er ein munteres und beinahe hyperaktives Kind gewesen. Nun verschlang er jede Menge Bücher, ohne richtig zu registrieren, was er las, so als ob er »ganz woanders« wäre (seine Formulierung).

Der Chirurg entschied, seine Erholung sei genügend weit fortgeschritten, so daß er zu Weihnachten zu seiner Familie zurückkehren könne; eine weitere Behandlung war nicht erforderlich, aber er mußte sich noch schonen. In der letzten

Woche seines Aufenthalts trat ein Ereignis ein, das sein ganzes Leben veränderte. Es kostete ihn große Mühe, davon zu berichten. Ich fasse seine Erzählung zusammen:

> An einem eisigen, verschneiten Wintertag befand er sich nach seiner Zeichenstunde auf dem Weg zurück zum Chalet, als zwei Mädchen auf Fahrrädern ihn überholten, die ein Wettrennen machten. Sie trugen enge weiße Shorts, Pullover und Söckchen. Dieser Anblick hatte ihn auf sonderbar intensive Weise erregt. Sobald er zu Hause war, kritzelte er zum ersten Mal ein Bild von einem Mädchen auf einem Fahrrad. In der Nacht hatte er einen erregenden Traum, der seiner Meinung nach sein ganzes Leben veränderte. In diesem Traum flitzten zwei Mädchen in kurzen weißen Hosen auf Fahrrädern an ihm vorbei, und er haute demjenigen, das ganz nah an ihn herankam, mit seinem flachen Lineal, das er zum Zeichnen benutzte und in der rechten Hand hielt, spielerisch auf den Po, woraufhin es sich umdrehte und ihm zuzwinkerte. Der Traum hatte ihn geweckt, und er stellte fest, daß er eine nächtliche Pollution gehabt hatte – seine erste. Nach diesem Traum begann er, Fahrräder und Mädchen auf Fahrrädern zu malen, und langsam, wie unter einem Zwang, nahm eine Phantasie Gestalt an.

Es war typisch, daß er mir von diesem Geschehen in der letzten Stunde vor den dreiwöchigen Weihnachtsferien erzählt hatte, so daß ich kaum etwas dazu sagen konnte. Als er seinen Mantel anzog, meinte er: »Ich glaube, Sie wissen nicht, was ich beruflich mache, oder hat mein Arzt es Ihnen gesagt?« »Nein!« erwiderte ich. Er lächelte und sagte, er habe sich auf das Entwerfen und Anfertigen von Möbeln spezialisiert und besitze eine eigene Werkstatt. Er arbeitete auf Bestellung, bot seine Entwürfe und Arbeiten, wenn sie wirklich hübsch waren, aber auch einigen wenigen Geschäften in limitierter Auflage an. Er war sehr erfolgreich, »obwohl ich ziemlich faul bin, und mit meiner Behinderung brauche ich länger als andere, um den Entwurf zu vollenden und den Gegenstand anzufertigen«. Er sagte, wenn er aus den Ferien zurückkomme, werde er mir erzählen, wie er Designer geworden war. Er wünschte mir fröhliche Weihnachten und überreichte mir eine hübsch verpackte Flasche Champagner als Geschenk. Ich war ganz gerührt angesichts dieser unvermuteten ausgesprochenen Freundlichkeit, nahm das Geschenk begeistert an und wünschte ihm und seiner Familie ein frohes Weihnachsfest.

Ich nahm jedoch seine Wahl des Zeitpunktes zur Kenntnis und daß er mich weiterhin darauf warten ließ zu erfahren, wie er Designer geworden war; diesmal aber hatte er gesagt, daß er es mir bei seiner Rückkehr erzählen würde. Für mich war dies ein Zeichen dafür, daß er nun Vertrauen in die Kontinuität unserer Beziehung und der gemeinsamen Arbeit hatte.

Nach den Weihnachtsferien kam es zu einer dramatischen Veränderung. Herr X kam pünktlich wieder zur Behandlung, und in der ersten Stunde setzte er sich hin und sagte ruhig, er müsse zuerst über ein praktisches Problem sprechen. In den Weihnachtsferien hatte einer seiner Freunde, der einer ähnlichen Arbeit nachging, einen Freund aus einem fernöstlichen Land mitgebracht, der ebenfalls in derselben Berufsbranche tätig war. Dieser Fremde, der in seinem eigenen Land einen hohen Rang einnahm, war von einigen Stücken, die Herr X entworfen und geschnitzt hatte, sehr beeindruckt gewesen, als er sie im Haus seines Freundes sah. Er fragte, ob er die Werkstatt besichtigen könne, und lud Herrn X anschließend ein, als sein Gast ab September ein Jahr lang in seiner Werkstatt Entwürfe zu erarbeiten; alle Entwürfe und Arbeiten würden ihm bezahlt werden. Er versicherte Herrn X außerdem, dafür zu sorgen, daß seine Frau ihre Doktorarbeit in seinem Lande abschließen könne und daß ein solcher Austausch von der Londoner Universität anerkannt würde. Herr X sagte, es sei für sie beide eine ideale Gelegenheit, denn um ihre Kinder, die alle an verschiedenen Colleges studierten und nicht mehr zu Hause wohnten, müßten sie sich nicht mehr kümmern. Seine Frau jedoch, fügte er hinzu, habe darauf bestanden, daß er mich zu Rate ziehe, weil sie der Ansicht sei, daß seine »Behandlung« (seine Formulierung) Priorität habe. Er fragte mich ganz offen nach meiner Meinung und was ich ihm raten würde.

Auf all dies war ich gänzlich unvorbereitet. Ich entschied mich, ihm gegenüber so ehrlich wie möglich zu sein und ihn nicht als Patienten zu »behandeln«, sondern als verantwortliche, erwachsene Person anzusprechen. Ich sagte, daß uns in klinischer Hinsicht nur sehr wenig Zeit bleiben würde und noch vieles zu tun sei; im Idealfall würden er und ich für die Behandlung noch mindestens zwei Jahre brauchen. Ich hätte jedoch, setzte ich hinzu, die klinische Erfahrung gemacht, daß man in solchen Fällen, in denen es sich um ein fokales Leiden handelt, – unter Mitarbeit des Patienten – in einer Kurzzeit-Behandlung eine Menge machen und es Gott, dem Leben und dem Zufall überlassen kann, die weitere Heilung und das persönliche Wachstum des Patienten zu fördern. Ich sagte, ich stimmte vollkommen mit ihm darin überein, daß solche Gelegenheiten, vor allem in seinem Alter, selten sind, und hätte volles Verständnis für sein Bedürfnis und Verlangen, durch die Arbeit mit Kollegen aus einer ganz anderen Kultur, die völlig andere Techniken anwenden, dazuzulernen und seine Fähigkeiten weiterzuentwickeln. Ich schloß: »Lassen Sie uns bis zu den Sommerferien mit- und füreinander das Beste versuchen.« Er machte das Angebot, fünfmal pro Woche zu kommen, was ich jedoch mit der logischen (wenn sie logisch war!) Überlegung ablehnte, daß wir die Behandlung nicht durch eine künstliche Intensivierung würden vorantreiben können. Die *Erweiterung*, wie ich es formulierte, sollte aus seinem Innern und aus der klinischen

Situation erwachsen. Wir einigten uns darauf, diese Voraussetzung als Rahmen unseres Arbeitsbündnisses zu betrachten und anzufangen.

Herr X legte sich hin und richtete als erstes die Bitte an mich, ihn ein wenig zu führen und nicht in unwichtige Regionen »abschweifen« (seine Formulierung) zu lassen. Ihm war kaum bewußt, daß sein anfängliches wortloses *Nicht-Vertrauen* den therapeutischen Prozeß und die therapeutische Beziehung monatelang zu einer außerordentlich heiklen Angelegenheit gemacht hatte und daß er, wenn ich irgendeinen Druck auf ihn ausgeübt hätte, entweder ganz gegangen wäre oder aber sich zurückgezogen und versteckt hätte, um mir nur noch die Trümmer blutleerer Ereignisse zu präsentieren. Ich nahm seine Aufforderung an, ohne zu erwähnen, was ich oben geschrieben habe; am besten, sagte ich, fingen wir vielleicht damit an, daß er mir erzählte, wie der Traum von den Mädchen auf dem Rad sein ganzes Leben »verändert« hatte. An diesem Punkt verzichtete ich völlig darauf, den »Klaps mit seinem Lineal« zu erwähnen, da ich nun wußte, daß »Schlagen« mit Sicherheit ein wesentliches Element seiner Masturbationsphantasien war.

Ich fasse Herrn X's Erzählung über das *Wie* der Sache im folgenden zusammen:

> Bislang hatte seine Ausbildung sich auf den Sprachunterricht für die Abitursvorbereitung konzentriert, weil er an einer Universität Sprachen und Politikwissenschaften studieren und im Anschluß daran versuchen wollte, in den diplomatischen Dienst aufgenommen zu werden. Nach seinem »Schweizer Traum« (wie er ihn von nun an nannte) fühlte er sich sonderbar heiter und »wach« (seine Formulierung). Statt in Büchern zu schmökern oder mit Tom, dem Butler, Schach und Monopoly zu spielen, schloß er sich nun stärker der Gastfamilie und ihren Kindern an und beschäftigte sich mit einer ziemlich sonderbaren Phantasie. Sie

nahm Gestalt an und veränderte sich die ganze Zeit über, ihr zentrales Thema jedoch blieb dasselbe. Er fand es schade, daß er den Traum erst so spät gehabt hatte, denn bis zu seiner endgültigen Abreise nach England, wo er mit seiner Familie das Weihnachtsfest verbringen sollte, blieben nur noch zehn Tage.

Gespannt vor Erwartung hielt Herr X, mir eine Deutung geradezu »abverlangend«, inne. Mir fiel auf, daß in der Art, wie er mir erzählte, auf welche Weise der Schweizer Traum ihn verändert hatte, zwei neue Elemente in Erscheinung getreten waren: er provozierte mich und forderte mich heraus, ihn durch Deutungen anzutreiben, weiteres Material zu produzieren. Wieder war es nur eine winzige Nuance in Stimmlage, Gestik und Schweigen, die mir diese Elemente zu erkennen gab; mein Bericht zeigt nicht im einzelnen auf, weshalb ich das Gefühl hatte, provoziert und unter Druck gesetzt zu werden, aber genauer kann ich es leider nicht beschreiben. Nun wieder zur Erzählung von Herrn X:

Da die Sitze im Flugzeug sehr eng sind und er leicht von anderen Passagieren hätte gestoßen werden können, waren er und Tom auf Anraten des Chirurgen, der dies im Hinblick auf seinen Arm für das Sicherste hielt, mit dem Zug nach London zurückgefahren. Sein Chirurg hatte ihm auch geraten, den Arm weiterhin noch mindestens sechs Monate lang in einer Schlinge zu tragen und zu schonen, wenn er ihn nicht benutzte. Die Schlinge würde ihn daran erinnern, daß sein Arm nicht vollständig geheilt sei und er vorsichtig mit ihm umgehen müsse, und sie würde auch den anderen signalisieren, daß sie auf ihn Rücksicht nehmen mußten. Die Aussicht, jedermann sein »Arm- und Handhandikap« unter die Nase zu halten, gefiel ihm ganz und gar nicht, aber er hatte sich mit allem einverstanden erklärt und sollte noch früh genug dahinterkommen, wie klug der Rat des Chirurgen gewesen war. Für ihn empfand er tiefen Respekt und eine ehrliche Zuneigung.

Ich muß an dieser Stelle deutlich sagen, daß ich in bezug auf Genauigkeit und Sparsamkeit meiner Deutungen um so vorsichtiger wurde, je stärker Herr X mich indirekt zu Deutungen provozierte und unter Druck setzte. Während der ersten Sitzungen beispielsweise, in denen er mir das *Wie* seiner »Veränderung« erzählte, gab ich fast keine Deutungen, sondern beschränkte mich auf knappe, beiläufige Bemerkungen, um ihm zu zeigen, daß ich anwesend war, zuhörte und den Kontakt nicht abreißen ließ. Wieder zurück zur Erzählung von Herrn X:

> Die ganze Familie war zum Bahnhof gekommen, um ihn in Empfang zu nehmen, und alle waren sie unglaublich froh darüber, ihn gesund und mit einem funktionsfähigen Arm wiederzusehen. Für sie war es eine echte Überraschung, daß er mit seiner rechten Hand schreiben und zeichnen konnte. (Davon hatten sie seit Monaten durch seine Postkarten gewußt, auf denen er schrieb und kleine Bilder für seine Eltern, Brüder und Schwestern zeichnete, die er auf den Empfänger zuschnitt. Seine kontinuierliche Beziehung zu seiner Familie hatte mich als ausgesprochen positiver Aspekt seiner Persönlichkeit beeindruckt.)
> Als das Weihnachtsfest vorüber war, stellte sich die Frage nach der Wiederaufnahme seiner Ausbildung. Der Chirurg hatte den Eltern geschrieben und empfohlen, daß er im Herbst folgenden Jahres wieder zur Schule gehen, bis dahin aber zu Hause Privatstunden nehmen solle. Die Eltern hatten seinem Vorschlag bereitwillig zugestimmt. In diesem Zusammenhang hatte er seinen Eltern gegenüber »die erste Veränderung« (seine Formulierung) angedeutet. Anstatt, wie vor dem Unfall, Sprachen, Geographie und Geschichte zu lernen, bat er darum, Unterricht in Sprachen (nur zwei:

Französisch und Englisch), Mathematik, Physik und Chemie nehmen zu dürfen. Die Eltern versuchten auf sehr freundliche Weise, ihn davon abzubringen, indem sie sagten, daß sein »Handikap« (wie es von nun an von der Familie und ihm selbst genannt wurde) es ihm sehr schwierig machen würde, in der Physik und Chemie experimentell zu arbeiten. Da er jedoch darauf bestand, ließen sie ihn gewähren.

Als seine Brüder und Schwestern nach Weihnachten wieder zur Schule und seine Eltern zur Arbeit gingen (seine Mutter hatte ihre karitativen Tätigkeiten wiederaufgenommen), merkte er, daß er recht einsam war, und von den Privatstunden abgesehen, wußte er nicht, wie er sich beschäftigen sollte. Häufig spielte er Schach und Monopoly mit Tom, dem Butler, aber es füllte ihn nicht aus. Er zeichnete nun auch nicht mehr, da er sich daran gewöhnt hatte, es mit dem Lehrer zusammen zu machen.

Eines Tages hatte eine seiner Schwestern zufällig ihr Fahrrad draußen an der Mauer stehen lassen. Er spürte ein unwiderstehliches Verlangen, es zu zeichnen, und fertigte eine Zeichnung an, die seiner Meinung nach, für einen ersten Versuch, nicht schlecht war. (Als er sie mir lange später, zusammen mit anderen Zeichnungen, zeigte, war ich sehr beeindruckt.)

Das Zeichnen von Fahrrädern (und später von Möbeln) wurde nun zu seinem Zeitvertreib. Stilleben von Blumen usw. konnte er nicht malen, und lebende Modelle standen ihm nicht zur Verfügung, von Tom, dem Butler, und gelegentlich seinen Schwestern abgesehen, falls einer von ihnen eine Stunde lang stillsitzen konnte. Seine Eltern waren sehr erleichtert und freuten sich darüber, daß er mit seiner linken Hand mehr praktische, mit der rechten, behinderten Hand eher kreative Tätigkeiten ausführte.

Irgendwann im Februar jenes Jahres lud ihn ein Nachbar, der sein Pate und ein Freund seiner Eltern war, ein, das

Wochenende bei seiner Familie zu verbringen. Dieser Freund besaß einen Bauernhof und erledigte – als Hobby wie auch notgedrungen – alle Tischlerarbeiten mit großem Geschick selber. Während seines Besuchs trug Herr X Werkzeuge und ging seinem Paten mit kleineren Arbeiten zur Hand. Als das Wochenende zu Ende ging, fragte er seinen Paten, ob er jeden Samstag auf ein paar Stunden kommen könnte, um ihm zu helfen und zu lernen, wie man die Werkzeuge, zum Beispiel den Schraubenzieher und die elektrische Säge, bedient. Sein Pate und seine Eltern waren von seinem Vorhaben entzückt. Während dieses Besuchs traf Herr X innerlich die »endgültige« Entscheidung über seine berufliche Zukunft. Er war nun entschlossen, keine akademische Ausbildung an einer Universität aufzunehmen, sondern an ein College zu gehen, an dem er handwerkliche Berufe erlernen konnte.

An irgendeinem Punkt notierte ich mir Herrn X' Bemerkung: »Sie sehen, wie der Schweizer Traum mich befreite und mich meinen Beruf finden ließ. Nach jenem Traum begann ich, Räder und Möbel zu zeichnen.« Provozierend hatte er hinzugesetzt: »Sie haben kein Wort über den Schweizer Traum gesagt.«
Aus meinen Notizen ersehe ich, daß ich jene Gelegenheit wahrnahm, um ihm den Traum in dem Sinne zu deuten, daß er ihm nicht allein Freiheit verlieh, sondern ihm auch die Hoffnung und Zuversicht zurückgab, seine behinderte Hand wieder spielerisch gebrauchen und Schabernack mit ihr treiben zu können. Und ich hatte ganz bewußt hinzugefügt: »Das Spielen ist der Beginn allen handwerklichen Könnens und der Kunst.« Mit Absicht hatte ich ihm eine »Ich-Deutung« des Traumes gegeben, obwohl ich seine sexuellen Implikationen klar erkannte, denn an jenem Punkt wollte ich seine Selbstachtung wiederherstellen und seine Ich-Ideale stärken. Ich hatte infolgedessen die Betonung auf

das Traumerleben (vgl. Kapitel 2) im »Traumraum« (vgl. Pontalis [1972] 1977) gelegt. Ich habe oft festgestellt, daß ein Teil dessen, was in der Supervision von Ausbildungskandidaten und in der Literatur als tiefe Analyse betrachtet wird, eigentlich ein ziemlich krankhaftes Streben nach epistemologischen Spezialkenntnissen darstellt. Ich hatte auch den Verdacht, daß er beim Zeichnen der Fahrräder intensiv masturbierte, hatte jedoch gewartet, bis er es als erster erwähnte, bevor ich die unzähligen psychischen Zusammenhänge zwischen seinem Schweizer Traum, seiner Masturbations-Phantasie (deren Schilderung noch ausstand) und den kumulativen Traumata deutete, die er in dem Jahr nach seinem Unfall durchleben mußte. Ich hatte auch noch andere Gründe, die sexuellen Inhalte und das psychische Material des Traumes nicht voreilig zu deuten. Er hatte einen depressiven Zusammenbruch erlitten. Bei solchen Zusammenbrüchen und bei Perversionen übernimmt das (unbewußte oder vorbewußte) Über-Ich eine andere Funktion (vgl. Freud 1905 d, 1924 c). Ich wollte die psycho-sexuellen inneren Erfahrungen dieses Patienten, über die *er selbst* mir kaum etwas erzählt hatte, nicht noch durch anmaßende Deutungen verschlimmern.

In meinen Aufzeichnungen lese ich, daß Herr X mir Anfang März jenes Jahres zum ersten Mal eines seiner »Fahrradmädchen-Bilder« (*girly-cycle drawings*, wie er sie ironisch getauft hatte) zeigte. Ich war sehr überrascht, wie geschickt und akkurat er seine genaue Beobachtung in die manuelle Tätigkeit des Zeichnens übertragen hatte. Das Mädchen auf dem Rad – sitzend, nach vorn gebeugt und mit auffälligem Hinterteil – war in dieser Zeichnung nur ganz flüchtig skizziert. Er schwieg, während ich die Zeichnung betrachtete, und fragte dann ziemlich provozierend: »Nun, was halten Sie davon?«

Jetzt ließ ich mich auf die *Auseinandersetzung* [*contest*] ein und sagte: »Das hängt davon ab, was Sie mir erzählen.«

»Fragen Sie mich«, flachste er, und ich sagte: »In Ordnung – wenn Sie an einer so hübschen Zeichnung arbeiten oder wenn sie dann fertig ist: welche Art von Lust und Befriedigung verschafft Ihnen das?« Und sehr betont fügte ich hinzu: »Und was *tun* Sie dann?«

Er wurde rot. Er hatte begriffen, und nun eröffnete sich das gesamte Thema seiner Masturbationsphantasien und -praktiken. Ich werde seinen Bericht kurz zusammenfassen.

Jeder Kliniker weiß, wie schwer, wenn nicht unmöglich, es ist, das Auf und Ab und Kreuzundquer der mündlichen Erzählung in der klinischen Situation schriftlich zu vermitteln, insbesondere die subtilen und häufig spontanen, unbedachten Interventionen des Analytikers (Deutungen genannt), die diesen Schlagabtausch [*contest*] aus Dialog, Schweigen und reiner Erzählung fördern und aufrechterhalten (Khan [1972 d] 1988). Ich will dennoch versuchen, eine Vorstellung von der Atmosphäre und dem Charakter der analytischen Arbeit während der ca. acht Wochen vor den Osterferien zu vermitteln, in denen wir die (psychischen und sexuellen) Inhalte seiner Masturbationsträumereien, »Fahrradmädchen-Bilder« und masturbatorischen Handlungen durcharbeiteten. In dieser Phase der Zusammenarbeit sollte ich entdecken, welch eine vielseitige und reiche Persönlichkeit Herr X besaß, wie geschliffen sein Intellekt und seine ästhetischen Ansichten waren und über welch umfassende Einbildungskraft er verfügte.

Vor seinem Armunfall hatte er ein gutartig »dissoziiertes« Leben »auf Sparflamme« geführt, dem sich eine einjährige Invalidität anschloß – mit körperlichen, mal ganz akuten, dann dauerhaften Schmerzen und den damit einhergehenden Ängsten und Befürchtungen, wie es mit seinem Arm weitergehen sollte –, ohne daß er sich deswegen bei irgend jemandem beklagt hätte. Dennoch hatte er im Laufe dieses Jahres mit sonderbar geschärfter Wahrnehmungsfähigkeit jede eigene innerliche Erfahrung sowie das Verhalten der anderen registriert. Dies alles hatte er allmählich »sortiert« und vier verschiedenen Existenzweisen zugeordnet: 1. seiner äußerst geheimen, stummen Existenz, die ihm selbst durch den Schweizer Traum und die masturbatorischen »Fahrradmädchen-Bilder« voll bewußt geworden war, die aber bislang mit niemandem geteilt wurde; 2. der Entschiedenheit, mit der er in bezug auf den körperlichen Schmerz und die intrapsychischen Stimmungs- und Gefühlsschwankungen, die seine sozialen und familiären Beziehungen beeinflußten, Haltung bewahrte; 3. dem Erlernen des Tischlereihandwerks; 4. seinem tieferen, sogar ihm noch verborgenen Selbst, das eines Tages *er* sein und alle übrigen Teile in eine ganze Person, Herrn X, integrieren würde (vgl. Khan [1972c] 1988).

Bevor ich die Aktivitäten von Herrn X nach seiner Rückkehr aus der Schweiz zusammenhängend schildere, muß ich zwei Dinge festhalten. Erstens: Er selbst bezeichnete seine »Fahrradmädchen-Bilder« niemals als masturbatorisch; ich benutze dieses Adjektiv hier, um dem Leser zu helfen, habe es Herrn X gegenüber jedoch nie gebraucht, obgleich wir die Beziehung zwischen diesen Zeichnungen und den Masturbationsvorgängen detailliert herausarbeiteten. Zweitens: Als Herr X freier und verbindlicher mit mir über seine Zeichnungen zu sprechen begann, fiel ihm eine Unterhaltung ein, die er in der Weihnachtszeit nach seiner Rückkehr mit seiner Mutter geführt hatte. Er hatte sie gefragt, weshalb sie von seinen Bemühungen, seine »behinderte« Hand zu benutzen und seinen linken Arm und die linke Hand zu kräftigen, so beeindruckt gewesen sei. Zum Beispiel schrieb er mit der rechten Hand langsam, aber beharrlich, während er mit der linken Hand, von der rechten nur leicht gestützt und geführt, mit seinen Brüdern und Schwestern Krocket spielte, mit jämmerlichem Ergebnis (was die Geschwister nicht störte). Seine Mutter hatte geantwortet, daß er als Kind zerstreut und träge gewesen sei und überhaupt keinen

Ehrgeiz gehabt habe. Wenn er merkte, daß er bei einem Spiel verlor, gab er zu schnell auf und versuchte es zu beenden. Er ärgerte sich nie, wenn der andere gewann. Eingedenk der neuen Bedingungen unseres Arbeitsbündnisses ergriff ich an dieser Stelle – zum ersten Mal, soweit ich mich erinnern kann – die Initiative und gab ihm eine »lenkende« Deutung. Ich sagte, so wie ich die Aussage seiner Mutter verstünde, habe er zu leicht *resigniert,* statt *sich anzustrengen,* seine im Vergleich zu den älteren Brüdern nur unzulängliche Geschicklichkeit zu *verbessern und zu meistern.* Er wandte ein, daß er sich beim Monopolyspiel mit seinen jüngeren Schwestern genauso verhalten habe: Sobald er merkte, daß er nicht gewinnen konnte, gab er bereitwillig auf. Seinem Einwand hielt ich entgegen, das ändere nichts an dem, was ich gesagt hätte. In seinem Fall, fügte ich hinzu, hätten der Unfall und das »Handikap«, zusammen mit dem Traum, das Verlangen in ihm geweckt, energisch und mit spielerischem Humor etwas in Angriff zu nehmen und es auch durchzuhalten. Ich weiß nicht, weshalb ich seinen Humor erwähnte, aber seine Art, sich mit mir zu unterhalten, hatte sich so sehr verändert, daß mir nun bewußt wurde, daß er über einen subtilen Witz verfügte und sich der Sprache mit wohlwollendem Humor bediente. All diese Faktoren hatten dazu geführt, daß er im Beruf seiner Wahl – Design und Tischlerhandwerk – ziemlich schnell einen soliden Erfolg erzielt hatte. Um aber auf seine Zeichnungen zurückzukommen, werde ich die entscheidenden Daten – anhand meiner unsystematischen Zusammenstellung seines Materials – wiederum zusammenfassen:

> Nachdem er das Fahrrad seiner Schwester gezeichnet hatte, was einige Wochen in Anspruch nahm, begann Herr X eine bestimmte Stimmung in sich selbst wahrzunehmen, die ihn dazu trieb, die Fahrräder zu zeichnen. Seine Familie war tagsüber abwesend, und obwohl er seine Privatstunden

hatte und jederzeit mit Tom, dem Butler, Gesellschaftsspiele spielen konnte, merkte er, daß ihm ziemlich viel Zeit für sich selbst zur Verfügung stand, in der er nichts tat. Nun aber geriet er nicht mehr in jene Zustände, die seine Mutter als »Zerstreutheit« bezeichnet hatte, sondern fühlte, daß sich eine sonderbare Erregung in ihm entwickelte. Hier ergänzte er ein höchst wichtiges Detail, nämlich daß die erste gelungene Zeichnung des Fahrrads entstanden war, nachdem er damals seinen Paten (den er Onkel James nannte) besucht und ihm bei den notwendigen Schreinerarbeiten in seinen Kuhställen usw. geholfen hatte.

Ich notierte mir in Gedanken, daß seine sexuelle (inzestuöse?) Phantasie sich parallel zu der immer besseren Beherrschung des »Handikaps« entwickelt hatte, ihm selbst diese Tatsache aber nicht bewußt war. Er schilderte viele Versionen der frühen Stufen der Phantasie. Sie war immer nur dann aufgetaucht, wenn er begann, ein auf dem Fahrrad sitzendes Mädchen zu zeichnen. Ich habe nie herausgefunden, ob er masturbierte, wenn er nur Fahrräder zeichnete. Es dauerte Monate, bis die endgültige Version der Phantasie feststand, die in der Folgezeit, von geringfügigen Variationen einzelner Details abgesehen, bis zu seinem depressiven Zusammenbruch immer dieselbe blieb. Ich gebe sie hier wieder:

> Er radelt über eine Landstraße. Es ist Sommer, ein wunderbarer, sonniger Tag. Ein Mädchen in weißen Shorts überholt ihn auf einem Fahrrad. Er tritt in die Pedale, um sie einzuholen, und sie kommen miteinander ins Gespräch. Nach und nach überredet er sie, ihn an einem der nächsten Tage zu besuchen. Sie verabreden sich. An einem Montag, die ganze Familie ist fort, kommt das Mädchen zum Lunch zu ihm. Mit Hilfe einiger schlauer und ihre Neugierde weckender Tricks überredet er sie, sich anzusehen, was er in

seinem Studio macht. Dort steht ein Fahrrad, das er aus Holz geschnitzt hat. Es hat Räder, die sich nicht bewegen lassen, und der Sitz ist auffällig höher als der Lenker. Er erzählt ihr, daß er ein College besucht und es sein Hobby sei, »Räder« und andere Gegenstände aus Holz, in allen Größen, für seine Familie und Freunde anzufertigen.

Es dauerte, wie Herr X betonte, natürlich Jahre, bis die Phantasie ihre endgültige Gestalt gewonnen hatte: er war neunzehn und ging schon ins College. Er erzählte mir nun, wie er, als seine Eltern ihn fragten, was er sich zu seinem fünfzehnten Geburtstag (er war Ende Mai geboren) wünsche, die zweite »Veränderung« seiner Zukunftspläne in die Wege geleitet hatte. Ohne zu zögern, hatte er geantwortet: eine Tischlereiausstattung. Die Eltern hatten Onkel James um Rat gefragt und ihm die beste gekauft, mit allen nötigen Werkzeugen, von denen er manche noch gar nicht zu handhaben wußte. Die Ausstattung wurde ihm an seinem Geburtstag überreicht, und als die fünfzehn Kerzen auf dem Kuchen brannten und er sich gerade anschickte, sie auszublasen, meinte seine jüngste Schwester »Du mußt dir etwas wünschen.« Laut und deutlich trug er seinen Wunsch vor: »Ich möchte an ein College gehen, an dem Handwerksberufe gelehrt werden. Ich möchte nicht an einer Universität studieren.« Seine Eltern und ihre Freunde, die zu Besuch waren, waren völlig perplex, aber jeder gratulierte ihm zum Geburtstag, und man kam wochenlang nicht auf seinen Wunsch zu sprechen. Eines Tages dann rief sein Vater ihn zu sich in sein Arbeitszimmer, wo er auch Onkel James antraf. Beide fragten sie ihn, wie ernst es ihm mit seinem Wunsch sei, ein College für Handwerksberufe statt die Universität zu besuchen. Er sagte ihnen offen, daß er darüber nachgedacht habe, seit ihm klargeworden sei, daß er seine rechte Hand zum Zeichnen benutzen konnte, und sein Chirurg ihm versichert hätte, daß seine »behinderte« Hand zwar verkrüppelt, aber dennoch funktionsfähig sei und mit der Zeit auf jeden Fall noch beweglicher und kräftiger werden würde. Er teilte ihnen seinen Entschluß mit, Physik und Chemie zu studieren, da er diese Kenntnisse benötige, um sein Ziel zu erreichen. Seinem Vater sagte er auch, er habe darüber seit Wochen mit ihm sprechen wollen, sei jedoch zu schüchtern gewesen, weil er wisse, wieviel Mühe und Geld seine Behandlung sie gekostet hatten, und er ihnen nicht gleich wieder Sorgen machen wollte. Der Vater und Onkel James erklärten sich mit seinen Wünschen bereitwillig einverstanden, und Onkel James versicherte dem Vater, der Junge habe ihm ja bei der Arbeit in der Tischlerwerkstatt geholfen, und soweit er gesehen habe, sei er begabt und wisse, was er wolle.

Auch ich war sehr überrascht davon, daß er in diesem Alter schon über eine derartige Zielstrebigkeit verfügte, denn bislang hatte ich nur von seiner Fähigkeit gehört und gewußt, Schmerz und Unbehagen zu ertragen. Wiederum entschied ich mich, die Phantasie auf der Ichebene zu deuten, und bemerkte, daß er in ihr seine Handlungsfähigkeiten, über die er vor dem Unfall verfügt hatte, zurückgewinne und darüber hinaus dem Mädchen zeigen könne, was seine behinderte Hand zu leisten imstande sei. Dies müsse ihm das Gefühl geben, ebenso wie andere und daher frei zu sein. Er stimmte zu, daß dies ein Teil seiner Erfahrung sei. Da er bisher alle Daten zurückgehalten hatte, die ein solches Eindringen in sein geheimes psychisches Leben gerechtfertigt hätten, deutete ich ihm gegenüber nicht an, daß die Phantasie auch mit der Beherrschung eines Sexualobjekts durch sein Ich [*ego-mastery*] verknüpft war, obwohl ich dergleichen durchaus vermutete. Mit wenigen Einschränkungen teile ich völlig Freuds (1937c) Überzeugung, die er jenem »Mann« gegenüber äußerte, der zwecks erneuter Analyse zu ihm gekommen war und sich später über ihre Unvollständigkeit beschwerte. Ich zitiere den entsprechenden Abschnitt in voller Länge, da man heutzutage mehr über Freud als Freud selbst zu lesen pflegt:

> Ein Mann, der die Analyse selbst mit großem Erfolge ausgeübt hat, urteilt, daß sein Verhältnis zum Mann wie zur Frau – zu den Männern, die seine Konkurrenten sind, und zur Frau, die er liebt – doch nicht frei von neurotischen Behinderungen ist, und macht sich darum zum analytischen Objekt eines anderen, den er für ihm überlegen hält. Diese kritische Durchleuchtung der eigenen Person bringt ihm vollen Erfolg. Er heiratet die geliebte Frau und wandelt sich zum Freund und Lehrer der vermeintlichen Rivalen. Es vergehen so viele Jahre, in denen auch die Beziehung zum einstigen Analytiker ungetrübt bleibt. Dann aber tritt ohne nachweisbaren äußeren Anlaß eine Störung ein. Der Analysierte tritt in Opposition zum Analytiker, er wirft ihm vor, daß er es versäumt hat, ihm eine vollständige Analyse zu geben. Er hätte doch wissen und in Betracht ziehen müssen, daß eine Übertragungsbeziehung niemals bloß positiv sein kann; er hätte sich um die Möglichkeiten einer negativen Übertragung bekümmern müssen. Der Analytiker verantwortet sich dahin, daß zur Zeit der Analyse von einer negativen Übertragung nichts zu merken war. Aber selbst angenommen, daß er leiseste Anzeichen einer solchen übersehen hätte, was bei der Enge des Horizonts in jener Frühzeit der Analyse nicht ausgeschlossen wäre, so bliebe es zweifelhaft, ob er die Macht gehabt hätte, ein Thema, oder, wie man sagt: einen »Komplex«, durch seinen bloßen Hinweis zu aktivieren, solange er beim Patienten selbst nicht aktuell war. Dazu hätte es doch gewiß einer im realen Sinne unfreundlichen Handlung gegen den Patienten bedurft. Und außerdem sei nicht jede gute Beziehung zwischen Analytiker und Analysiertem, während und nach der Analyse, als Übertragung einzuschätzen. Es gebe auch freundschaftliche Beziehungen, die real begründet sind und sich als lebensfähig erweisen. (S. 65 f.)

Laut Jones ([1953] 1960-62) handelt es sich bei dem »Analysierten« um den berühmten ungarischen Psychoanalytiker Sandor Ferenczi. Es lohnt sich auch, James Stracheys kurze und klärende Anmerkung zu diesem Aufsatz zu lesen.

Herr X erzählte mir, er habe mit den »eigentlichen Fahrradmädchen-Bildern« erst begonnen, als er in London als Tagesschüler zum College ging. Während der Woche wohnte er mit seinem Vater und Tom, dem Butler, im Apartment des Vaters, und alle zusammen kehrten sie an den Wochenenden ins Landhaus zurück. Er erzählte mir auch, daß er sich außerordentlich in acht nahm, beim Zeichnen solcher »Fahrradmädchen-Bilder« nicht überrascht zu werden, und daß ich der erste sei, der sie je gesehen hätte. Ich hatte scherzhaft gemeint, ich wisse nicht, ob ich dies als eine Geste des Vertrauens auffassen sollte oder als ein Manöver, mich zum Komplizen seines »geheimen Lebens« zu machen. Diese Formulierung benutzte ich zum ersten Mal. Ich sage immer wieder »zum ersten Mal«, weil ich mir anhand der Erzählung des Patienten im Laufe der Zeit allmählich meine eigene, persönliche klinische »Kartei« der möglicherweise wichtigen kleinen Details seiner Ausdrucksweise, seiner Gestik oder Art zu sprechen anlege, um zukünftig auf sie zurückgreifen zu können; zum entsprechenden Zeitpunkt sind mir die Bedeutungszusammenhänge dieser Details nicht klar. Noch immer gab das mündliche Material des Patienten mir keinen Hinweis darauf, ob er die »Mädchen-Bilder« nur als Mittel benutzte, um sein zunehmendes Hochgefühl zu kontrollieren und zu beherrschen, oder ob er schließlich wirklich masturbierte. Dies sollte viel später erst geklärt werden. Ich habe oben gesagt, daß ich mich entschlossen hatte, die endgültige Gestalt seiner Phantasie auf der Ichebene zu deuten, und werde die entscheidenden Veränderungen seines Ichs und seiner Selbst-Erfahrung, die wir durch die Analyse dieser Phantasie und ihrer Vorstufen entdecken konnten, zusammenfassen. Ich ergriff hier erneut die

Initiative und wies auf einen Aspekt der Objektbeziehung in der Phantasie hin, nämlich darauf, daß er und das Mädchen sich zufällig begegnen, daß sie einander unbekannt bleiben und ganz allmählich und in provozierender Manier ausprobieren, auf welche Weise sie miteinander *kooperieren* können. Das Verb »kooperieren« hatte ich dabei betont (vgl. Khan [1964 a] 1988, [1964 b] 1983).
Herr X hatte mir viel zu bereitwillig zugestimmt, so daß ich auf der Hut war; meiner Einschätzung zufolge kannte ich nun ein Viertel der Wahrheit, das Wesentliche aber fehlte noch. Dann sagte Herr X, es sei ihm nie in den Sinn gekommen, die Phantasie auf diese Weise zu betrachten, und fügte hinzu: »Was mich betrifft, gab es keinen Unterschied zwischen dem hölzernen Fahrrad und dem Mädchen.« Diese Bemerkung gab mir einen entscheidenden Hinweis darauf, in welcher Beziehung er zu dem Sexualobjekt in seinen Masturbationsphantasien stand. Wir werden bald sehen, welche Rolle das Mädchen in der vollständigen Phantasie spielte; als Herr X Vertrauen in die »Unpersönlichkeit« des klinischen Settings gewonnen hatte, erzählte er mir, wie die Phantasie sich weiterentwickelte und daß er, als er etwa neunzehn Jahre alt war, jedesmal masturbierte, sobald ein »Mädchen-Bild« fertig war. Zuerst aber möchte ich zusammenfassen, wie vieles dessen, was er »im Geheimen« während seines langen und schmerzhaften Leidens durchlitten hatte, wir der Dissoziierung, Verdrängung und Amnesie wieder abgewinnen konnten und auf welch vielfältige Art und Weise dieses Material, indem er zeichnen lernte, in die »Fahrradmädchen-Bilder« eingearbeitet worden war. Er hatte seine Hilflosigkeit und Abhängigkeit vom *Anderen* unter die Herrschaft seines Ichs [*ego-mastery*] gebracht. Winnicott ([1960 b] 1984, S. 47) behauptete: »In der Psychoanalyse gibt es, wie wir wissen, kein Trauma, das außerhalb der Omnipotenz des Individuums liegt.« Ich würde jedoch hinzufügen, daß Omnipotenz nicht dasselbe wie Herrschaft ist;

sie verleugnet sowohl die innere als auch die äußere psychische Realität sowie die Erkenntnis des *anderen* als eigenständige Person völlig. Wir werden später sehen, wie die Omnipotenz, wenn sie sich durchsetzt, das Gefühl eines Menschen für seine eigene Identität zerstören und ihn sich selbst entfremden kann (vgl. Winnicott [1935] 1983; Khan [1980] 1983).

Ich habe Herrn X' Gefühl der Demütigung angesichts seiner Unfähigkeit, alleine zu essen, und seine Weigerung, sich von der Krankenschwester helfen zu lassen, bereits geschildert und habe beschrieben, daß er nur seiner Mutter erlaubte, ihn zu füttern. Herr X betonte immer wieder, daß die Krankenhausaufenthalte und Operationen in London und in der Schweiz für ihn ganz unterschiedliche Erfahrungen gewesen seien. In London und zu Hause begann er alsbald, seinen eingegipsten Arm als ein »Ding« zu behandeln, das er mit sich herumschleppte. Er hatte die drei großen Operationen als etwas erlebt, das unumgänglich, aber nutzlos war. An keinem Punkt brachte er Protest zum Ausdruck. Aber als er sich an seine subjektiven Empfindungen erinnerte, wurde ihm bewußt, daß er sich »mißhandelt« (sein Ausdruck) und der Möglichkeit beraubt gefühlt hatte, seine eigene Meinung zu äußern. Während er erzählte, konnte ich seine Wut und Desillusionierung mitfühlen. An einem Punkt sagte er, er habe den Glauben an seine Eltern und die Chirurgen in London völlig verloren, nachdem er zufällig die Bemerkung des Chirurgen über eine mögliche Amputation mitangehört hatte und niemand mit ihm selbst darüber sprach.

Ich werde die Darstellung von Herrn X' »Fahrradmädchen«-Träumerei nun abschließen. Den Begriff »masturbatorisch« verwende ich bewußt nicht mehr, denn ich begann nun zu vermuten, daß es sich bei dem Zeichnen eines »Mädchen-Bildes« und der Träumerei (Herr X sprach von seiner »Geschichte« [*story*]) einerseits und dem Masturbationsakt andererseits um psychische Erfahrungen unterschiedlichen

Charakters handelte. Herr X hatte mir die vollständige Träumerei, die zum ersten masturbatorischen Akt geführt hatte, in einer Freitagsstunde erzählt, und es verblieb uns nur noch eine Woche (d. h. drei Stunden) vor den vierwöchigen Osterferien, um sie zu analysieren. Ich hatte seinen Wunsch nach langen, vierwöchigen Osterferien statt der in England üblichen zwei Wochen akzeptiert, weil er gesagt hatte, für mehr als ein Jahr sei es das letzte Mal, daß er mit der ganzen Familie in sein Landhaus fahren könne, das die Kinder so liebten, denn Anfang August wollte er ins Ausland gehen. Obwohl ich mich damit einverstanden erklärt hatte, merkte ich, wie notwendig es für Herrn X war, in der Analyse seinen eigenen Weg zu gehen, mich zu provozieren und in Spannung zu halten und mich außerdem dazu herauszufordern, ihn zu härterer Arbeit in der Analyse anzuhalten. Er hatte sich zu einem sehr anspruchsvollen Perfektionisten entwickelt, was die Ausführung seiner Arbeit betraf, und erwartete von anderen keine geringere Leistung.
Herrn X' endgültige Phantasie schloß damit, daß er das Mädchen zu einem Versuch provozierte, sich auf das Fahrrad zu setzen, und zu ihm sagte: »Ich wette, du kommst nicht an die Pedale heran.« (Die Pedale in der Zeichnung lagen horizontal nebeneinander.) Das Mädchen nahm die Herausforderung an und reizte ihn, indem es sagte: »Wenn ich mich anders auf den Sattel setze, gelingt es mir bestimmt, eine Pedale zu berühren.« Kein Mädchen schaffte es. Dann führte er eine neue, aufreizende Provokation ein: »Wenn du es beim nächsten Mal nicht schaffst, werde ich dir mit diesem Stock einen Schlag verpassen.« Er hatte den Stock zur Hand und teilte nie mehr als fünf Schläge aus. In seiner Phantasie konnte er die Striemen, die die fünf Hiebe hinterlassen hatten, unter den Shorts erkennen.
Eben diese Form hatte die Phantasie lange Zeit beibehalten, als er schließlich – er besuchte das College seit einem Jahr und hatte sehr hart gearbeitet, um besser zeichnen zu lernen

und die Werkzeuge geschickter benutzen zu können – ein *perfektes* »Mädchen-Bild« zeichnete. (Dieser Superlativ stammt von ihm selbst.) Als er diese Zeichnung betrachtete, empfand er erstmals den heftigen Drang zu masturbieren. Während des Masturbierens phantasiert er, daß das Mädchen schwach protestiert, es sei unangenehm und ein wenig schmerzhaft, wenn er sich an ihrem Po reibe, der von den Schlägen wund ist. (Er wie das Mädchen sind *bekleidet.*) Und daraufhin ejakuliert er.
In den Stunden, in denen er die Schilderung seiner Träumerei vervollständigte, hatte Herr X die Zeichnung mitgebracht, um sie mir zu zeigen. Ich betrachtete sie sehr aufmerksam und war entzückt über die Brillanz seiner kräftigen und geschmeidigen Linienführung. Und obwohl die Zeichnung von bemerkenswerter Sinnlichkeit war, war sie ausgesprochen unpornographisch. Es ist sehr schade, daß ich sie hier nicht reproduzieren kann; sie würde weit mehr aussagen, als ich überhaupt darzustellen vermag. Sie bestärkte mich in meiner Überzeugung, daß die »Fahrradmädchen-Bilder« und die sie begleitende Träumerei sich in ihrem psychischen Charakter und ihrer psychischen Funktion von dem Masturbationsakt und den kleinen Details unterschieden, die die Träumerei ergänzten – beispielsweise, daß das Mädchen sich über Unbehaglichkeit und leichten Schmerz beschwert. Sein latenter sadistischer Wunsch jedoch und die masochistische Komplizenschaft des Mädchens waren ganz offensichtlich. Äußerst wichtig an der Zeichnung war meines Erachtens seine sehr subtile Art, die Zehen des Mädchens so zu zeichnen, daß sie das Pedal fast berührten, aber doch nicht richtig heranreichten. Er fragte mich ganz direkt, was ich durch seine Zeichnung und seine »Geschichte« über ihn verstanden hätte. Wir waren am Schluß der Stunde angelangt, und diesmal entschloß ich mich, die Deutung aufzuschieben. Ich sagte zu ihm: »Wir werden am Montag darüber sprechen«, was er, höflich wie gewohnt, akzeptierte.

Ich dachte über die letzte Stunde und die ausdrückliche Forderung einer »tieferen« Deutung seines Materials, zu der der Patient nun bereit war, lange nach. Ich wußte, welche Deutungen ich auf der Ebene unbewußter Inzestphantasien geben konnte; aus Rachsucht wurde verspielte Phantasie; das Bedürfnis, seine Hilflosigkeit während der langen Krankenhausaufenthalte in ihr Gegenteil zu verwandeln; und die sehr wichtige Rolle der Sexualisierung (oder Libidinisierung) seines Zorns und seiner Wut, d. h. seiner gegen *den Anderen* gerichteten aggressiven Gefühle. Die Zeit drängte, und ich mußte auswählen, welche Elemente während der drei Stunden vor den Osterferien in der Analyse durchgearbeitet werden sollten. Ebenso bewußt war ich mir der Tatsache, daß ich die Vorgänge oder Umstände, die sein Ich in den depressiven Zusammenbruch geführt hatten, überhaupt nicht kannte.

Der Patient kam am Montag in ziemlich erwartungsvoller Stimmung, und ich beschloß, ihm gleich zu Beginn der Stunde mitzuteilen, was ich von den »Mädchen-Bildern« und seiner »Geschichte« (nun gebrauchte ich seinen Ausdruck) verstanden hatte. Geradeheraus, ohne zu irgendeinem Jargon Zuflucht zu nehmen, sagte ich, daß die Brillanz seiner zeichnerischen Geschicklichkeit und die verspielte Sinnlichkeit (statt »Sexualität« wählte ich diesen Ausdruck) der Gesamtatmosphäre der Zeichnung und seiner »Geschichte« großen Eindruck auf mich gemacht hätten. Ich sagte ihm auch, daß der Vorgang des Zeichnens und das Thema der »Geschichte« meiner Ansicht nach zu einer anderen Kategorie der psychischen Erfahrung gehörten als die Erleichterung von sexueller Spannung und Erregung durch die Masturbation (vgl. Winnicott [1960a] 1984).

Nachdenklich schwieg Herr X eine Weile, dann bemerkte er: »Sie sind sehr scharfsinnig. Ich habe immer gespürt, daß es einen Unterschied gab, aber ich war nicht in der Lage, es so zu formulieren, wie Sie es getan haben, und Sie haben recht. Ich werde Ihnen sagen, warum: wenn ich aus Langeweile masturbiere oder merke, daß ich eine spontane Erektion habe und mühselig die ›Geschichte‹ aktiviere, verschafft die Ejakulation zwar Erleichterung, aber kein Lustgefühl. Hingegen empfinde ich eine lustvolle Freude, wenn ich nach der Fertigstellung eines solchen ›Mädchen-Bildes‹ masturbiere und dabei die ›Geschichte‹ ausbrüte (*brewing,* seine Formulierung). Und obgleich ich in meinem Eheleben nie sexuelle Schwierigkeiten hatte, fehlt dem Geschlechtsverkehr diese ganz spezielle Lust und eigentümliche Triumphstimmung. Ich habe niemals versucht, diese Gefühle zu analysieren.«

Die analytische Deutungsarbeit und das Material seiner Assoziationen in den drei Stunden vor den Osterferien waren sehr ergiebig und lohnend. Das meiste davon werde ich auslassen, um nur das Wesentliche wiederzugeben. Ich vermied es, das »Mädchen-Objekt« (diese Formulierung benutzte ich auch ihm gegenüber) mit seinen Schwestern (also mit inzestuösen Wünschen) zu verknüpfen, und betonte, insbesondere auf der Basis dessen, was ich in der Zeichnung gesehen hatte, die Verknüpfung mit seinem Unfall und den nachfolgenden Traumata. Zum Beispiel trifft er das Mädchen in seiner »Geschichte« *zufällig*. An der Zeichnung war mir überdies aufgefallen, daß sich auf den Shorts, obwohl er sie mit weißer Kreide gemalt hatte, Flecken befanden, die von einer sehr leichten Bleistiftschattierung herrührten. Reichlich waghalsig verknüpfte ich diesen Befund mit seinem zuerst eingegipsten, danach verbundenen Arm, der nie völlig sauber und weiß zu halten war. Das überraschte ihn wirklich. Die Shorts waren so eine Verschiebung – auf ein Gebiet lustvollen Spiels – von etwas, das ihm so viele Schmerzen bereitet und zu Unbehagen und Bewegungslosigkeit geführt hatte. Ich vermied es, den Begriff »projektive Identifizierung« zu benutzen, obgleich er mir im Kopf herumging. Die nächste Deutung, die ich gab, betraf seine aktive Bewältigung dessen, was er stumm und ganz allein während seiner Krankenhausaufenthalte durchlitten hatte.

Als Herr X zur letzten Stunde vor Ostern kam, sah er ziemlich mürrisch aus, was mich irgendwie erschreckte. Zum Glück hatte es mit der Analyse wenig zu tun. Er war sehr ärgerlich über sich selbst, weil er einen Sessel nicht fertigzustellen vermochte, was ihm ohne seine Behinderung möglich gewesen wäre. »Ich brauche viel länger als alle anderen, und wenn die Leute sagen, meine Arbeiten seien so raffiniert und denen aller anderen überlegen, ist mir das egal, denn ich bin immer im Verzug.« An diesem Punkt entschied ich mich, ihn zu *beruhigen* und ihm ein wenig Mut zuzusprechen, da ich wollte, daß er seine Ferien genießen konnte, und mittlerweile wußte, daß er ein sehr forderndes Ichideal hatte. Ich sagte zu ihm, was seine Aufmerksamkeit für sich selbst und seine Selbstheilung betreffe, sei er sehr kreativ vorgegangen; denn er habe einen geheimen Raum gefunden und sich unbegrenzt Zeit genommen, um seine »Mädchen-Bilder« zu malen und sich mit seiner »Geschichte« selbst Mut zu machen, nachdem er infolge seines Unfalls zu einem ziemlichen Einzelgänger geworden war und über seine Familie hinaus mit anderen Leuten und den Kollegen in seiner Werkstatt eigentlich keinen richtigen Umgang pflegte (vgl. Kapitel 6 dieses Buches und Winnicott [1971 c] 1973). Über die Werkstatt werde ich bald berichten. Er meinte: »Sie sind heute sehr positiv; nicht, daß Sie sich mir gegenüber jemals negativ verhalten hätten, aber ich merke doch, daß Sie über mein Material oft viel weniger sagen, als Sie denken.« Ich antwortete, das sei richtig, da dies aber die letzte Stunde vor den Osterferien sei, hätte ich das Gefühl, ihm helfen zu müssen, seine positive Stimmung der vergangenen Woche wiederzugewinnen und sich durch die verzögerte Fertigstellung seines Projekts nicht verwirren zu lassen. Dies sei ich ihm und seiner Familie meiner Ansicht nach schuldig. Ich beendete die Stunde jedoch mit einer Deutung, die ihm eine

Aufgabe stellte. Zum ersten Mal brachte ich ein analytisches Konzept zur Sprache, um mich verständlich zu machen. Mit Bezug auf das gesamte, reichhaltige Material an Fahrrad-Zeichnungen und »Geschichte« sagte ich, eigentlich gehörten sie zu einem Typus psychischer Funktionen, die Kontrolle und Bemächtigung umfassen, Funktionen, die von einem Psychoanalytiker, Donald Winnicott, als »Übergangsobjekte und Übergangsphänomene« (Winnicott [1951] 1983) beschrieben worden seien. Das faszinierte ihn sehr, und er fragte, wo er mehr darüber lesen könne. Zum Zeichen meines Wohlwollens gab ich ihm einen Nachdruck des Aufsatzes.

Als ich über das vergangene Vierteljahr und die drei Monate, die noch vor uns lagen, nachdachte, war ich ziemlich ratlos. Ich wußte nicht genau, ob es richtig gewesen war, Winnicotts Konzept einzuführen und Herrn X den Aufsatz zu geben, und dennoch fühlte ich mich im tiefsten Innern wie Hamlet, wenn er sagt: »Das Schauspiel sei die Schlinge/ In die den König sein Gewissen bringe.« Ich fürchtete, daß er meine Geste möglicherweise benutzen würde, um der Schilderung der Erlebnisse, die zu seinem Zusammenbruch geführt hatten, aus dem Weg zu gehen und sie somit nicht durcharbeiten zu müssen. Und ich hatte das sehr sichere Gefühl, daß unsere gesamte Arbeit ihm nur wenig nutzen würde, wenn es uns nicht gelänge zu klären, was ihn anfangs veranlaßt hatte, sich als einen »bösen Mann« zu bezeichnen. Ich muß jedoch hinzufügen, daß seine Apathie und Depression seit Januar völlig verflogen waren und er sie niemals erwähnte, sondern nur von Müdigkeit und Überarbeitung und von gelegentlicher, entmutigender Langeweile sprach. Ich wußte, daß Langeweile und Resignation seit seiner frühen Kindheit wesentliche Merkmale seines inneren psychischen Lebens waren, die durch seinen Eifer, zu gefallen und mitzumachen, sowie durch sein unkompliziertes »viel zu schnelles Aufgeben« nur verdeckt wurden.

Herr X sah erholt aus, als er aus seinen Ferien zurückkehrte, und sagte, sie hätten eine schöne Zeit miteinander verbracht, und das Wetter sei gut gewesen. Dann setzte er hinzu: »Die Kinder sind heutzutage ganz anders als wir früher waren. Meine Kinder stellen schon Listen von Popmusik-Platten und anderen Sachen zusammen, die ich ihnen mitbringen soll, wenn ich aus dem Ausland zurückkomme. Um so etwas hätte ich meinen Vater nie bitten können.« Dann kam er auf Winnicotts Aufsatz zu sprechen und meinte, obwohl er so verständlich geschrieben sei, habe er seinen Inhalt zum größten Teil wieder vergessen. Ich sagte, das sei nicht so schlimm. Ich war nun entschlossen, ein *Risiko* einzugehen und ihn mit der Tatsache zu konfrontieren, daß uns nur noch wenig Zeit zur gemeinsamen Arbeit blieb und er mir immer noch nichts über seinen »depressiven Zusammenbruch«, wie sein Arzt es nannte, erzählt hatte, oder über die Ursachen, die zu ihm geführt hatten. Ich sagte, daß ich bei ihm keine klinischen Anhaltspunkte für eine echte Depression sähe. Das griff er sofort auf und meinte: »Ich habe meiner Frau und meinem Arzt die ganze Zeit gesagt, daß ich nicht depressiv bin; deshalb habe ich mich auch geweigert, Medikamente zu nehmen und mich in irgendeine psychiatrische Behandlung zu begeben. Es war mir einfach unmöglich, mit mir selbst zu leben.«

An dieser Stelle sagte ich sehr nachdrücklich, es sei besser, er würde nun anfangen zu erzählen, warum und wie das so plötzlich passiert sei. Er wich mir aus, indem er mir ein Kompliment machte: »Das einzige, was ich wirklich zu meinem Vorteil von Ihnen gelernt habe, habe ich gelernt, indem ich Ihren Arbeitsstil beobachtete.« Ich wußte natürlich, daß Herr X immer sehr aufmerksam darauf achtete, wie ich mit seinem Material umging. Er fügte hinzu: »Ich will nicht, daß Sie das Gefühl bekommen, Sie hätten mir bei meinen Problemen nicht geholfen – Sie haben mir sehr geholfen, wirklich. Aber ich spreche von etwas anderem: es ist der Stil Ihrer Arbeit – wieviel Sie sagen und wie Sie es sagen. Deshalb empfand ich vor meinem Schweizer Chirurgen viel größeren Respekt als vor den englischen Ärzten. Was ich von Ihrem Stil lerne, setze ich in die Praxis um, wenn ich die Auszubildenden in meiner Werkstatt unterrichte. Ich stelle ihnen nun keine Aufgaben mehr, von denen ich weiß, daß sie sie aufgrund mangelnder Geschicklichkeit und Erfahrung noch gar nicht bewältigen können.«

So sehr ich mich auch bemühte – schließlich wurde es Anfang Juni, bis er mir erzählte, was zu seinem »Kollaps«, wie er es nannte, geführt hatte. In der Zwischenzeit hatten wir seine Schwierigkeiten in gesellschaftlichen und beruflichen Beziehungen sowie seine überhöhten Ansprüche, sich selbst immer noch mehr und noch bessere Arbeit abzuverlangen, analytisch intensiv bearbeitet. Ich muß darauf hinweisen, daß Herr X in seinem Beruf schon berühmt war, als er zu mir kam, und zwar nicht nur im eigenen Land, sondern weltweit. Er hatte daraus jedoch keinen Profit geschlagen, sondern sich weiterhin seiner Arbeit gewidmet und sein Familienleben genossen.

Zwar erzählte Herr X mir erst spät und ausweichend, was zu seinem Ich-Zusammenbruch geführt hatte, aber ich muß die Verantwortung für meine Zweifel daran übernehmen, ob es überhaupt klug und wünschenswert wäre, in einen fokalen Erfahrungsbereich einzudringen, den er abgespalten hatte und in seinem Leben nun scheinbar sehr gut bewältigte. Ich fürchtete, dieses Gleichgewicht zu stören. Außerdem hatte ich die begründete Sorge, daß sein Überich genauso fordernd wie sein Ichideal sein und ein ungerechtfertigtes Eindringen meinerseits einen ernsthaften inneren Konflikt und Schuldgefühle heraufbeschwören und ihn dazu führen könnte, wieder in einen Zustand der Apathie zu regredieren und sich aus dem Leben zurückzuziehen. In einer Stunde Anfang Juni nahm Herr X mir die Entscheidung ab: auf meine beiläufige Bemerkung, Ästhetik und Kon-

trolle [*mastery*, Beherrschung] hätten in all seinen Lebensaktivitäten und Beziehungen eine große und entscheidende Rolle gespielt, reagierte er mit seinem süffisanten Lachen und sagte:
»Warten Sie nur ab, bis Sie den Rest gehört haben. Schönheitssinn und Kontrollvermögen, das, was Sie als Selbstbeherrschung oder Beherrschung der Werkzeuge, die man benutzt, bezeichnen – all das kann sich mit einemmal, durch ein einziges, zufälliges Ereignis, in Nichts auflösen.« Er fügte hinzu: »Lassen Sie mich ein paar Lücken in meiner Lebensgeschichte schließen«, und dann erzählte er:

> Ich habe jung geheiratet, ging noch zum College, und das Mädchen war äußerst charmant und liebenswert. Ich kannte sie seit meiner Kindheit, aber wir hatten den Kontakt verloren, weil sie ins Ausland ging, um zu studieren. Etwa zehn Jahre später trafen wir uns wieder; beide waren wir gewillt, einander zu heiraten. Meine Eltern kannten ihre Familie gut und waren glücklich darüber. Es war nicht die große Liebesgeschichte, aber wir haben ein glückliches Leben miteinander verbracht und drei hinreißende Kinder großgezogen. Die lüsterne Wollust habe ich bis auf den heutigen Tag auf meine Zeichnungen, die »Geschichte« und gelegentliches Masturbieren beschränkt.
> Als Hochzeitsgeschenk hat mein Vater mir ein großes Lagerhaus gekauft, das ich zu gegebener Zeit in eine Werkstatt umwandelte. Ihr Vater kaufte für uns ein Haus in einer vornehmen Londoner Gegend, und ich *bewohne* diese Räumlichkeiten nun seit über zwanzig Jahren.

Mir fiel auf, daß er wiederum das Wort »zufällig« benutzte, um das Geschehen zu kennzeichnen, und daß er nicht gesagt hatte, er »lebe« in seinen Räumlichkeiten, sondern »bewohne« sie. Deshalb mutmaßte ich, daß er niemals als ganze Person mit sich selbst und mit anderen gelebt hatte. Und wieder einmal hatte er mir diese Dinge in einer Freitagsstunde erzählt, so daß ich erwartungsvoll und auf die Folter gespannt zurückblieb, in demselben Zustand also, in dem das »Mädchen« in seiner »Geschichte« sich fortwährend befindet. Ohne viel Aufheben zu machen, berichtete er in der folgenden Stunde von den Umständen und Ereignissen, die zu seinem »Kollaps«, wie er es nun nannte, geführt hatten. Ich fasse zusammen:

> Ende Januar oder Anfang Februar letzten Jahres fuhr meine Frau mit den Kindern in unser Landhaus, um dort das Wochenende zu verbringen; es war ein Freitag, um die Mittagszeit. Ich blieb zurück, weil ich an jenem Wochenende an einer Konferenz teilnehmen mußte. Die Konferenz wurde von Spezialisten verschiedener Disziplinen, die mit meiner Arbeit zusammenhängen, besucht, und die Presse berichtete über sie. Am Ende des Tages (Freitag) gab es ein gemeinsames Abendessen. Mit mir am Tisch saßen vier Kollegen und eine junge Frau, die ich nicht kannte. Sie war attraktiv und ziemlich aufgeweckt, könnte man sagen. Einer meiner Kollegen kannte sie und stellte sie uns vor. Sie war freiberufliche Journalistin. Als sie mir vorgestellt wurde, sagte sie, daß sie mich kenne und meine Arbeiten gesehen habe. Ich habe wirklich nicht besonders auf sie geachtet, bis sie aufstand, um etwas zu holen. Ich bemerkte, daß sie sehr enge weiße Hosen und einen weiten Pullover trug. Ihr Körper war schlank, »jungenhaft«. Als ich überlegte, wie ich Ihnen das alles erzählen sollte, erinnerte ich mich mit Schrecken daran, daß dieselbe Erregung, die ich empfinde, bevor ich anfange, meine »Fahrradmädchen-Bilder« zu malen, sich nun entwickelte, als ich sie von hinten sah, mit ihrem jugendlichen, in diese weißen Hosen gezwängten Po. Ich habe nicht viel mit ihr geredet. Das Essen war beendet, und wir trennten uns alle. Als ich gehen wollte, merkte ich, daß es in Strömen regnete, und ich wartete, bis es etwas nachlassen würde. Ich

hatte die Absicht, entweder ein Taxi zu nehmen oder mit der U-Bahn zu fahren. Natürlich, ich habe Ihnen noch gar nicht gesagt, daß ich nicht Auto fahre. Ich kann einen »Behinderten-Führerschein« bekommen, aber ich würde es nicht ertragen, mein Handikap mit einem Schild an der Heckscheibe, auf dem »Behinderter Fahrer« steht, publik zu machen.

Ich muß eine Viertelstunde lang gewartet haben, als ein kleines Auto vor mir anhielt. Es war die junge Frau, und sie fragte, ob ich auf meinen Wagen wartete oder ob sie mich mitnehmen könne. Ich nahm ihr Angebot an, denn es war sehr windig und kalt. Während der Fahrt redete sie die ganze Zeit und sagte, sie würde sich sehr gerne meine Werkstatt ansehen. Gott weiß, was über mich kam, jedenfalls meinte ich, ich könne ihr die Werkstatt gleich zeigen, denn sie sei ganz in der Nähe. Jetzt, im nachhinein, weiß ich, daß sich bereits eine stillschweigende Komplizenschaft zwischen uns entwickelt hatte. Ich empfand eine merkwürdige Mischung aus »Erregung« (seine Formulierung) und Bedenken. Wir kamen an. Ich zeigte ihr die Werkstatt und erzählte ihr, wie alles funktioniert. Ihr fiel auf, daß ich in einer Ecke der Werkstatt für mich persönlich eine Art Studio gebaut habe, das vom übrigen Arbeitsbereich getrennt und auf hölzernen Pfählen errichtet ist. Sie wollte es sehen. Ich zögerte kurz, dann gab ich nach. Sobald wir mein Studio, das ich immer verschlossen halte, betreten hatten, erblickte sie in einer Ecke des Zimmers ein hölzernes Fahrrad in Originalgröße (wie das auf den Zeichnungen, die Sie gesehen haben). Es ist wirklich eine wunderschöne Schnitzarbeit. Es war das zweite *Objekt*, das ich in dem Studio hergestellt habe. Mein erstes Objekt habe ich meinem Schweizer Chirurgen geschenkt. Ich muß hinzufügen, daß ich dieses Fahrrad vor fast zwanzig Jahren entworfen und hergestellt habe. Alle Besucher amüsieren sich darüber, und als sie noch klein waren, kletterten meine Kinder immer darauf herum und spielten mit ihm. Die Leute haben es scherzend als mein Spielzeug bezeichnet. Während die junge Frau das Rad untersuchte, ging ich hinüber an meinen Schreibtisch, um mich zu vergewissern, daß ich kein neues »Fahrradmädchen-Bild« liegengelassen hatte.

Das nächste, was ich sah, war, daß sie sich auf das Rad gesetzt hatte, und ich hörte sie sagen: »Aber ich kann nicht an die Pedale heranreichen.« Ich antwortete höflich: »Das sollen Sie auch gar nicht.« »Wofür sind sie denn sonst da?« gab sie zurück. Von da an geriet alles aus dem Gleis, und an die Reihenfolge der Ereignisse kann ich mich wirklich nicht mehr genau erinnern, jedenfalls stand ich plötzlich neben ihr und streichelte sie, während sie auf dem Fahrrad saß. Sie reizte mich mit den Worten: »Männer sind merkwürdig. Alle glauben sie, nur sie selbst hätten perverse sexuelle Wünsche und Phantasien. Weißt du, Frauen übernehmen oft die Führung, ohne daß sie es merken.« Ich forderte sie heraus, mir ihre Phantasien über geilen Sex zu erzählen, und sie erwiderte, ohne zu zögern: »Ich habe es gern, vor dem Verkehr ein bißchen geschlagen zu werden.« Ich fragte: »Willst du es jetzt?« und sie sagte: »Ja!« Ich erwiderte: »Der Kampf [*contest*] hat begonnen!«

Mittlerweile hatte ich wirklich das Gefühl, besessen zu sein; ich war in einem Zustand angespannter, wahnsinniger sexueller Erregung. Das war für mich eine ganz neue Erfahrung. Ich ging nach unten, um einen passenden Gegenstand zu suchen, um sie zu schlagen, konnte aber nichts finden; deshalb eilte ich hinaus, in den kleinen Garten, brach einen Zweig von einem Baum ab und versuchte, ihn schnell zu glätten, bevor ich wieder hinaufging.

Als ich zurückkam, traf mich fast der Schlag, als ich sah, daß sie sich vollkommen ausgezogen hatte und nackt auf dem Fahrrad saß. Mit zitternder, erregter Stimme fragte sie mich: »Welche Position soll ich einnehmen? Bitte, binde meine Hände am Lenker fest.« Ich merkte, daß sie mir die Initiative aus der Hand nahm. Ich ging hinunter, fand ein Stück Schnur, band ihre Hände an der Lenkstange fest und bat sie, ihren Po vorzustrecken und zu versuchen, an eine der Pedale heranzugelangen. Noch einmal sagte ich zu ihr: »Das ist ein ›Kampf‹. Wenn du es nicht schaffst, die Pedale zu berühren, werde ich dir für jeden Fehlversuch einen Hieb mit diesem Zweig/Stock versetzen.« Sie erwiderte lachend: »Und was kann ich tun, wenn ich es schaffe?« Ich sagte: »Was immer du willst.« Nun, sie konnte das Pedal nicht berühren, und ich versetzte ihr einen Schlag. Sie versuchte es wieder und wieder, und mir wurde bewußt, daß ich sie annähernd zehnmal geschlagen hatte. Inzwischen hatte auch ich mich ausgezogen. Es war eigentlich weniger eine Orgie als vielmehr eine Besessenheit, ohne daß ich mir ihrer oder meiner selbst überhaupt bewußt war. Wirkliches Entsetzen packte mich, als ich sah, daß ihr Hintern ein wenig blutete, weil ich den Zweig nicht richtig geglättet hatte. Ich hatte dergleichen auch nie zuvor erlebt – Phantasien sind gut und schön, wirkliches Geschehen und Praxis aber sind etwas ganz anderes. Sie wollte unbedingt, daß ich sie »ficke«. Sie benutzte dieses Wort, und ich fickte sie, mit einer teuflischen, wollüstigen Energie und Kraft. Ihres Schmerzes und Unbehagens war ich mir überhaupt nicht bewußt; sie hatte ein bißchen gestöhnt, aber sich weder beklagt noch versucht, mich zu unterbrechen. Hinterher sagten wir nicht viel, und sie fuhr mich nach Hause. Ich verheimlichte meine wirkliche Adresse und sagte: »Setz' mich hier an der Straßenecke ab.« Sie sagte, am kommenden Mittag fahre sie zu einem anderen Kongreß und würde mich also nicht mehr sehen, hoffe jedoch, mich wiederzutreffen. Sie gab mir die Visitenkarte ihres Büros. Ich dankte ihr und ging fort. Ich war völlig benommen, wie wenn man aus einer Narkose erwacht. Auf dem Weg zu meinem Haus zerriß ich die Karte und verstreute die Schnipsel auf der Straße. Ja, das war's. Jetzt kennen Sie die Umstände und wissen, was geschehen ist.

Er hatte ohne eine Pause beinahe zwei Stunden lang gesprochen, und ich hatte ihn gelassen, denn er war der letzte Patient und es war möglich, ihm mehr Zeit einzuräumen. Lästig war es nur für meine Angestellten, aber es kam so selten vor, daß sie nichts dagegen hatten. Herr X ging, von seiner eigenen Erzählung ziemlich erschüttert. Ich spürte, daß es ihn erleichtert hatte, sich alles von der Seele zu reden, aber nichtsdestoweniger machte ich mir Sorgen um ihn, insbesondere über sein Bedürfnis, vor seiner Frau »Geständnisse« abzulegen. Deshalb bot ich ihm an, ihn am folgenden Tag zu sehen; ich sagte, ein anderer Patient sei nicht da, und die und die Stunde sei frei, was der Wahrheit entsprach. Ich sage dies, weil ich gelernt hatte, Herrn X gegenüber sehr direkt zu sein und keine Tricks anzuwenden. Ich nannte ihm meine Gründe, nämlich, daß er mir zwar das »Ereignis« erzählt hätte, ich aber wirklich nicht erkennen könne, weshalb es eine solch traumatische Nachwirkung für ihn gehabt und zu seinem »Kollaps« geführt habe. Ich müßte mehr darüber wissen, wie er diese Nacht des »Kampfes« erlebt und was er damit angefangen habe.

Als Herr X in seine nächste Stunde kam, war er leger gekleidet, und deshalb nahm ich an, daß er nicht arbeiten gegangen war. Er erzählte mir, die Erinnerung an Hunderte kleiner Details jenes Abends und das »Ereignis« hätten ihn derart überwältigt, daß er es für besser gehalten habe, zu Hause zu bleiben. Er fügte hinzu: »Ich arbeite gerade an einem sehr schwierigen Möbelstück, das ich entworfen habe; es erfordert einen sehr präzisen und sensiblen Einsatz elektrischer Werkzeuge. Ich konnte nicht das Risiko eingehen, aufgrund mangelnder Konzentration das Möbelstück zu beschädigen oder mich selbst zu verletzen.« Ich erwiderte, er habe sich klug verhalten. Hartnäckigkeit ist nicht immer der beste Weg zu gutem Gelingen. Ich registrierte jedoch seine Fähigkeit zur Selbsterhaltung gegenüber sich selbst wie gegenüber anderen. Herr X fuhr fort:

> Ich habe sonst nichts mehr aus dieser Nacht in Erinnerung. Ich war in meinen Kleidern eingeschlafen, und nur das Klingeln des Telefons weckte mich am folgenden Tag (Samstag) um die Mittagszeit herum. Zuerst war ich verwirrt und wußte nicht, wo ich war, so wie es mir jedesmal ging, wenn ich aus einer Narkose erwachte. (Er nannte einige Beispiele, die ich auslasse.) Ich nahm das Telefon nicht ab, und als ich richtig wach war, beschloß ich, nicht zu der Konferenz zu gehen. Nachdem ich gefrühstückt hatte, legte ich mich wieder schlafen, und als ich früh am nächsten Morgen aufwachte, hatte sich mir die »Feststellung« »Ich bin ein böser Mann« so in den Kopf gesetzt, als wenn ich sie geträumt hätte.

Ich fragte ihn, weil es für mich wichtig war, das zu wissen, ob er in seiner Selbsterfahrung das Gefühl habe, *ein böser Mann zu sein* oder *etwas Böses getan zu haben*. Er versicherte mir, es sei das erstere. Dann sagte er, er habe sich detailliert daran erinnert, wie er das Mädchen geschlagen hatte: das Blut, seine *wilde, wollüstige Mißachtung* des Mädchens und dessen ebenso *brutales Vergnügen* (all dies sind seine Formulierungen). Er hatte das Gefühl, sein ganzes Leben lang unehrlich gelebt, jedermann betrogen zu haben, einschließlich sich selbst; daß seine »idyllischen« (er betonte das Wort mit scharfem Spott) »Fahrradmädchen-Bilder« und seine »Geschichte« eine Täuschung seien. Er sei ein rücksichtsloser, rachsüchtiger und brutaler Mensch, und seine Sexualität sei gefährlich pervers. Er fuhr fort mit den Worten:

> All diese und unzählige andere Gedanken dieser Art gingen mir den ganzen Tag durch den Kopf. Ich habe nichts zu Mittag gegessen. Ich fühlte, daß ich alle Selbstachtung verloren hatte und keines Menschen Zuneigung verdiente, daß meine Arbeit nur ein Alibi war, mit dem ich mich selbst ablenkte, um nicht völlig zu einem kriminellen Perversen zu

werden: um es kurz zu sagen, es war in der Wirklichkeit ebenso böse, wie ich innerlich böse war. In dieser apathischen Stimmung und selbstanklagenden Geistesabwesenheit befand ich mich, als meine Familie zurückkehrte. Von diesem Moment an verfiel ich in völliges Schweigen und zog mich ins Bett zurück. Meine Frau versuchte freundlich zu erfragen, was mich so aus der Fassung gebracht hatte, drang aber nicht in mich. Als dieser Zustand eine Woche lang andauerte und ich mich noch immer weigerte, feste Nahrung zu mir zu nehmen, rief sie den Hausarzt, und das führte schließlich dazu, daß ich zu Ihnen gekommen bin.

Ich fragte ihn, wie er sich nun fühle, und er erwiderte: »Aufgewühlt, aber ich habe wirklich das Gefühl, daß sie mir helfen können zu verstehen, was geschehen ist.« Ich sagte zu ihm, daß das, was geschehen sei – der »böse Kampf«, wie er ihn an einer Stelle genannt hatte – meiner klinischen Erfahrung nach nicht gravierend sei. Ich hätte von viel brutaleren, vorsätzlichen Akten sexueller Grausamkeit und brutaler Wollust bei wirklich Perversen gehört. Was mich verblüffe, sei seine extreme Reaktion, sein Verlust des Glaubens an das eigene Gute und sein extremes Bedürfnis, sich selbst zu bestrafen. Er fragte mich, ob ich ihm darin zustimmen würde, daß es nicht allein sein Werk gewesen war, sondern sie es mitarrangiert und ihn angetrieben hatte. Ich sagte: »Ja« und fügte hinzu: »Der passive Komplize beherrscht solche Situationen und Geschehnisse häufig besser als der aktive.«
Nun waren wir in der Lage, all seine auf das Jahr seiner Invalidität zurückgehenden dissoziierten und verdrängten Gefühle der Wut, Erniedrigung und demütigenden Hilflosigkeit sowie sein Rachebedürfnis zu rekonstruieren. Es ist nicht meine Absicht, dieses Material hier wiederzugeben. Es genügt wohl, wenn ich sage, daß Herr X Einsicht gewann in seine Reaktion auf den »bösen Kampf« (wie er ihn nun nannte) und das, was in seinem Innern darauf gewartet

hatte, sich auf diese Weise real zu verwirklichen. Besondere Betonung legte ich auf seine *Leistung,* diese Gefühle abzuspalten, um sein Handikap zu meistern, sich Geschick und Fertigkeiten anzueignen und eine Familie zu ernähren. Ich machte kein Geheimnis daraus, daß die Ergebnisse meiner Ansicht nach völlig anders ausgesehen hätten, wenn dies geschehen wäre, als er zwanzig war. Herrn X' letzte Bemerkung mir gegenüber war: »Nun, ich habe eine weitere Sache gelernt: eine böse Tat macht noch keinen bösen Menschen. Jeder von uns ist zu so etwas in der Lage.«

In recht stabilem und gesundem Gemütszustand und guter Verfassung reiste Herr X mit seiner Frau ab, um seine Arbeit im Ausland aufzunehmen. Zu Weihnachten schickte er mir eine Karte, die Reproduktion einer Eingeborenenzeichnung, in der ein Kuli dargestellt war, der einen Radkarren zog. Die Anspielung auf das *Rad* in der Zeichnung entging mir nicht.

Abschließend möchte ich sagen, daß ich bei Herrn X vier verschiedene Dissoziationsformen festgestellt habe. Drei von ihnen habe ich erörtert, über das »verborgene Selbst« von Herrn X aber habe ich nicht gesprochen. Der Grund ist folgender: Ich weiß nichts darüber und habe auch nie versucht, in diese Richtung zu arbeiten, denn ich war mir bewußt, wie verletzlich er war und wie wenig Zeit uns zur gemeinsamen Arbeit blieb. Ich weiß jedoch, daß das verborgene Selbst tief in seine frühe Erziehung und sein Verhältnis zu seiner Mutter und seinen Schwestern hineinreicht. Die klinische Praxis aber lehrt einen, seiner Neugierde nicht auf Kosten einer Beurteilung der für das Wohlergehen des Patienten notwendigen Grenzen nachzugeben.

Ich habe zuvor schon erwähnt, daß Herr X und ich in denselben Kreisen verkehrten, und so bin ich ihm in den vergangenen zehn Jahren oft begegnet. Er führt ein glückliches Leben und läßt es sich in seiner Familie und seinem Beruf wohlergehen.

De quelle oreille il convient d'écouter?
Mit welchem Ohr soll man hören?

Leclaire

Es ist in der Tat so, daß die meisten Menschen in der Lage sind, mit ihrem physiologischen Ohr zu hören; seit den Anfängen der Zivilisation jedoch haben die Menschen Begriffsapparate benötigt, um einander zuhören und verstehen zu können. Welche Apparate dies sind, hängt von der jeweiligen Epoche und dem Erfahrungsgebiet ab; sie können von magisch-rituellen rhythmischen Geräuschen bis hin zur äußerst abstrakten Symbolsprache der Physik unserer Tage reichen. Dazwischen liegt der weite Bereich der in unterschiedlichen Funktionen benutzten Sprache. Ich beschäftige mich hier mit der Sprache, »dem Vokabular« der Psychoanalyse (vgl. Laplanche und Pontalis [1967] 1972). Selbst aus diesem Vokabular werde ich nur einige wenige Begriffe auswählen, um das Fallmaterial zu erörtern.

Bevor ich fortfahre, möchte ich folgendes klarstellen:

1. Ich habe nicht die Absicht, die Ätiologie und Psychodynamik von Perversionen zu erhellen. Zu diesen Themen existiert bereits eine umfangreiche Literatur (vgl. Freud 1905 d, 1919 e, 1924 c, 1927 e; Lorand 1956; Aulagnier-Spairani u. a. 1967; Khan [1980] 1983).

2. Ebensowenig habe ich die Absicht, die (bewußte oder unbewußte) Bedeutung und Psychodynamik der Masturbation und der mit ihr einhergehenden Phantasien zu diskutieren. Auch über diesen Punkt ist vieles geschrieben worden (vgl. Menninger 1973; Marcus und Francis 1975).

Ich hoffe aber, aufzeigen zu können, wie Herr X das auf seine einjährige Invalidität zurückgehende kumulative Trauma unter seine Ich-Herrschaft [*ego-mastery*] brachte. Der Begriff der Ich-Herrschaft variiert nur Freuds (1905 d)

Hypothese über die Rolle des Bemächtigungstriebs [*instinct for mastery*], insbesondere was Perversionen anbelangt. Freud hat sein Konzept des »Bemächtigungstriebs« nie wirklich gründlich ausgearbeitet (vgl. Laplanche und Pontalis [1967] 1986, S. 87ff.). Er erläutert es allgemein im Zusammenhang mit der Grausamkeit – von Kindern (1905 d, S. 93 f.) oder bei Sadismus und Masochismus (ebd., S. 58) – oder im Zusammenhang mit der Rolle, die dieser Begriff bei der Psychodynamik von Zwangsneurosen (1913 i) spielt:

> Wenn wir von unserer Aufstellung (über die Zwangsneurose; M. M. R. Khan) aus den Anschluß an biologische Zusammenhänge suchen, dürfen wir nicht vergessen, daß der Gegensatz von männlich und weiblich, welcher von der Fortpflanzungsfunktion eingeführt wird, auf der Stufe der prägenitalen Objektwahl noch nicht vorhanden sein kann. An seiner Statt finden wir den Gegensatz von Strebungen mit aktivem und passivem Ziel, der sich späterhin mit dem Gegensatz der Geschlechter verlöten wird. Die Aktivität wird vom gemeinen Bemächtigungstrieb beigestellt, den wir eben Sadismus heißen, wenn wir ihn im Dienste der Sexualfunktion finden; er hat auch im vollentwickelten normalen Sexualleben wichtige Helferdienste zu verrichten. (S. 448)
>
> Besonders vom Wißtrieb gewinnt man häufig den Eindruck, als ob er im Mechanismus der Zwangsneurose den Sadismus geradezu ersetzen könnte. Er ist ja im Grunde ein sublimierter, ins Intellektuelle gehobener Sprößling des Bemächtigungstriebes ... (S. 451)

Es ist kein Zufall, daß Freud Sadismus/Masochismus, Wißtrieb und Bemächtigungstrieb in enge Beziehung zueinander setzt. Er hatte diese Entsprechung bereits 1905 in den *Drei Abhandlungen zur Sexualtheorie* (1905 d) aufgezeigt. Aber Freud sollte sie in *Totem und Tabu* (1912-1913) noch auf die sozio-sexuelle Organisation der Urhorden ausdehnen. Er zitiert die von Darwin bei Dr. Savage entlehnte Hypothese: »Wächst das junge Männchen heran, so findet ein Kampf um die Herrschaft [*mastery*] statt« (S. 153). In *Das Unbehagen in der Kultur* (1930a) formulierte Freud seine Position so klar wie nur möglich:

> So traten zuerst Ichtriebe und Objekttriebe einander gegenüber. Für die Energie der letzteren, und ausschließlich für sie, führte ich den Namen Libido ein; somit lief der Gegensatz zwischen den Ichtrieben und den aufs Objekt gerichteten »libidinösen« Trieben der Liebe im weitesten Sinne. Einer von diesen Objekttrieben, der sadistische, tat sich zwar dadurch hervor, daß sein Ziel so gar nicht liebevoll war, auch schloß er sich offenbar in manchen Stücken den Ichtrieben an, konnte seine nahe Verwandtschaft mit Bemächtigungstrieben ohne libidinöse Absichten nicht verbergen, aber man kam über diese Unstimmigkeit hinweg ... (S. 476)

Jeder Leser, der Freuds unterschiedlichen Gebrauch des Begriffs »Bemächtigungstrieb« detaillierter verfolgen möchte, sollte Guttmans unersetzliche *Concordance* (Guttman u. a. 1980) konsultieren.

Wie ich schon sagte, ist es nicht meine Absicht, das klinische Material von Herrn X im Detail zu erläutern. Jeder sensible Leser vermag selbst zu erschließen, wie dieser erst vierzehnjährige Junge allmählich seine Traumata der »Omnipotenz seines Ichs« (vgl. Winnicott [1960b] 1984) unterordnete und sie dabei gleichzeitig dissoziierte. Diese Dissoziation bestand auf mannigfache, subtile Weise tatsächlich bis zum Ende seiner Analyse fort. Während der Arbeit an einem Möbelstück, das nicht nur einen phantasievollen Entwurf, sondern auch ein sehr sensibles, feinfühliges und sorgfältiges manuelles Geschick und Sachkenntnis erforderte, hatte er zum Beispiel geklagt:

> Sie wissen, meine beiden Arme und insbesondere die Hände haben ihren je eigenen Charakter, ihre eigenen Fähigkeiten entwickelt. Trotz des Handikaps ist meine rechte Hand feinfühlig und sensibel; sie arbeitet langsam, aber zielgerecht. Mein linker Arm und die linke Hand verhalten sich der Natur und Eigenart des Materials sowie den Grenzen der verwendeten Werkzeuge gegenüber grobschlächtig, robust und unsensibel. Würde sie nicht von meiner rechten Hand gelenkt und in Schranken gehalten, dann würde meine linke Hand über den Großteil meiner Arbeit regelrecht »herfallen«.

Als er mir später von dem »Agieren« seiner »Fahrradmädchen-Geschichte« erzählt hatte, sagte ich an einer Stelle zu ihm: »Sie müssen den Zweig/Stock in der linken Hand gehabt haben.« Er sagte: »Ja!« und ich fügte hinzu: »Kein Wunder, daß Sie für den Po und das Fleisch der jungen Frau keine Sensibilität aufbrachten, daß Sie ›darüber hergefallen sind‹, um es mit Ihren Worten zu sagen.« Diese Parallele hatte ihn sehr tief beeindruckt. Ich denke, daß ich seine fast zwanghafte [*obsessional*] – zumindest aber ausgesprochen leidenschaftliche [*obsessive*] – Entschlossenheit, das Handikap seiner rechten Hand durch Sublimierungen (Arbeit) und Libidinisierung seines psychischen Lebens (»Geschichte«) zu meistern, klar genug dargestellt habe. Mit Hilfe des Bemächtigungs- wie auch des Selbsterhaltungstriebs hatte er auf diese Weise seine Ichfähigkeiten erweitert und verwirklicht.

Ich möchte nun das Thema seiner Selbstverdammung »Ich bin ein böser Mensch« erläutern. In der Sprache der Psychoanalyse gibt es den Begriff des »Bösen« nicht. Und obgleich Guttman u. a. (1980) unter dem Stichwort »Evil« [böse, das Böse] 180 Belege anführen, kann man nicht behaupten, daß Freud dieses Wort in einem tieferen als dem umgangssprachlichen Sinn benutzte, und es hat nie den epistemologischen Rang eines Konzepts erreicht. Das wird dadurch bewiesen, daß es weder bei Laplanche und Pontalis ([1967] 1972) noch bei Charles Rycroft (1968 b) einen Eintrag zu diesem Thema gibt. Unter Berufung auf Rudolf Kleinpauls Forschungen über die Geister im Volksglauben kommt Freud (1912/13) zu dem Schluß: »Der Leichnam hat überhaupt erst den Begriff eines bösen Geistes geliefert« (S. 75) – eine recht fragwürdige These.

Fairbairn (1946) trifft in seinem Kapitel »Treatment and Rehabilitation of Sexual Offenders« sicher den Kern der Sache, wenn er argumentiert:

> Was mich persönlich betrifft, erforderte es keine große Erfahrung zu entdecken, daß das Problem der Kriegsneurosen im wesentlichen ein moralisches Problem war, d. h. ein Problem der Beziehung des einzelnen Mitglieds einer Militäreinheit zu dieser Einheit als Gruppe...

Fairbairn fährt fort:

> Leider muß ich sagen, daß meiner Erfahrung zufolge vergleichbare Überlegungen auf jene zutreffen, die im Zivilleben unnatürliche Sexualstraftaten begehen. Ich weiß, daß viele Psychiater heutzutage die Ansicht vertreten, daß perverse sexuelle Neigungen in demselben Sinn »Symptome« darstellen wie jene, die die Psychoneurosen kennzeichnen; dies jedoch ist eine Ansicht, die zu teilen ich mich außerstande sehe. Diese Anschauung entwickelt sich aus einer allgemeinen modernen Tendenz heraus, die moralischen Maßstäbe der Vergangenheit durch rein wissenschaftliche Maßstäbe zu ersetzen; meiner Meinung nach aber stellt sie eine Deutung dar, die auf einer irrigen Psychopathologie beruht.

Selbstverständlich ist der Begriff des Bösen ein soziotheologischer Begriff, und nur ein einziger Psychoanalytiker hat die Souveränität des sogenannten wissenschaftlichen Geistes und seiner Konzepte in unserem Arbeitsbereich angezweifelt, nämlich Karl Menninger (1973). In seinem Buch *Whatever Became of Sin* behauptet er scharfsinnig: »Das Verschwinden des Wortes ›Sünde‹ bedeutet, daß die Verantwortung für das Böse verlagert wird.«
Etwas später fordert Menninger provozierend: »Wenn Sie jedoch der Meinung sind, es sei schwer, ›Sünde‹ zu definieren, dann versuchen Sie einmal, ›das Böse‹ zu definieren!«
Menninger beschließt sein Buch mit einer langen Passage aus Toynbees Werk *Surviving the Future* (1971). Toynbees Argumentation ist so aufschlußreich, daß ich ihn, wie Menninger, zitieren werde, allerdings nur auszugsweise:

> Der »mangelnden Glaubwürdigkeit« [*credibility gap*] vergleichbar, deren einige Politiker beschuldigt wurden, hat es immer auch »mangelnde Moral« [*morality gap*] gegeben. Zuerst können wir die gesamte menschliche Rasse, seit es Menschen gibt, »mangelnder Moral« beschuldigen, und dieser Mangel hat sich mit dem zunehmenden technologischen Fortschritt noch erhöht, während die Moral stagnierte ... Die Wissenschaft hat die Religion nie abgelöst, und ich erwarte nicht, daß sie es jemals tun wird ... Sie hat nichts tun können, um den Menschen von seiner Sündhaftigkeit und seinem Sicherheitsbedürfnis zu heilen oder die Schmerzhaftigkeit des Scheiterns und die Angst vor dem Tode von ihm abzuwenden ... Ich selbst bin davon überzeugt, daß das grundlegende Problem des Menschen seine menschliche Egozentrik ist.

Obwohl Toynbee das Problem scharfsinnig formuliert, gelingt es auch ihm nicht, »das Böse« oder das, was es charakterisiert, zu definieren. Ich maße es mir nicht an und habe auch nicht den Ehrgeiz, selbst einen solchen Versuch zu machen. Ich kann meinem Leser nur sagen, daß das *Nichtvorhandensein* dieses Begriffs oder eines Bewußtseins dieses Begriffs bei meinen Kollegen und Freunden mich, der ich einer anderen Kultur und einem anderen Kontinent (Indien/Persien) entstamme – wo jeder *das Böse* im Munde führt, um sich selbst, andere oder gesellschaftliche Ereignisse zu beurteilen – interessiert hat. Nie habe ich gehört, daß irgend jemand einen anderen als »böse« bezeichnete, obgleich ich sehr wohl gehört habe, daß sie sich fuchsteufelswild gegenseitig Verwünschungen an den Kopf warfen. Freud konnte von einem Patienten sagen, er sei »ein Schurke«, nie aber hätte er es über sich gebracht, von irgend jemandem zu behaupten: »Er ist böse«. Und doch muß ich aufgrund der klinischen wie gesellschaftlichen Erfahrungen, die ich mit Menschen und Institutionen im Westen gemacht habe, Richard Cavendish (1975) zustimmen, wenn er kategorisch feststellt:

> Die bösen Mächte der Vergangenheit sind über uns hereingebrochen. In einer Zeit, die angeblich ein Zeitalter des Materialismus und Rationalismus ist, sind überraschend viele Menschen im Grunde von der Existenz solcher Mächte überzeugt oder halten sie zumindest für sehr wahrscheinlich. Das Wiedererwachen des Interesses an Magischem und Okkultem geht zu einem Teil auf diese alten Ängste zurück, die im modernen Okkultismus einen neuen Rahmen gefunden haben. An einer viel breiteren Front, und zwar selbst unter den Skeptikern, gehören sie zum Inventar westlichen Denkens. Sie besetzen alle Arten geistiger Behausungen und Aussichtspunkte. Selbst wenn wir sie auf den Speicher verbannen und die Tür hinter ihnen schließen – oder vielleicht gerade dann –, tauchen sie unerwartet wieder auf und erschrecken uns. Wir sind primitiver, als wir gerne glauben möchten.

Hier komme ich nicht umhin, an eine paradoxe Eigenschaft Freuds zu denken: als Intellektueller stand er Parapsychologie und Okkultismus wachsam und kritisch gegenüber, im Privatleben jedoch neigte er zu abergläubischen Vorahnungen (vgl. Clark [1980] 1981).

Bevor ich mich wieder dem Material meines Patienten zuwende, möchte ich sagen, daß mein Interesse daran, das Warum und Wie seiner Selbstkennzeichnung als böse zu verstehen, in weitem Maße das Ergebnis meines eifrigen, eingehenden Studiums vier europäischer Denker des neunzehnten Jahrhunderts ist: Dostojewski, Kierkegaard, Baudelaire und Nietzsche. Daß Persönlichkeiten aus derart unterschiedlichen Kulturen und Arbeitsbereichen bei der Erforschung des Lebens die Thematik des Bösen ins Zentrum ihres Denkens rückten, betrachte ich nicht als Zufall. Und in all ihren Schriften ist das Hauptthema die tragisch endende Wechselwirkung von Wille (dem Hauptträger des Bemächtigungstriebs), Schönheit (menschlicher und abstrakter) sowie dem Bösen und der Gewalt (vgl. Charles Dédéyan 1968; Georges Bataille [1957] 1987; Paul Evdokimov 1978; Léon Chestov 1926, 1948; Walter Kaufman 1974 und Daniel Halévy 1944).

Um auf meinen klinischen Umgang mit Herrn X und seinem Material zurückzukommen: es ist gegenwärtig Mode, daß Analytiker »bekennen«, was sie tun, ein Bestreben, das mit dem Begriff »Gegenübertragung« als wissenschaftliches deklariert wird (vgl. Frank 1977). Ich möchte lediglich andeuten, wie Herr X und ich in der analytischen Gesamtsituation und durch den analytischen Prozeß eine »gutartige« Auseinandersetzung austrugen. Eine gewisse Unpersönlichkeit war sowohl seinem Stil eigen, sich zu geben und ein Gespräch zu führen, wie meiner Art, zuzuhören und zu antworten. Ich möchte nicht, daß der Leser dies als einen Ausdruck mangelnder Affektivität in unserer Beziehung mißversteht. Freud (1937 c) hat ausdrücklich festgestellt:

> Und außerdem sei nicht jede gute Beziehung zwischen Analytiker und Analysiertem, während und nach der Analyse, als Übertragung einzuschätzen. Es gebe auch freundschaftliche Beziehungen, die real begründet sind und sich als lebensfähig erweisen. (S. 65 f.)

Ich muß zugeben, daß ich niemals, wenn es irgend geht, eine auf das Hier und Jetzt bezogene interpersonale (d. h. Sie-und-ich-) Deutung gebe. Ella Sharpe (1930) zum Beispiel hat festgestellt:

> Wir sollten die Widerstände nicht als etwas speziell gegen die Analyse Gerichtetes behandeln, sondern als das, was sie wirklich sind, nämlich Abwehrformen, die die Psyche in ihrem Versuch entwickelt hat, die Forderungen des Es und des Über-Ich (und auch des Ichideals, möchte ich hinzufügen; M. M. R. Khan) in der realen Welt miteinander zu versöhnen.

Was ich als »eine Auseinandersetzung« zwischen Herrn X und mir selbst bezeichne, ist eigentlich eine verbale Variante von Winnicotts ([1971 b] 1973) berühmter »Schnörkelspiel«-Therapie in seinen Sprechstunden mit Kindern. In seiner »Einführung« schreibt Winnicott:

> ... etwas wird dem Leser deutlich werden, nämlich daß ich nie (so hoffe ich) Deutungen gebe, um meinen eigenen Nutzen aus ihnen zu ziehen. Ich habe es nicht nötig, mir selbst Teile der Theorie zu beweisen, die ich anwende, indem ich mir dabei zuhöre, wie ich das Fallmaterial in Worte fasse. [korrigierte Übersetzung]

Nachdem ich Herrn X im Laufe des ersten Beratungsgesprächs – oder, um seine Formulierung zu benutzen, während unserer ersten »Begegnung« – eine halbe Stunde lang beobachtet hatte, war ich davon überzeugt, daß bei ihm keine Depression im psychiatrischen Sinn dieses Begriffs vorlag. Er machte auf mich den Eindruck eines »resignierten« Mannes, der nicht eigentlich einen »Kollaps« gehabt, sondern vielmehr den Entschluß gefaßt hatte, sich aus aktiven Beziehungen und der aktiven Teilnahme an sämtlichen Lebensbereichen zurückzuziehen. Ich hatte aber nichts darüber gesagt. Statt dessen hatte ich ihm durchaus deutlich gemacht (wie er mir über ein Jahr später erzählte), daß ich seine Selbstverdammung als das entscheidende Problem ansah. Und wiederum beeilte ich mich nicht, sie als ein Resultat eines strengen Über-Ichs (d. h. Gewissens) zu bewerten, nicht einmal in meinen eigenen Überlegungen. Da ich unser Aufeinander-bezogen-Sein und unsere Arbeit von Anfang an als »Auseinandersetzung« [*contest*] betrachtet hatte, war ich nicht überrascht zu hören, daß er dieses Wort in seiner »Geschichte« benutzte. Auf diese Weise wird sichtbar, daß die Verschiebung des entscheidenden aktiven Elements der »Geschichte« in der Übertragung in klinischem Prozeß und Setting bereits eingesetzt hatte. Ich hatte »das Spielen« zur Sprache gebracht, und auch hier hat Winnicott ([1971 c] 1979) mich wiederum nachhaltig beeinflußt. Seine Sätze sind so einleuchtend, daß ich nichts Besseres tun kann, als sie zu zitieren:

> Psychotherapie geschieht dort, wo zwei Bereiche des Spielens sich überschneiden: der des Patienten und der des Therapeuten. Psychotherapie hat mit zwei Menschen zu tun, die miteinander spielen. Hieraus folgt, daß die Arbeit des Therapeuten dort, wo Spiel nicht möglich ist, darauf ausgerichtet ist, den Patienten aus einem Zustand, in dem er nicht spielen kann, in einen Zustand zu bringen, in dem er zu spielen imstande ist. (S. 49)

Ich hatte das sichere Gefühl, daß es wichtiger war, Herrn X zu befähigen, das, was einer so strengen intrapsychischen

Kontrolle unterworfen war, in das Gespräch »*ein*zuspielen«, als ihm einsichtige Deutungen aufzudrängen.

Wenn ich seiner selbstsicheren, gemessenen und geschliffenen Ausdrucksweise zuhörte, war ich mir sicher, daß *Bewältigung und Kontrolle* [*mastery*] für ihn bei jeder Aufgabe eine vorrangige Rolle spielten. Nachdem ich wußte, wie er es gelernt hatte, mit der entstellten und verkümmerten Hand zu zeichnen, zweifelte ich nicht daran, daß er an seinen persönlichen Einsatz und seine eigene Leistung höchste Anforderungen stellte. Meiner Ansicht nach unterstützt der Bemächtigungstrieb die Bestrebungen des Ichs nirgends so sehr, wie wenn es um die Verfolgung des Ichideals geht. Es handelt sich, wie Herr X selber feststellte, nachdem er mir von seinem *realen* sexuellen »Kampf« mit der jungen Frau erzählt hatte, um ein sehr trügerisches Gleichgewicht. Und der Umschwung vom Guten zum Bösen erfolgt mitunter nicht nur sehr rasch, sondern kann überdies katastrophale Auswirkungen haben. Dies sehen wir auch in den menschlichen Gesellschaften, deren verheerende und unbarmherzige Kriege überwiegend nicht im Dienste der Rache standen, sondern Ideale verfolgten. In den europäischen Kulturen, von den Kreuzzügen bis hin zum Zweiten Weltkrieg, sieht man deutlich, wie das Wetteifern [*contest*] zur Eroberung wird; das Böse wird legitimiert, weil es im Dienste der Nation steht, und mit Ruhm und Ehre vergoldet (vgl. Freud 1933 b). Man weiß nur zu gut, daß Kriege in Individuen und Nationen, die zuvor ihrem ganz gewöhnlichen Alltagsleben nachgegangen sind, unerwartete, unglaubliche Anstrengungen und Energien mobilisieren.

Genau diese unvorhergesehene Entdeckung und Erfahrung wollüstiger, verzweifelter Energie und Kraft hatte das intrapsychische Gleichgewicht von Herrn X und seine Selbsteinschätzung verändert. Die Konfrontation mit sich selbst nach dem »sexuellen Kampf« lähmte sein Ich und, was noch schlimmer war, sie ließ all der dissoziierten Wut und Rachsüchtigkeit freien Lauf, die sich nun aber gegen ihn selbst richteten.

Als wir gemeinsam verschiedene Auffassungen dessen erarbeiteten und diskutierten, was für Herrn X das Böse ausmachte, entschlüsselten wir ungefähr die folgenden zentralen Merkmale:

1. Der Charakter des Objekt-Gebrauchs: Herr X war sich durchaus im klaren, daß es einen Unterschied gab zwischen dem, wie er es nannte, »ästhetischen Nachempfinden« und seiner Sorge um »das Mädchen« in seiner »Geschichte« auf der einen Seite und seiner völligen Mißachtung des Erlebens und Empfindens der jungen Frau sowie seinem eigenen Mangel an subjektiven Gefühlen auf der anderen Seite.

2. Stück für Stück konnten wir rekonstruieren, wie subtil Herr X begonnen hatte, sie als Person vom Augenblick des Kennenlernens an »zu demontieren« (sein Ausdruck). Ihre Komplizenschaft machte die »Demontage« komplett. Sie war nicht länger eine Person mit einem Ich, sie war ein »Ding«. Ich habe über eine solche Form des Objekt-»*Gebrauchs*« bei einem Fall von Vorhaut-Fetischismus berichtet (Khan [1979] 1983; siehe auch Winnicott [1969] 1979).

3. Noch ein weiteres Merkmal dessen, was ich als die »Selbstheilung« von Herrn X bezeichnet habe, interessierte mich sehr (Khan [1970 a] 1988). Da ich aus seiner Darstellung wußte, daß er ein »zerstreutes« Kind gewesen war, sich willig treiben ließ, statt aus persönlicher Initiative heraus wirklich zu leben, überraschte es mich, daß der Unfall und die anschließende Genesung ihn *aufzuwecken* vermocht hatten. Man kann dies dem Selbsterhaltungstrieb zuschreiben, aber es war noch mehr daran. Obwohl das Erlernen einer künstlerischen Fertigkeit (Zeichnen) und das Ersinnen seiner »Geschichte« einander ergänzten, hatten sie in ihm sozusagen parallel nebeneinander fortbestanden (wie die Parallelkonstruktion der Fahrradpedale). Dies hatte ihn davor bewahrt, bloß ein geschickter Handwerker zu werden oder

völlig in der verschwommenen Vagheit seiner »Geschichte« unterzutauchen, die im Laufe der Zeit monotoner und phantasieloser geworden wäre und auf diese Weise eine Barriere zwischen ihm und der Realität wie auch zwischen ihm und dem Anderen errichtet hätte. In seinem Kapitel »Träumen, Phantasieren und Leben« legt Winnicott ([1971 c] 1979) dar: »Wir sind – vor allem als Psychoanalytiker – damit vertraut, wie Träume mit Objektbeziehungen in der realen Welt und wie das Leben in der realen Welt mit der Traumwelt in Beziehung stehen. Dagegen bleibt das Phantasieren ein isoliertes Phänomen, das Energie abzieht, ohne dem Leben oder den Träumen zugeordnet zu sein.« (S. 37) Er fährt fort: »Beim Phantasieren geschieht alles sofort – wenn man davon absieht, daß überhaupt nichts geschieht.« (S. 38) Im folgenden beschreibt Winnicott das Verhängnis und die psychische Unbeweglichkeit seiner Patientin als Ergebnis des Phantasierens, das »sich auf etwas ganz Bestimmtes richtet, aber nicht weiterführt« (S. 46), und zeigt auf, wie das Träumen ihr allmählich zu Hilfe kam. Aber selbst dann »beherrscht« das Phantasieren sie noch lange »wie ein böser Geist« (S. 44). Mit diesem Wissen habe ich es vorgezogen, in meiner klinischen Erzählung das Wort »Träumerei« zu benutzen, denn bei Herrn X bestand zwischen dem Zeichnen und dem Verfertigen der »Geschichte« eine dynamische Wechselwirkung. Ich bin mir sicher, daß eben diese Fähigkeit es dem klinischen Prozeß ermöglichte, sich nach und nach zu spielerischer und produktiver gegenseitiger Gemeinsamkeit zu entwickeln.

4. Ich habe über den Gebrauch gesprochen, den Herr X vom Objekt machte (vgl. Winnicott [1969] 1979), aber ich habe nur wenig dazu gesagt, welche Deutungen ich ihm über seine *Forderungen* an das Objekt (das Mädchen) gegeben habe. Im Gegensatz zu der Zurückhaltung und Kontrolle seiner Gefühle und ihrer Ausdrucksformen in bezug auf Schmerz und Angst in den Krankenhäusern stellt er in seiner

»Geschichte« recht eindeutige, wenn auch sehr dezent formulierte Forderungen, die dem Mädchen einiges an Einfühlungsvermögen abverlangen, um zu einem »gemeinsamen Spiel« werden zu können. Und aus eben diesem Grund forderte er es nie durch körperliche Sexualität heraus. Die junge Frau war nicht »verspielt« gewesen, sondern hatte mit ihm ihre eigene perverse Phantasie inszeniert; daher rührte sein Gefühl, die ›Initiative aus der Hand zu verlieren‹ und ganz unwirklich, entpersönlicht und beziehungslos zu werden. Ich habe dieses Phänomen bei bestimmten Formen der von mir im Unterschied zu den »gutartigen« als »maligne« bezeichneten Perversionen kennengelernt. Meiner klinischen Erfahrung zufolge bleibt das Gleichgewicht zwischen aktiv und passiv bestehen, wenn der Komplize verhältnismäßig arglos, aber vorbewußt »en rapport« ist. Wo aber jeder Beteiligte, dem eigenen unzweideutigen Bedürfnis und Verlangen folgend, aktiv einer beiden gemeinsamen Phantasie gerecht wird, kann das Ergebnis kriminelle Ausmaße annehmen und mit schwerwiegenden körperlichen Verletzungen beider Betroffenen verbunden sein. Dies hatte Herr X irgendwann während des »bösen Kampfs« realisiert; und aus diesem Grund hatte er mit einem Schlag alle Zuversicht verloren, sein eigenes Selbst bewahren und den anderen schützen zu können, und sich in die totale Dissoziation und Entfremdung von seinem inneren wie äußeren psychischen und zwischenmenschlichen Leben zurückgezogen.

5. Zum Schluß möchte ich sagen, daß ich wirklich nicht erklären kann, *warum* seine Beziehung zu sich selbst sich von dem Gefühl, böse zu sein, zu dem Gefühl, wieder gut zu sein, verändert hat. Wir hatten keine Zeit, und ich frage mich, ob wir es gewagt hätten, diesen Bereich seines verborgenen Selbst zu erschließen, auch wenn wir Zeit genug gehabt hätten. Der Analytiker kann keinen Patienten als Person ganz und gar kennenlernen, das vermag nicht einmal der Patient selbst. Und vielleicht sollten wir als Kliniker

auch niemals in diesen verbleibenden Bereich seiner Privatheit eindringen. Daß der Patient fähig sein sollte, die »Auseinandersetzung« in ein kreatives und gemeinsam geteiltes Leben hineinzutragen und an ihm zu wachsen, stellt – zumindest für mich – das klinische Ideal dar (vgl. Kapitel 4).

9
FRÜHE KINDHEIT, ALLEINSEIN UND WAHNSINN

fleurir ne suffit pas aux roses
au fond de son miroir
il faut que l'amoureuse
les regarde la voir

Jean Lescure

Der menschliche Säugling ist der einzige lebende Organismus, der mit dem Verlassen des Mutterleibs ein Trauma erlebt und physisch unreif auf seine neue Umgebung trifft. Deshalb ist es notwendig, daß dem Baby umfassende Pflege und Fürsorge durch die Mutter und/oder ihre Stellvertreter zuteil werden.

Natürlich war es Freud, der diesen Zusammenhang als erster nachwies. Dennoch vergingen weitere zwanzig Jahre, bis er als eine *Tatsache* und nicht nur als bloße Überlegung ernstgenommen wurde. Diese Entwicklung verdanken wir drei Personen – Anna Freud, Melanie Klein und Winnicott.

In diesem Kapitel werde ich mich nicht mit den unzähligen Beeinträchtigungen der Säugling-Mutter-Beziehung auseinandersetzen, die später zu einer Psychopathologie führen, sondern mit dem behüteten Baby und seinen ruhigen Phasen des Wohlbefindens, in denen es mit sich selbst *allein* ist. Einen sehr großen Teil unseres Säuglingsalters und der frühen Kindheit verbringen wir in diesem Zustand, über den Psychoanalytiker, von Winnicott[1] abgesehen, kaum etwas geschrieben haben.

Welchen Charakter und welche Funktion hat dieses Allein-

1 Vgl. Winnicott ([1958] 1984), »Die Fähigkeit zum Alleinsein«. [Anm. d. Übers.]

sein im frühen Kindesalter? Zuallererst einmal stellt es den angeborenen biologischen Fähigkeiten sowohl den *Raum* als auch die *Zeit* zur Verfügung, innerhalb deren diese sich zu einem personalisierten psychischen Zustand realisieren können. Aus *dem* Säugling entwickelt sich allmählich *ein* bestimmter Säugling: eine individuelle Person in der Besonderheit ihres eigenen Seins.

Zweitens gerät vieles, was das Baby in dieser frühen Phase aufgrund seiner mangelnden Reife noch nicht zu einer psychischen Erfahrung machen kann, in *Vergessenheit*. Dies, glaube ich, meinte Freud mit seinem Konzept der *Urverdrängung*. Was aber dem *Vergessen* anheimfällt, ist nicht verloren – es wird später, in den ureigenen Wahnsinnszuständen, wiederauftauchen. Und ich benutze absichtlich das Wort *wahnsinnig* [*mad*] im Unterschied zu dem Begriff psychotisch, denn jeder Erwachsene ist auf eine sehr private Weise wahnsinnig – und auch allein.

Wie wir diesen Wahnsinn und das Alleinsein als Erwachsene erleben und verwirklichen, ist die nächste Frage. Wir tun es auf drei Arten: durch Kunst und Literatur; indem wir eine ruhige Gemeinsamkeit mit dem *Anderen* teilen; und, wie die persischen Sufis oder die Zen-Priester, durch mystische Lebensformen.

Für den behandelnden Psychoanalytiker beginnt das eigentliche Dilemma, wenn der Analysand seinen *wahnsinnigen* Zustand und sein Bedürfnis, allein zu sein, in die Sitzung hineinbringt. Letzteres wird häufig als Widerstand mißverstanden, und der Analysand versteckt sein wahres Bedürfnis hinter einem Schutzschirm aus gehorsamem Schuldgefühl und Glauben.

Aber das ist noch nicht das Schlimmste dessen, was wir als Kliniker tun. Wir versuchen darüber hinaus, mit Hilfe unserer Fachterminologie, die uns dazu nötigt, dem normalen und pathologischen Material des Analysanden zuzuhören und es zu deuten, Sinn in den *Un*-Sinn des von ihm in Worte gefaßten Wahnsinns zu bringen. Töricht, aber mit Bedacht, bemühen wir uns, diesen *Un*-Sinn zu verstehen, indem wir entweder *die Fakten* (Winnicott) oder *die Phantasien* (Klein) der Kindheit rekonstruieren. Helfen kann weder das eine noch das andere: das kreative Potential des Wahnsinns fällt wieder dem Vergessen anheim, und der Analysand ist nicht mehr wahnsinnig oder allein, sondern nur noch einsam und verloren!

10
BRACHLIEGEN

Rainer Maria Rilke brachte in seinem Brief vom 10. März 1921 an die Gräfin M. ein Gefühl zum Ausdruck, das in bescheidenerem Sinne auf uns alle zutrifft: »Jeder erlebt schließlich nur *einen* Konflikt im Leben, der sich nur immer anders vermummt und anderswo heraustritt« (Rilke 1987, S. 669).

Meine Lebenserfahrung hat mich gelehrt, daß das, was Rilke den »*einen* Konflikt« nennt, die Beschäftigung mit der Beziehung ist, die eine Person zu sich selbst hat. Ich werde mich hier auf einen recht privaten, konfliktfreien und personalisierten Bereich der Selbsterfahrung konzentrieren, den ich als ein »*Brachliegen*« bezeichnen möchte. Das Substantiv *Brache* [*fallow*] wird im *Oxford English Dictionary* definiert als »gründlich gepflügtes und geeggtes Ackerland, das jedoch ein ganzes Jahr oder länger nicht bestellt wird«.

Die Stimmung, die ich zu beschreiben versuche, hat nichts mit Trägheit, lustloser Leere oder einer eitlen, quietistischen Ergebenheit der Seele zu tun hat; ebensowenig stellt sie eine Flucht vor zermürbender Zielbesessenheit und pragmatischem Handeln dar. *Brachliegen* ist ein Übergangszustand der Erfahrung, eine Bewußtseinslage, die sich durch aufmerksame innere Ruhe und einen empfänglichen, regen Geist auszeichnet.

Es ist in der Tat schwierig, positive, konfliktfreie Stimmungen und affektive Gefühlszustände zu definieren. Die Sprache steht seit langem in einem differenzierten Verhältnis zu konflikthaften Zuständen, ob sie nun die äußere Realität oder die innere, psychische Realität betreffen. Über einen sehr langen Zeitraum hinweg hat sie Kenntnis und Kompetenz entwickelt, um diese konflikthaften Zustände von

Angst und Furcht, Hoffnung und Verzweiflung, Hochgefühl und Depression zu definieren.
Seit Jahrhunderten haben Schriftsteller, Gelehrte und Priester das Instrumentarium des gesprochenen und geschriebenen Wortes als Möglichkeit, die menschliche Erfahrung, Zielgerichtetheit und Handlungsfähigkeit zu regulieren und zu organisieren, gepflegt und perfektioniert. Als letzte betraten die Psychoanalytiker diese Bühne, und im Laufe von siebzig Jahren haben sie, angeleitet durch die Forschungen Freuds, viele Erkenntnisse über den Menschen im Konfliktzustand formuliert und nachgewiesen. Was ich an dieser Stelle erörtern will, ist kein neurotischer, konflikthafter oder Verzweiflungszustand, sondern eine Ichfähigkeit. Damit meine ich eine gesunde Ichfunktion im Dienste des Individuums.
Sowohl in der Psychoanalyse als auch in anderen Disziplinen wurde in den vergangenen Jahren zunehmend häufiger auf die Notwendigkeit hingewiesen, den Menschen als existentielle Einheit zu betrachten. Winnicott und Heinz Hartmann haben einiges zu unserem Verständnis jener Zustände hartnäckigen Schweigens beigetragen, die wir mit dem gesunden Individuum in Verbindung bringen. Das durchschlagendste und überzeugendste Plädoyer in dieser Angelegenheit hat jedoch Pierre Teilhard de Chardin gehalten. Nachdem er die lange und komplexe Bewertung des menschlichen Bewußtseins über Tausende von Jahren erörtert hatte, kam er zu dem Ergebnis: »Ist es nicht möglich, daß wir es in unseren Theorien und Handlungen vernachlässigt haben, der Person und den Kräften der *Personalisierung* den ihnen gebührenden Platz einzuräumen?«
Ich behaupte hier, daß die Fähigkeit brachzuliegen eine Funktion des Personalisierungsprozesses des Individuums darstellt. Bis zu seiner Vollendung durchläuft dieser Prozeß der Personalisierung eine lange Phase des Wachstums, der Entwicklung und Akkulturation, und seine eigentliche Matrix ist eine Beziehungshierarchie: die Mutter, die sich um

das Baby kümmert; der Vater, der die Mutter unterstützt; die Familie, die die Großeltern pflegt; und die Gesellschaft, die die Familie in einer für die sich individuierende Person lebendigen und kraftspendenden Atmosphäre erhält.

Das ist ein langer Prozeß, dem viele Traumata drohen – persönliche, familiäre und gesellschaftliche. Wenn aber alles gut verläuft – und in den allermeisten Fällen geht es gut –, dann ist die individuierte, erwachsene Selbstheit, die sich dabei herauskristallisiert und ausdifferenziert, ein personalisiertes Individuum mit eigener Privatheit, innerer Realität und einem Gefühl dafür, daß es in seine soziale Umwelt eingebunden ist.

Wir leben heutzutage in übermäßig pragmatischen und schonungslos »fürsorgenden« [*evangelical*] Gesellschaften, in denen von seiten des Staates und der Politiker, der Soziologen und Psychiater, Psychoanalytiker und Unterhaltungsprofis für das *Individuum* alles getan wird. Bei all diesem Übereifer, das Individuum zu retten und zu stützen, haben wir vielleicht einige der Grundbedürfnisse der Person übersehen, nämlich für sich allein zu sein, unintegriert und brachliegend. Der Wohlfahrtsstaat, ob er einen idealistischen Sozialismus verfolgt, traditionell-konservativ ist oder militant-marxistisch, hat eine aufdringliche Sorge um das Wohl des Individuums entwickelt, die es durch jederzeit verfügbare Rettungsmaßnahmen und spezielle Hilfsprogramme, statt sein persönliches Wachstum zu fördern, in einen entpersönlichten Parasiten verwandelt und gleichzeitig auch zum Opfer macht.

Ich spotte nicht über die wirklichen Werte der modernen Gesellschaften und jene staatliche Sorge um das Wohlergehen des Individuums, die eine der großen Errungenschaften christlicher Kulturen darstellt. Aufgrund meiner Erziehung bin ich in der Lage, den Nihilismus zu beurteilen, den Jahrhunderte geistiger Trägheit in den Kulturen des Ostens, ihr besessenes Streben nach exklusiver Reinheit der Seele und ihre ausgesprochene Mißachtung des Menschen als gesellschaftliches Wesen haben entstehen lassen. Als ich jung war, habe ich in den hinduistisch-moslemischen Kulturen Indiens ein solches körperliches Elend, eine solche Armut und Existenznot gesehen, daß ich niemals glauben werde, daß eine Gesellschaft auch nur die Bohne wert ist, wenn sie sich nicht um das alltägliche Wohlergehen ihrer Bürger kümmert, egal zu welchen metaphysischen Höhen sie sich aufschwingt. Eben weil die westlichen Kulturen und Gesellschaften die bürgerliche Würde, Freiheit und das Wohlergehen des Individuums festgeschrieben haben, sollten wir versuchen, einen Blick auf die subtileren Aspekte der privaten und schweigsam bleibenden psychischen Erfahrungen und ihren Wert für die menschliche Existenz zu werfen.

Lassen Sie mich ohne Umschweife sagen, daß die Seele nur für das versorgte Individuum eine Bedeutung hat. Kein Mensch, der in bitterer Armut lebt, kann brachliegen.

Wir wollen versuchen, das Brachliegen phänomenologisch zu beschreiben. Um es negativ zu definieren: es ist kein durch Triebe oder Umwelt hervorgerufener Spannungszustand. Wir alle erleben es als vorübergehende Phasen häufig. Recht oft registrieren wir bewußt eine ausgesprochene Abneigung, uns dem zuzuwenden, was wir eigentlich tun sollten. Wir setzen uns selbst mit strengen Ermahnungen zu, aber irgendwie gelingt es uns nicht, vom Fleck zu kommen und die Sache in die Hand zu nehmen. Wir verspüren ein Bedürfnis, irgendwie faul zu sein und auf eigenem Weg aus dieser gutartig matten Stimmung herauszufinden. Wenn wir durch unser eigenes Gewissen oder die Umgebung aus ihr herausgezwungen werden, fühlen wir uns reizbar und mürrisch. Sehr häufig sind wir nur zu schnell bereit, äußeren Faktoren die Schuld an unserer Unfähigkeit zuzuschreiben, diese Stimmung des Brachliegens festzuhalten und zu unterstützen.

Obwohl diese Stimmung des Brachliegens im wesentlichen

und von Natur aus eine private und persönliche ist, ist ein geselliges Ambiente erforderlich, damit sie festgehalten werden kann. Isoliert und vernachlässigt können wir weder in diese Stimmung gelangen noch können wir sie aufrechterhalten. Irgend jemand – ein Freund, eine Ehefrau, ein Nachbar –, der bei uns sitzt, ohne sich aufzudrängen, garantiert dafür, daß der psychische Prozeß nicht außer Kontrolle gerät, wir also nicht trübselig, selbstbezogen, verdrießlich und traurig werden.

Unendlich vieles kann die Stimmung des Brachliegens zunichte machen. Ein Extrem ist die Trostlosigkeit rigoroser Selbstaufopferung durch einen mystischen Rückzug aus dem Leben und die Einkerkerung des Selbst durch eine rationalisierte idealistische Rechtfertigung solcher Daseinsformen. Dann gibt es auch die exotischen Erfahrungen, die einige Menschen mit Hilfe von Betäubungsmitteln, Alkohol und anderen Drogen zu gewinnen suchen.

Was bewirkt das Brachliegen für uns? Die Antwort ist ein Paradoxon: alles und nichts. Diese Stimmung ist ein Nährstoff des Ichs und ein Zustand der Vorbereitung. Sie liefert das energetische Substrat für die Mehrzahl unserer kreativen Bestrebungen und erlaubt aufgrund ihrer nichtintegrierten, psychisch vorübergehend aufgeschobenen Lebendigkeit (die die Kehrseite systematischer Geistestätigkeit ist) jene larvenartige innerliche Erfahrung, die die eigentliche psychische Kreativität von besessener Produktivität unterscheidet.

Also ist der Zustand, in dem wir brachliegen:

1. Eine Übergangs- und vorübergehende Stimmung.
2. Ein konfliktfreier, ein nicht triebhafter und intellektuell unkritischer Zustand.
3. Eine Ichfähigkeit.
4. Eine aufmerksame, wachsame Stimmung – nichtintegriert, aufnahmefähig und unbeständig.
5. Ein vorwiegend nonverbaler und imaginativer Zustand, der kinästhetisch zum Ausdruck kommt.

Überdies würde ich sagen, daß die Stimmung des Brachliegens sich vorwiegend in der Stille äußert und erfahren wird, selbst für den, der sie erlebt. Dem bildlichen Ausdruck ist sie jedoch zugänglicher als der verbalen Artikulation – das Kritzeln usw. kann ein durchaus angemessenes Medium für sie sein.

Vielleicht ist es eine der wenigen wirklichen Errungenschaften der modernen Kunst zwischen 1900 und 1940, daß sie das Malen aus seiner zu engen Verbindung mit der thematischen Darstellung löste. Die Kubisten (Picasso, Braque, Leger, Gris usw.) nahmen für sich in Anspruch, Übergangszuständen der visuellen Erfahrung Ausdruck zu verschaffen – ein Anspruch, der nicht aus Träumen hervorging, sondern dem der Zustand des Brachliegens zugrunde lag. Der bezaubernde Exponent der Malerei als Medium der Stimmung des Brachliegens ist Miró mit seinen eigenwilligen, schlafwandlerischen Kritzeleien und Farbflecken, die in ihrer Ruhe doch so verspielt sind.

Indem ich die Stimmung des Brachliegens mit kreativen, artistischen Hervorbringungen verbinde, möchte ich auf eine weitere wichtige Wertkomponente dieser Stimmung hinweisen – ihre Diszipliniertheit und ihre Beziehung zum *Willen*. Sie ist keine träge, debile Existenzform. Sie ist eine Fähigkeit, die ein souveränes, diszipliniertes und personalisiertes Individuum zwangsläufig entwickelt. Wir können uns alle einbilden, daß wir ebenso gut wie Miró zu kritzeln vermögen, aber die Kraft und Energie der Sensibilität, die vonnöten ist, damit jener Zustand freischwebender Lebhaftigkeit aufrechterhalten und die ihm inneliegende Lebendigkeit im Bild eingefangen wird, verlangt dem Ich keine geringe Leistung ab. Stellen wir ihr die nostalgischen, eskapistischen Bemühungen der Sonntagsmaler zur Seite, und es ist nicht schwierig, diesen Unterschied nachzuweisen. Brachliegen ist vor allem der Beweis, daß eine Person, ohne ein bestimmtes Vorhaben zu verfolgen, mit sich selbst allein sein kann.

In welchem Verhältnis steht das Brachliegen zur Freizeit? Auf gewisse Art ist es die Kehrseite der Freizeit, insbesondere der Freizeit, wie wir sie heute kennen. Es ist ein sonderbares und unheimliches Ergebnis der urbanen Kultur und der Auswirkungen der Technik auf das menschliche Erleben, daß das Streben nach Freizeit zum Selbstzweck geworden ist. Nach und nach hat sie sich in den modernen Gesellschaften zu einer Industrie, einem Bekenntnis und dringendem sozialen Bedürfnis der Individuen entwickelt. Jeder strebt nach immer mehr Freizeit und weiß immer weniger, was er mit ihr anfangen soll. So konnte sich ein gigantisches Geschäft mit der Organisation unserer Freizeit entwickeln. Dieses Bedürfnis ist vielleicht eine der wirklichen Absurditäten unserer heutigen Existenz, und es spiegelt den Verfall einiger zentraler Wertsysteme wider, die die Weisheit der Religionen den Menschen seit ewigen Zeiten garantierte. Die rasende Jagd nach Freizeit ohne die Fähigkeit, aus ihr eine personalisierte Erfahrung machen zu können, ist vielleicht eine der Eigenschaften der technisierten Gesellschaften, in denen Verschwendung und Vergeudung ihren deutlichsten Ausdruck finden. Das Individuum, dem Freizeit in massiven Dosierungen auferlegt worden ist und das nur im geringen Maß die Fähigkeit hat, mit ihr umzugehen, sucht dann nach Ablenkungen, die dieses Vakuum ausfüllen können. Einen großen Teil seiner Energie bringt der moderne Mensch bei der Suche nach diesen Ablenkungsmöglichkeiten auf, und wenn es ihm nicht gelingt, sich durch Ablenkung zu befriedigen, brütet er »Krankheits«-Zustände und Trübsinnigkeit aus, die dann seine Freizeit in Anspruch nehmen. Ein großer Teil der Verzweiflung und psychischen Konflikte, die wir heutzutage bei unseren Patienten klinisch beobachten, ist das Ergebnis einer verzerrten und irrigen Erwartung an die menschliche Natur und Existenz. Überall begegnen wir heute dem Irrtum, daß das ganze Leben ein Vergnügen sein und die gesamte Zeit eigentlich zur Verfügung stehen sollte, damit man dieses Vergnügen genießen kann. Das Ergebnis sind Apathie, Unzufriedenheit und Pseudo-Neurose. Es mag sonderbar erscheinen, daß ein Psychoanalytiker derart ironisch über menschliche Konflikte schreibt. Wenn wir aber nicht ehrlich sind und nicht zwischen echtem Konflikt und Krankheit einerseits und trügerischen, simulierten, auf falsche Vorstellungen von der menschlichen Natur zurückgehenden Neurosen andererseits unterscheiden, dann sehen wir nicht klar, welche Aufgabe wir als Therapeuten haben, und verwirren überdies unsere Patienten.

Ein Verlangen nach Freizeit und die damit einhergehende Sehnsucht nach Zerstreuungsmöglichkeiten, um die Leere der vorhandenen Freizeit auszufüllen, sind das Ergebnis unseres Unvermögens zu verstehen, welche Rolle und Funktion dem Bedürfnis brachzuliegen in der menschlichen Psyche und Persönlichkeit zukommt. Im Laufe der vergangenen sechs oder sieben Jahrzehnte haben wir emsig falsche Informationen über wesentliche Eigenschaften der menschlichen Natur gesammelt. Die Notwendigkeit, menschliche Armut und menschliches Elend zu lindern, haben wir mit dem Anspruch verwechselt, das ganze Leben müsse ein einziges Vergnügen sein. Die Unterhaltungsmedien der modernen Gesellschaften haben diese Freizeitlücke kommerziell ausgebeutet und die Bürger mit vorgefertigten, austauschbaren Ablenkungen überflutet, so daß das Bewußtsein für die Notwendigkeit, persönliche Ressourcen zu entwickeln, um mit solchen Zuständen des Brachliegens fertigzuwerden, sich gar nicht als eine private Erfahrung verwirklichen kann.

Eine erschütternde Konsequenz dieser Situation ist ein Typus der Persönlichkeitsentwicklung, dessen Ansprüche an seine Umwelt und an andere Menschen ebenso überentwickelt sind wie sein Bedürfnis, daß andere eine Beziehung zu ihm finden, der aber wenig Verständnis für die Notwendigkeit aufbringt, Verantwortung für eine innerliche Beziehung zu seinem eigenen Selbst zu übernehmen. Auch wenn man mit dem Theater und der Literatur der Gegenwart nur oberflächlich vertraut ist, wird man erkennen, welche dramatische, lautstarke Darstellung Isolation, Elend, Einsamkeit, Verarmung etc. des Individuums erfahren, ohne daß sich auch nur andeutungsweise die Einsicht in die primäre menschliche Verantwortlichkeit für die Verpflichtung zu erkennen gibt, sich selbst zu erhalten und zu erziehen.

Es ist oft darauf hingewiesen worden, daß das Unvermögen, eine wirkliche Beziehung zum Selbst zu finden, eines der charakteristischsten Symptome unserer Zeit darstellt, und nur zu bereitwillig hat man die Schuld daran den Eltern, der Gesellschaft und der wissenschaftlichen Revolution angelastet.

Nicht genügend betont wurde die Tatsache, daß heutzutage nur sehr wenige Individuen es als ihre eigene Verantwortung betrachten, zu sich selbst eine Beziehung zu entwikkeln. Wir haben Anstrengung durch Arbeit und das Brachliegen durch müßiggängerische Freizeit ersetzt.

Die Fähigkeit brachzuliegen ist abhängig von:

1. Der Akzeptanz des Selbst als individuierter Person,
2. der Toleranz gegenüber Nicht-Kommunikation und
3. der Möglichkeit, sich mit einer Einschränkung der eigenen Beziehungen zur Umwelt und vice versa abfinden zu können.

Zum Schluß möchte ich sagen, daß ich es Winnicott verdanke, gelernt zu haben, wie man es einem Patienten ermöglichen kann, als Person zu seiner eigenen Fähigkeit brachzuliegen zu finden, wenn dies in der analytischen Situation für ihn notwendig ist – ohne daß er meine Gegenwart als wortlosen Zwang und als Aufforderung empfindet, die Stunde mit Faktentrümmern ausfüllen oder mit sich selbst ins Gericht gehen zu müssen, weil er nicht frei assoziiert. Sprache und Beziehung sind nur dann kreativ, wenn die

Person über sich selbst spricht, um sowohl zu sich selbst als auch zu dem Anderen eine Beziehung zu entwickeln, und auf diese Weise sich selbst für sich selbst und für den Anderen verwirklicht. Damit dies geschehen kann, ist die Fähigkeit brachzuliegen, in stillem Alleinsein mit dem anderen, eine unabdingbare Grundvoraussetzung.

Chronologische Bibliographie

1975 »Freud und die Wendepunkte psychotherapeutischer Verantwortung«. Erstveröffentlichung unter dem Titel: »Freud and the crises of responsibility in modern psychotherapeutics«, in: *International Revue of Psycho-Analysis* 2.

1975 »Der Mißmut des Hysterikers«. Erstveröffentlichung unter dem Titel »Grudge and the hysteric«, in: *International Journal of Psychoanalytic Psychotherapy* 4.

1976 »Jenseits des Traumerlebens«. Erstveröffentlichung unter dem Titel »The changing use of dreams in psychoanalytic practice«, in: *International Journal of Psycho-Analysis* 57.

1977 »Von der Verschlossenheit zum gemeinsamen Leben«. Erstveröffentlichung unter dem Titel »From secretiveness to shared living«, in: *The Human Dimension in Psychoanalytic Practice*, hg. von K. A. Frank, New York (Grune and Stratton).

1977 »Brachliegen«. Erstveröffentlichung unter dem Titel »On lying fallow«, in: *International Journal of Psychoanalytic Psychotherapy* 6.

1978 »Das Geheimnis als Möglichkeitsraum«. Erstveröffentlichung unter dem Titel »Secret as a potential space«, in: *Between Reality and Fantasy*, hg. von S. Grolnick, L. Barkin und W. Muensterberger, New York (Aronson).

1979 »Frühe Kindheit, Alleinsein und Wahnsinn«. Erstveröffentlichung in französischer Sprache unter dem Titel »Enfance, solitude et folie«, in: *Nouvelle Revue de Psychanalyse* 19, in englischer Sprache unter dem Titel »Infancy, aloneness and madness«, in: *International Journal of Psychoanalytic Psychotherapy* 8.

1981 »Die böse Hand«. Erstveröffentlichung in französischer Sprache unter dem Titel «La main mauvaise«, in: *Nouvelle Revue de Psychanalyse* 24.

1981 »Niemand kann seine Verrücktheit aussprechen«. Erstveröffentlichung in französischer Sprache unter dem Titel »Personne ne peut dire sa folie«, in: *Nouvelle Revue de Psychanalyse* 23, in englischer Sprache unter dem Titel »None can speak his/her folly«, in: *International Journal of Psychoanalytic Psychotherapy* 9.

1982 »Der leere Kopf«. Erstveröffentlichung in französischer Sprache unter dem Titel »La tête vide«, in: *Nouvelle Revue de Psychanalyse* 25.

Literatur

Abrams, M. H. ([1953] 1978). *The Mirror and the Lamp: Romantic Theory and the Critical Tradition*, London, New York (Oxford University Press); deutsch: *Spiegel und Lampe. Romantische Theorie und die Tradition der Kritik*, übersetzt von Lore Iser, München (Fink).

Abrams, M. H. (1971). *Natural Supranaturalism*, New York (Norton).

Anzieu, Didier ([1975] 1989). *L'auto-analyse de Freud et la découverte de la psychanalyse*, Paris (Presses Universitaires de France); deutsch: *Freuds Selbstanalyse*, übersetzt von Eva Moldenhauer, 2 Bde., München (Verlag Internationale Psychoanalyse).

Anzieu, Didier (1980). »Du code et du corps mystiques et de leurs paradoxes«, in: *Nouvelle Revue de Psychanalyse* 22.

Auerbach, Erich (1964). *Mimesis. Dargestellte Wirklichkeit in der abendländischen Literatur,* 3. Auflage. Bern/München (Francke)

Aulagnier-Spairani, P. u. a. (1967). *Le désir et la perversion*, Paris (Seuil).

Bainton, R. (1967). *The Penguin History of Christianity*, London (Penguin).

Balint, Michael ([1968] 1970). *The Basic Fault. Therapeutic Aspects of Regression*, London (Tavistock); deutsch: *Therapeutische Aspekte der Regression. Die Theorie der Grundstörung*, übersetzt von Käte Hügel, Stuttgart (Klett).

Bataille, Georges ([1957] 1987). *La Littérature et le Mal*, Paris; deutsch: *Die Literatur und das Böse*, München (Matthes und Seitz).

Baudelaire, Charles ([1846] 1977). *Salon de 1846*, Paris; deutsch: »Der Salon 1846«, in: ders., *Sämtliche Werke/Briefe*, hg. von Friedhelm Kemp und Claude Pichois, München, Bd. 1.

Baudelaire, Charles ([1857] 1976). »Les fleurs du mal«, in: *Œuvres Complètes*, Paris (Bibliothèque Pléiade 1961); deutsch: *Die Blumen des Bösen*, übersetzt von Carlo Schmid, Frankfurt am Main (Insel).

Baudelaire, Charles ([1863] 1922). »L'artiste, homme du monde, homme des foules et enfant«, in: *Œuvres Complètes*, Paris (Bibliothèque Pléiade 1961); deutsch: »Der Künstler, ein Mann der Welt, ein Mann der Menge und ein Kind«, 2. Kapitel der Schrift »Der Maler des modernen Lebens«, in: *Werke*, Bd. 4: *Abhandlungen zur Ästhetik der Malerei*, hg. und übersetzt von Max Bruns, Minden (J. C. C. Bruns).

Beckett, Samuel ([1970] 1976). *Mercier et Camier*, Paris (Minuit); deutsch: »Mercier und Camier«, übersetzt von Elmar Tophoven, in: ders., *Werke*, Bd. 2, Frankfurt am Main (Suhrkamp).

Bion, Wilfred R. (1967). *Second Thoughts: Selected Papers on Psycho-Analysis*, London (Heinemann).

Blake, William ([1789/1794] 1982). *Songs of Innocence. Songs of Experience*; deutsch: *Lieder der Unschuld und Erfahrung*, übersetzt von W. Wilhelm, 3. Auflage. Franfurt am Main (Insel).

Blake, William (1907). *Die Ethik der Fruchtbarkeit*, übersetzt und hg. von Otto Frh. von Taube, Jena. Enthält u. a. Auszüge aus: *Die Vermählung von Himmel und Hölle*; *Jerusalem* sowie aus den Prosaschriften, Notizen, Briefen.

Blake, William (1969). *Complete Writings*. With Variant Readings, hg. von Geoffrey Keynes, London (Oxford University Press).

Braque, Georges (1958). *Vom Geheimnis in der Kunst. Gesammelte Schriften. Erinnerungen und Gespräche*, übersetzt von Sonja Bütler und Jean-Claude Berger, Zürich (Arche).

Cassirer, Ernst ([1932] 1973). *Die Philosophie der Aufklärung*, 3. Auflage, Tübingen (Mohr).

Cavendish, Richard (1975). *The Powers of Evil in Western Religious Magic and Folk Belief*, London (Routledge and Kegan Paul).

Chestov, Léon (1926). *La philosophie de la tragédie*, Paris (J. Schiffrin, Éditions de la Pléiade).

Chestov, Léon (1948). *Kierkegaard et al philosophie existentielle*, Paris (Vrin).

Clark, Ronald W. ([1980] 1981). *Freud: The Man and the Cause*, London (J. Cape and Weidenfeld and Nicolson); deutsch: *Sigmund Freud*, übersetzt von Joachim A. Frank, Frankfurt am Main (S. Fischer).

Coleridge, S. T. ([1817] 1933). »Biographia literaria«, in: ders., *Selected Poetry and Prose*, London (Nonsuch Press). Auszugsweise übersetzt von Kurt Loewenfeld (1927), *Englischer Besuch in Hamburg im Jahre 1798. Wie zwei große englische Dichter nach Hamburg reisten und was sie dort sahen, insbesondere ihre höchst merkwürdigen Gespräche mit Herrn Klopstock, Legationsrath und Verfasser der Messiade*, Hamburg (Friedrichsen).

Cooper, David ([1978] 1978). *The Language of Madness*, London (Allen Lane); deutsch: *Die Sprache der Verrücktheit*, übersetzt von Nils Lindquist, Berlin (Rotbuch).

Corbin, H. (1980). *Temple et Contemplation*, Paris (Flammarion).

Damon, S. F. (1973). *A Blake Dictionary*, London (Thames & Hudson).

Dédéyan, C. (1968). *Le nouveau mal du siècle de Baudelaire à nos jours*, Paris (Société d'Édition d'Enseignement Superieur).

Deleuze, Gilles ([1973] 1979). »Pensée nomade«, in: *Nietzsche aujourd' hui?*, Paris (10/18); deutsch: »Nomadendenken«, in: ders., *Nietzsche. Ein Lesebuch*, übersetzt von Ronald Vouillé, Berlin (Merve).

Descartes, René ([1637] 1973). *Discours de la méthode pour bien conduire sa raison et chercher la vérité sciences*; deutsch: *Abhandlung über die Methode des richtigen Vernunftgebrauchs*, übersetzt von Kuno Fischer, Stuttgart (Reclam).

Descartes, René ([1641] 1972). *Meditationes de prima philosophia*; deutsch: *Meditationen. Mit sämtlichen Einwänden und Erwiderungen*, übersetzt und hg. von Artur Buchenau, Hamburg (Meiner).

Ducrot, Oswald und Todorov, Tzvetan (1972), *Dictionnaire encyclopédique des sciences*, Paris (Seuil).

Eliot, T. S. ([1919] 1969). »Hamlet«, in: *Selected Essays*, London (Faber 1932); deutsch unter demselben Titel, übersetzt von H. H. Schaeder, in: *Essays*, Bd. 2, hg. von Helmut Viebrock, Frankfurt am Main (Suhrkamp).

Eliot, T. S. ([1935] 1988. »Burnt Norton«, erstes der *Four Quartets*; deutsch unter demselben Titel, übersetzt von Nora Wydenbruck, in: *Gesammelte Gedichte*, Frankfurt am Main (Suhrkamp).

Eliot, T. S. (1921). »The Metaphysical Poets», in: *Selected Essays*.

Eliot, T. S. ([1950] 1988). »The cocktail party«, in: *The Complete Poems and Plays of T. S. Eliot*, London (Faber 1969); deutsch: »Die Cocktail Party. Komödie«, übersetzt von Nora Wydenbruck, in: *Die Dramen*, Frankfurt am Main (Suhrkamp).

Ellenberger, H. F. ([1970] 1973). *The Discovery of the Unconscious*, London (Allen Lane); deutsch: *Die Entdeckung des Unbewußten*, 2 Bde., übersetzt von Gudrun Theusner-Stampa, Bern (Huber).

Evdokimov, P. (1978). *Dostoyevsky et le problème du mal*, Paris (Desclée de Brouwer).

Fairbairn, W. Ronald D. ([1946] 1952). »The Treatment and Rehabilitation of Sexual Offenders«, in: ders., *Psychoanalytic Studies of the Personality*, London (Tavistock).

Fédida, P. (1981). »La cauchemar du moi«, in: *Nouvelle Revue de Psychanalyse* 24.

Ferenczi, Sandor ([1932] 1964). »Sprachverwirrung zwischen den Erwachsenen und dem Kind«, in: ders., *Bausteine zur Psychoanalyse*, Bd. 3, Bern, Stuttgart (Huber).

Foucault, Michel ([1954] 1968). *Maladie mentale et psychologie*, Paris (PUF); deutsch: *Psychologie und Geisteskrankheit*, übersetzt von Anneliese Botond, Frankfurt am Main (Suhrkamp).

Foucault, Michel ([1966] 1971). *Les mots et les choses*, Paris (Gallimard); deutsch: *Die Ordnung der Dinge. Eine Archäologie der Humanwissenschaften*, übersetzt von Ulrich Köppen, Frankfurt am Main (Suhrkamp).
Foucault, Michel ([1961] 1969). *Histoire de la folie à l'âge classique*, Paris (Gallimard); deutsch: *Wahnsinn und Gesellschaft*, übersetzt von Ulrich Köppen, Frankfurt am Main (Suhrkamp).
Frame, Donald M. (1965). *Montaigne. A Biography*, New York (Harcourt, Brace & World)
Frank, K. A. (Hg.) (1977). *The Human Dimension in Psychoanalytic Practice*, New York (Grune and Stratton).
Freeman, L. (1972). *Story of Anna O.*, New York (Walker).
Freud, Anna ([1952] 1980): »A connection between the states of negativism and of emotional surrender«, in: dies., *Indications for Child Analysis and Other Papers*, New York (International Universities Press); deutsch: »Bemerkungen über eine Verbindung zwischen affektivem Negativismus und Hörigkeit«, in: *Die Schriften der Anna Freud*, Bd. 4, München (Kindler).
Freud, Sigmund (1893 f). »Charcot«, *GW*, Bd. 1, Frankfurt am Main (S. Fischer).
Freud, Sigmund (1895 d). *Studien über Hysterie*, *GW*, Bd. 1; Einzelausgabe: Frankfurt am Main (Fischer) 1970.
Freud, Sigmund (1900 a). *Die Traumdeutung*, *GW*, Bd. 2/3.
Freud, Sigmund (1904 a). »Die Freudsche psychoanalytische Methode«, *GW*, Bd. 5.
Freud, Sigmund (1905 d). *Drei Abhandlungen zur Sexualtheorie*, *GW*, Bd. 5.
Freud, Sigmund (1905 e). »Bruchstück einer Hysterie-Analyse«, *GW*, Bd. 5.
Freud, Sigmund (1910 a). »Über Psychoanalyse«, *GW*, Bd. 8.
Freud, Sigmund (1912 e). »Ratschläge für den Arzt bei der psychoanalytischen Behandlung«, *GW*, Bd. 8.
Freud, Sigmund (1912-1913). *Totem und Tabu*, *GW*, Bd. 9.
Freud, Sigmund (1913 i). »Die Disposition zur Zwangsneurose«, *GW*, Bd. 8.
Freud, Sigmund (1914 d). »Zur Geschichte der psychoanalytischen Bewegung«, *GW*, Bd. 10.
Freud, Sigmund (1915 b). »Zeitgemäßes über Krieg und Tod«, *GW*, Bd. 10.
Freud, Sigmund (1919 e). »›Ein Kind wird geschlagen‹«, *GW*, Bd. 12.
Freud, Sigmund (1923 c). »Bemerkungen zur Theorie und Praxis der Traumdeutung«, *GW*, Bd. 13.

Freud, Sigmund (1924c). »Das ökonomische Problem des Masochismus«, *GW*, Bd. 13.

Freud, Sigmund (1924/1928). »Kurzer Abriß der Psychoanalyse«, *GW*, Bd. 11; ebenso in: ders., *»Selbstdarstellung«. Schriften zur Geschichte der Psychoanalyse*, hg. von Ilse Grubrich-Simitis, Frankfurt am Main (S. Fischer) 1973.

Freud, Sigmund (1925d). *Selbstdarstellung*, *GW*, Bd. 14; ebenso in: *»Selbstdarstellung«. Schriften zur Geschichte der Psychoanalyse*, a. a. O.

Freud, Sigmund (1925i), »Einige Nachträge zum Ganzen der Traumdeutung«, *GW*, Bd. 1.

Freud, Sigmund (1926e). *Die Frage der Laienanalyse*, *GW*, Bd. 14.

Freud, Sigmund (1927e). »Fetischismus«, *GW*, Bd. 14.

Freud, Sigmund (1930a). *Das Unbehagen in der Kultur*, *GW*, Bd. 14.

Freud, Sigmund (1933b). *Warum Krieg?*, *GW*, Bd. 16.

Freud, Sigmund (1937c). »Die endliche und die unendliche Analyse«, *GW*, Bd. 16.

Freud, Sigmund ([1950a] 1975). *Aus den Anfängen der Psychoanalyse*, Frankfurt am Main (S. Fischer).

Freud, Sigmund (1960). *Briefe*, hg. von Ernst L. Freud, Frankfurt am Main (S. Fischer).

Gay, Peter (1966). *The Enlightenment*, New York (Vintage Books).

Giovacchini, P. L. (Hg.) (1972). *Tactics and Techniques in Psycho-analytic Therapy*, London (Hogarth).

Giovacchini, P. L. (1972a). »The blank self«, in: ebd.

Girard, A. (1963). *La journal intime*, Paris (PUF).

Granoff, W. (1976). *La pensée et le féminin*, Paris (Minuit).

Green, A. (1973). »Le double et l'absent«, in: *Critique* 312.

Green, A. (1980), »Le mythe: un objet transitionnel collectif«, in: *Le Temps de la Réflexion* 1.

Greenson, R. (1967). *The Technique and Practice of Psychoanalysis*, New York (International Universities Press).

Grinstein, A. (1968). *On Sigmund Freud's Dreams*, Detroit (Wayne State University Press).

Guttman, S. u. a. (1980). *The Concordance to the Standard Edition of the Complete Psychological Works of Sigmund Freud*, 5 Bde., Boston (Hall).

Halévy, D. (1944). *Nietzsche*, Paris (Grasset 1977).

Hartmann, E. (1973). *The Function of Sleep*, London (Yale University Press).

Hazard, P. (1935). *The European Mind 1650-1715*, London (Penguin).

Heimann, Paula ([1956] 1957). »Dynamics of transference interpretation«, in: *International Journal of Psycho-Analysis* 37; deutsch: »Die Dynamik der Übertragungsinterpretation«, übersetzt von Margarete Mitscherlich-Nielsen, in: *Psyche* 14, Heft 7.
Holland, R. (1977). *Self and Social Context*, London (Macmillan).

Jones, Ernest ([1953] 1960-62). *The Life and Work of Sigmund Freud*, 3 Bde., London (Hogarth); deutsch: *Sigmund Freud. Leben und Werk*, übersetzt von Gertrud Meili-Dworetzki unter Mitarbeit von Katherine Jones, 3 Bde., Bern (Huber).
Joyce, James ([1922] 1981). *Ulysses*; deutsch unter demselben Titel, übersetzt von Hans Wollschläger, Frankfurt am Main (Suhrkamp).
Joyce, James (1939). *Finnegans Wake*, London (Faber).
Jung, Carl Gustav (1982). *Erinnerungen, Träume, Gedanken von C. G. Jung*, aufgezeichnet und hg. von Aniela Jaffé, 12. Auflage, Olten und Freiburg im Breisgau (Walter).

Kavafis, Konstantin ([1911] 1985). »Ithaka«, in: ders., *Gedichte. Das Gesammelte Werk*, übers. von Helmut von den Steinen, Amsterdam (Castrum Peregrini Presse).
Kaufman, Walter (1974). *Nietzsche: Philosopher, Psychologist, Antichrist*, London (Vintage Books).
Khan, M. Masud R. ([1960] 1988). »Regression and integration in the analytic setting«; deutsch: »Regression und Integration im analytischen Milieu«, in: ders. ([1974] 1988).
Khan, M. Masud R. ([1962] 1988). »Dream psychology and the evolution of the psychoanalytic situation«; deutsch: »Die Psychologie der Traumvorgänge und die Entwicklung der psychoanalytischen Situation«, in: ebd.
Khan, M. Masud R. ([1963 a] 1988). »The concept of cumulative trauma«; deutsch: »Das kumulative Trauma«, in: ebd.
Khan, M. Masud R. ([1963 b] 1988). »Ego-ideal, excitement and the threat of annihilation«; deutsch: »Ichideal, Erregung und drohende Vernichtung«, in: ebd.
Khan, M. Masud R. ([1964 a] 1988). »Ego-distortion, cumulative trauma and the role of reconstruction in the analytic situation«; deutsch: »Ich-Verzerrung, kumulatives Trauma und die Rolle der Rekonstruktion in der analytischen Situation«, in: ebd.
Khan, M. Masud R. ([1964 b] 1983). »Intimacy, complicity and mutuality in perversions«; deutsch: »Intimität, Komplizenschaft und Gemeinsamkeit in der Perversion«, in: ders. ([1979] 1983).

Khan, M. Masud R. ([1970a] 1988). »Montaigne, Rousseau and Freud«; deutsch: »Montaigne, Rousseau und Freud«, in: ders. ([1974] 1988).

Khan, M. Masud R. ([1970b] 1988). »Towards an epistemology of the process of cure«; deutsch: »Anmerkungen zu einer Epistemologie des Heilungsprozesses«, in: ebd.

Khan, M. Masud R. ([1970c] 1988). »Le cadre thérapeutique de Freud«; deutsch: »Freuds therapeutischer Rahmen«, in: ebd.

Khan, M. Masud R. ([1972a] 1988). »Dread of surrender to resourceless dependence in the analytic situation«; deutsch: »Die Angst vor totaler Abhängigkeit in der analytischen Situation«, in: ebd.

Khan, M. Masud R. ([1972b] 1988). »Exorcism of the intrusive egoalien factors in the analytic situation and process«; deutsch: »Die Verbannung ich-fremder Störfaktoren aus der analytischen Situation und aus dem analytischen Prozeß«, in: ebd.

Khan, M. Masud R. ([1972c] 1988). »The finding and becoming of self«; deutsch: »Selbstfindung und Selbstwerdung«, in: ebd.

Khan, M. Masud R. ([1972e] 1988). »The use and abuse of dream in psychic experience«; deutsch: »Gebrauch und Mißbrauch des Traumes als psychische Erfahrung«, in: ebd.

Khan, M. Masud R. ([1973] 1983). »The role of will and power in perversions«; deutsch: »Die Rolle von Wille und Macht in der Perversion«, in: ders. ([1979] 1983).

Khan, M. Masud R. ([1974] 1988). *The Privacy of the Self*, London (Hogarth); deutsch: *Selbsterfahrung in der Therapie*, übersetzt von Barbara Brumm, 2. Auflage, Eschborn (Fachbuchhandlung für Psychologie).

Khan, M. Masud R. ([1979] 1983). »Fetish as negation of the self: clinical notes on foreskin fetishism in a male homosexual«; deutsch: »Der Fetisch als Negation des Selbst. Klinische Bemerkungen über Vorhaut-Fetischismus bei einem Homosexuellen«, in: ders. ([1979] 1983).

Khan, M. Masud R. ([1979] 1983). *Alienation in Perversions*, London (Hogarth); deutsch: *Entfremdung bei Perversionen*, übersetzt von Waltraud Klüwer, Frankfurt am Main (Suhrkamp).

Krailsheimer, A. G. (1971). *The Continental Renaissance*, London (Pelican).

Lacan, Jacques ([1953] 1973). »Fonctions et champ de la parole et du langage en psychanalyse«, in: *Ecrits*, Paris (Seuil 1966); deutsch: Funktion und Feld des Sprechens und der Sprache in der Psychoanalyse«, übersetzt von Klaus Laermann, in: *Schriften* 1, Olten/Freiburg im Breisgau (Walter).

Laplanche, Jean ([1970] 1974). *Vie et mort en psychanalyse*, Paris (Flammarion); deutsch: *Leben und Tod in der Psychoanalyse*, übersetzt von Peter Stehlin, Olten und Freiburg im Breisgau (Walter).

Laplanche, Jean und Pontalis, Jean-Bertrand ([1967] 1972). *Vocabulaire de la Psychanalyse*, Paris (PUF); deutsch: *Das Vokabular der Psychoanalyse*, übersetzt von Emma Moersch, Frankfurt am Main (Suhrkamp).

Lautréamont, Comte de ([1868] 1976). »Les chants de Maldoror«, in: *Œuvres Complètes*, Paris (Pléiade); deutsch: *Die Gesänge des Maldoror*, übersetzt von Ré Soupault., München (Matthes & Seitz).

Lavater, Johann Kaspar (1788). *Vermischte unphysiognomische Regeln zur Menschen- und Selbstkenntniß*, o. O.

Lavie, J.-C. (1980). »Servir«, in: *Nouvelle Revue de Psychanalyse* 22.

Leclaire, Serge ([1968] 1971). *Psychanalyser*, Paris (Seuil); deutsch: *Der psychoanalytische Prozeß*, übersetzt von Norbert Haas, Olten und Freiburg im Breisgau (Walter).

Leroi-Gourhan, A. ([1964] 1980). *Le geste et la parole*, Paris (Albin Michel); deutsch: *Hand und Wort*, übersetzt von Michael Bischoff, Frankfurt am Main (Suhrkamp).

Lévi-Strauss, Claude ([1962] 1968). *La pensée sauvage*, Paris (Librairie Plon); deutsch: *Das wilde Denken*, übersetzt von Hans Naumann, Frankfurt am Main (Suhrkamp).

Lévi-Strauss, Claude (1978). *Mythos und Bedeutung*, hg. von Adelbert Reif, Frankfurt am Main (Suhrkamp).

Lewin, Bertram ([1946] 1973). »Sleep, the mouth and the dream screen«, in: *Selected Writings of Bertram Lewin*, New York (Psychoanalytic Quarterly Inc.).

Lorand, S., und Balint, M. (Hg.) (1956). *Perversions, Psychodynamics and Therapy*, New York (Random House).

Macksey, R., und Donato, E. (Hg.) (1970). *The Languages of Criticism and the Sciences of Man: The Structuralist Controversy*, Baltimore (Johns Hopkins University Press).

Mandelstam, Ossip (1986). *Mitternacht in Moskau*, übersetzt von Ralph Dutli, Zürich (Ammann).

Marc, O. (1972). *Psychanalyse de la maison*, Paris (Seuil).

Marcus, I. M., und Francis, J. J. (Hg.) (1975). *Masturbation from Infancy to Senescence*, New York (International Universities Press).

McLuhan, M. ([1962] 1968). *The Gutenberg Galaxy*, Canada (University of Toronto Press); deutsch: *Die Gutenberg-Galaxis*, übersetzt von Max Nänny, Düsseldorf/Wien (Econ).

Meltzer, Donald (1967). *The Psycho-Analytic Process*, London (Heinemann).

Menninger, Karl (1973). *Whatever Became of Sin*, New York (Hawthorn Books).

Merleau-Ponty, Maurice ([1960] 1967). *Signes*, Paris; deutsch (Auswahl): *Das Auge und der Geist*, hg. und übersetzt von H. W. Arndt, Reinbek (Rowohlt).

Milner, Marion (1969). *The Hands of the Living God*, London (Hogarth).

Montaigne, Michel de (1915). *Gesammelte Schriften*. Historisch-kritische Ausgabe, 6 Bde., übersetzt von Johann Joachim Bode, hg. von Otto Flake und Wilhelm Weigand, München/Berlin (Georg Müller).

Montaigne, Michel de (1984). *Essais*, ausgewählt und übersetzt von Herbert Lüthy, 5. Auflage, Zürich (Manesse).

Nietzsche, Friedrich ([1882] 1966). »Der tolle Mensch«, in: *Die fröhliche Wissenschaft*. Werke in drei Bänden, Bd. 2, hg. von Karl Schlechta, München.

Nietzsche, Friedrich ([1889] 1986). *Sämtliche Briefe. Kritische Studienausgabe*, Bd. 8, hg. von Giorgio Colli und Mazzino Montinari, München (dtv).

Olney, J. (1972). *Metaphors of Self*, Princeton, N. J. (Princeton University Press).

Ortega y Gasset, José ([1925] 1978). »La deshumanización del arte«; deutsch: »Die Vertreibung des Menschen aus der Kunst«, übersetzt von Helene Weyl, in: *Gesammelte Werke*, Bd. 2, Stuttgart (DVA).

Passmore, J. (1972). *The Perfectibility of Man*, London (Duckworth).

Podach, Erich F. (1931). *Nietzsches Zusammenbruch*, Heidelberg.

Pontalis, Jean-Bertrand ([1955] 1968). »Michel Leiris ou la psychanalyse sans fin«, in: ders., *Après Freud*, Paris (Gallimard); deutsch: *Nach Freud*, Frankfurt am Main (Suhrkamp).

Pontalis, Jean-Bertrand (1972). »Penetrating the dream«, in: ders. (1977).

Pontalis, Jean-Bertrand (1973). ›Vorwort‹ in: Rousseau, *Les Confessions*, Paris (Gallimard).

Pontalis, Jean-Bertrand (1974), »Dream as an object«, in: *International Revue of Psycho-Analysis* 1.

Pontalis, Jean-Bertrand (1977). *Entre le rêve et la douleur*, Paris (Gallimard).

Pontalis, Jean-Bertrand (1981). »Non, deux fois non: tentative de définition et de démentelement de la ›reaction therapeutique negative‹«, in: *Nouvelle Revue de Psychanalyse* 24.

Pouillon, J. ([1970] 1972). »Doctor and patient: same and/or the other?», in: *The Psychoanalytic Study of Society*, Bd. 5, hg. von W. Muensterberger und Aaron Esman, New York (International Universities Press).

Rickman, John (1951). »Number and human sciences«, in: *Selected Contributions to Psycho-Analysis*, London (Hogarth).

Ricœur, Paul ([1960] 1971). *La symbolique du mal*, Paris; deutsch: *Die Fehlbarkeit des Menschen/Symbolik des Bösen*, übersetzt von M. Otto, Freiburg/München (Alber).

Ricœur, Paul ([1969] 1973-74). *Le Conflit des interpretations*, Paris (Seuil); deutsch: *Hermeneutik und Strukturalismus/Hermeneutik und Psychoanalyse*, 2 Bde., übersetzt von J. Rütsche, München (Fink).

Rilke, Rainer Maria (1987). *Briefe*, hg. vom Rilke-Archiv in Weimar in Verbindung mit Ruth Sieber-Rilke besorgt durch Karl Altheim, Bd. 2, Frankfurt am Main (Insel).

Rimbaud, Arthur ([1873] 1963). *Une saison en enfer*; deutsch: »Eine Zeit in der Hölle«, in: ders., *Sämtliche Dichtungen. Französisch und Deutsch*, übers. von Walther Küchler, Hamburg (Rowohlt).

Rimbaud, Arthur (1964). *Briefe. Dokumente*, übersetzt von Curd Ochwadt, Hamburg (Rowohlt).

Robert, Marthe ([1965] 1967). *La révolution psychanalytique*, Paris (Payot); deutsch: *Die Revolution der Psychoanalyse*, übersetzt von Elisabeth Wiemers und Elisabeth Mahler, Frankfurt am Main (S. Fischer).

Rosolato, Guy (1976). »Le non-dit«, in: *Nouvelle Revue de Psychanalyse* 14.

Rousseau, Jean Jacques ([1762] 1978). »Profession de foi du Vicaire Savoyard«; deutsch: »Glaubensbekenntnis des savoyischen Vikars«, in: ders., *Emil oder über die Erziehung*, übersetzt von Ludwig Schmidts, 4. Auflage, Paderborn (Schöningh).

Rousseau, Jean Jacques ([1782 a] 1959). *Les Confessions*; deutsch: *Bekenntnisse*, übersetzt von Ernst Hardt, Leipzig (Insel).

Rousseau, Jean Jacques ([1782 b] 1978). *Les rêveries du promeneur solitaire*; deutsch: »Träumereien eines einsamen Spaziergängers«, in: ders., *Schriften*, Bd. 2, hg. von Henning Ritter, München (Hanser).

Rycroft, Charles ([1962] 1968 a). »Beyond the reality principle«, in: ders., *Imagination and Reality*, London (Hogarth).
Rycroft, Charles (1968 b). *A Critical Dictionary of Psychoanalysis*, London (Nelson).
Rycroft, Charles (1975). »Freud and the imagination«, in: *The New York Review of Books* 3, April 1975.

Sade, D. A. F., Marquis de ([1775] 1961). »Voyage d'Italie«, in: *Œuvres Complètes*, Paris (Au cercle du livre précieux).
Sainte-Beuve, Charles-Augustin ([1849] 1960). »Étude sur Blaise Pascal«, in: *Œuvres*, Paris (Pléiade).
Sandler, Joseph, C. Dare und A. Holder (1973). *The Patient and the Analyst*, New York (International Universities Press).
Schneiderman, S. (Hg.) (1980). *Returning to Freud: Clinical Psychoanalysis in the School of Lacan*, New Haven (Yale University Press).
Segal, Hanna ([1964] 1983). *Introduction to the Work of Melanie Klein*, London (Hogarth); deutsch: *Melanie Klein – Eine Einführung in ihr Werk*, übersetzt von G. Vorkamp, Frankfurt am Main (S. Fischer).
Sharpe, Ella F. (1930). »Survey of defence mechanisms in general character-traits and in conduct«, in: *International Journal of Psycho-Analysis* 11.
Sharpe, Ella F. (1937). *Dream Analysis*, London (Hogarth).
Sheridan, A. (1980). *Michel Foucault: The Will to Truth*, London (Tavistock).
Smirnoff, V. N. (1977). »Le mot de la fin«, in: *Revue Freudienne* 18.
Smith, J. H. (Hg.) (1978). *Psychoanalysis and Language. Psychiatry and the Humanities*, Bd. 3, New Haven (Yale University Press).
Starobinski, Jean ([1970] 1973). »Hamlet et Œdipe«, in: ders., *L'Oeil vivant*, Bd. 2: *La relation critique*, Paris (Gallimard); deutsch: »Hamlet und Ödipus«, in: ders., *Psychoanalyse und Literatur*, übersetzt von Eckhart Rohloff, Frankfurt am Main (Suhrkamp).
Starobinski, Jean ([1971] 1980). *Les mots sous les mots*, Paris (Gallimard); deutsch: *Wörter unter Wörtern*, übersetzt von Henriette Beese, Frankfurt am Main, Berlin, Wien (Ullstein).
Starobinski, Jean (1971). *Jean-Jacques Rousseau: Le Transparence et l'Obstacle*, Paris (Gallimard).
Szasz, Thomas (1971). *The Manufacture of Madness*, London (Routledge and Kegan Paul).

Toynbee, Alfred (1971). *Surviving the Future*, London (Oxford).
Trilling, Lionel (1955). *Freud and the Crisis of our Culture*, Boston (Beacon Press).

Trilling, Lionel (1967). *Beyond Culture*, London (Peregrine Books).
Trilling, Lionel ([1972] 1980. *Sincerity and Authenticity*, London; deutsch: *Das Ende der Aufrichtigkeit*, übersetzt von Henning Ritter, München (Hanser).
Trombley, S. (1981). *All that Summer She was Mad: Virginia Woolf and Her Doctors*, London (Junction Books).
Tseu, L. (1961). *Le vrai classique du vide parfait*, Paris (Gallimard).

Veith, I. (1970). *Hysteria: The History of a Disease*, Chicago (University of Chicago Press).
Voltaire ([1746] 1970). Brief an Comte de Tressan, in: *Correspondence*, Bd. 10, hg. von T. Bessermann, Genf (Institut et Musée Voltaire).

Wade, I. O. (1971). *The Intellectual Origins of the French Enlightenment*, New Jersey (Princeton University Press).
Winnicott, Donald W. ([1935] 1983). »The manic defence«; deutsch: »Die manische Abwehr«, in: ders. ([1975] 1983).
Winnicott, Donald W. ([1941] 1983). »The observation of infants in a set situation«; deutsch: »Die Beobachtung von Säuglingen in einer vorgegebenen Situation«, in: ebd.
Winnicott, Donald W. ([1945] 1983). »Primitive emotional development«; deutsch: »Die primitive Gefühlsentwicklung«, in: ebd.
Winnicott, Donald W. ([1951] 1983). »Transitional objects and transitional phenomena«; deutsch: »Übergangsobjekte und Übergangsphänomene«, in: ebd.
Winnicott, Donald W. ([1955] 1983). »Clinical varieties of transference«; deutsch: »Klinische Varianten der Übertragung«, in: ebd.
Winnicott, Donald W. ([1956] 1983). »The antisocial tendency«; deutsch: »Die antisoziale Tendenz«, in: ebd.
Winnicott, Donald W. ([1958] 1983). *Through Paediatrics to Psycho-Analysis*, London (Tavistock); deutsch: *Von der Kinderheilkunde zur Psychoanalyse*, übersetzt von Gudrun Theusner-Stampa, Frankfurt am Main (S. Fischer).
Winnicott, Donald W. ([1958] 1984). »The capacity to be alone«; deutsch: »Die Fähigkeit zum Alleinsein«, in: ders. ([1965] 1984).
Winnicott, Donald W. ([1960 a] 1984). »Ego distortion in terms of true and false self«; deutsch: »Ich-Verzerrung in Form des wahren und des falschen Selbst«, in: ebd.
Winnicott, Donald W. ([1960 b] 1984). »The theory of the parent-infant relationship«; deutsch: »Die Theorie von der Beziehung zwischen Mutter und Kind«, in: ebd.

Winnicott, Donald W. ([1962] 1984). »Providing for the child in health and crisis«; deutsch: »Versorgung des Kindes in Gesundheit und Krise«, in: ebd.

Winnicott, Donald W. ([1965] 1984). *The Maturational Processes and the Facilitating Environment*, London (Hogarth); deutsch: *Reifungsprozesse und fördernde Umwelt*, übersetzt von Gudrun Theusner-Stampa, Frankfurt am Main (Fischer).

Winnicott, Donald W. ([1967] 1979). »The location of cultural experience«; deutsch: »Die Lokalisierung des kulturellen Erlebens«, in: ders. ([1967] 1979).

Winnicott, Donald W. ([1969] 1979). »The use of an object and relating through identification«; deutsch: »Objektverwendung und Identifizierung«, in: ebd.

Winnicott, Donald W. (1970). »The mother-infant experience of mutuality«, in: *Parenthood: Its Psychology and Psychopathology*, hg. von E. James Anthony und Therese Benedek, Boston (Little Brown).

Winnicott, Donald W. ([1971 a] 1979). »Dreaming, fantasying and living: a case history describing a primary dissociation«; deutsch: »Träumen, Phantasieren und Leben«, in: ders. ([1967] 1979).

Winnicott, Donald W. ([1971 a] 1979). *Playing and Reality*, London (Tavistock); deutsch: *Vom Spiel zur Kreativität*, übersetzt von Michael Ermann, Stuttgart (Klett-Cotta).

Winnicott, Donald W. ([1971 b] 1973). *Therapeutic Consultations in Child Psychiatry*, London (Hogarth Press); deutsch: *Die therapeutische Arbeit mit Kindern*. Mit einer Einführung von M. Masud R. Khan, übersetzt von Erika Nosbüsch, München (Kindler).

Winnicott, Donald W. (1972 a). »Basis for self in body«, in: *International Journal of Child Psychotherapy* 1.

Winnicott, Donald W. (1972 b). »Mother's madness appearing in the clinical material as an ego-alien factor«, in: *Tactics and Techniques in Psychoanalytic Therapy*, hg. von P. L. Giovacchini, London (Hogarth).

Zetzel, E. R. (1968). »The so-called good hysteric«, in: *The Capacity for Emotional Growth*, New York (International Universities Press).

Namen- und Sachregister

Abrams, M. H. 34
Analytiker
– Container-Funktion 158, 203
– als Ergänzungs-Ich 157
– Funktion des »holding« 158
– Interventionen 249
Auerbach, E. 20, 22
Aulagnier-Spairani, P. 276

Balint, M. 139, 158
Baudelaire, Ch. 36-39, 283
Bion, W. R. 158, 203
Blake, W. 33-36, 76
Böse, das 232, 279-290
– Legitimierung des Bösen 286
Brachliegen 295-305
– Fähigkeit brachzuliegen 303 f.
– Zustand des Brachliegens 299 f.
Braque, G. 73
Breuer, J. 47-49, 129 f.
– Ursprung der Psychoanalyse 130
»Bruchstücke einer Hysterie-Analyse« (Freud) 133
– siehe auch Patienten

Calvin, J. 20
Cassirer, E. 29
Cavendish, R. 282
Charcot, J. M. 44 f., 49
– Patient als Schaustück 45, 77
christliche Kulturen 297
Clark, R. W. 130, 131
Cocktail Party (Eliot) 123 f.
Coleridge, S. T. 35 f.
Concordance (Guttman) 278, 279
Cooper, D. 137

Damon, S. F. 35
Darwin, Ch. 278
Deleuze, G. 156, 170, 171
Denken, Das wilde (Lévi-Strauss) 137
Descartes, R. 23-28
– moralische Grundsätze 24 f.
Dostojewskij, M. 283
Drei Abhandlungen zur Sexualtheorie (Freud) 277
Drogenabhängige
– Träume und Trips 72-74

Eliot, T. S. 14, 27, 103, 123 f.
Ende der Aufrichtigkeit (Trilling) 14
Erinnerungen, Träume, Gedanken (Jung) 172

Fairbairn, W. R. D. 232, 280
Ferenczi, S. 220, 256
Finnegans Wake (Joyce) 60 f.
Fließ, W. 57
Foucault, M. 134-137
Francis, J. J. 276
Freeman, L. 130
Freie Assoziation
– Entdeckung der Methode 51
Freud, A. 180
– emotionale Auslieferung an das Objekt 86
– persönliche »Kartei« 143
Freud, S.
– Abwehrfunktion von Träumen 69

– als Arzt 46
– verborgene Bedeutung der Mitteilungen des Patienten 157
– Bemächtigungstrieb 277 f.
– Gedächtnis, niedergelegt in »Zeichen« 168
– als Hypnotiseur 49-53
– Klage über die Unvollständigkeit einer Analyse 254 f.
– der Patient wird zur Person 42
– über Perversion 276
– Selbstanalyse 43, 56-58
– Über-Ich, veränderte Funktion 248
– Ursprung der Psychoanalyse 130-133
– Urverdrängung 76
– und Wendepunkte der therapeutischen Verantwortung 13-61
– siehe auch Patienten
Freuds Selbstanalyse und die Entdeckung der Psychoanalyse (Anzieu) 131
»Frühe Kindheit, Alleinsein, Wahnsinn« (Khan) 291-293

Gay, P. 12
»Gebrauch und Mißbrauch des Traumes« (Khan) 67 f.
»gegenständliche Entsprechung« (Eliot) 103
Gott, Zurückweisung durch den europäischen Menschen 16
Green, A. 157, 160, 162, 165, 171

Hands of the Living God (Milner) 158, 159 f.
Hartmann, E. von 70
Hartmann, H. 296
Hazard, P. 27
Heimann, P. 157
Hinduistisch-moslemische Kultur 298
Holland, R. 134
Homo sapiens, Definition 128 f.
Hypnose 47, 49-52
Hysterischer Patient 43-45, 47 f., 77-90
– Analysierbarkeit 86
– Dissoziation zwischen sexueller Erfahrung und kreativem Gebrauch der Ichfähigkeiten 78 f.
– Forderung nach sexueller Gratifikation in der klinischen Situation 89 f.
– »genitale« Sexualität in der Pubertät 80 f.
– Ich-Potential 79 f.
– infantile Sexualität 78
– innere Leere 87-90
– als Komplize (Opfer) des Perversen 81
– Mißmut und Groll 79, 85 f.
– Nichtwissen und Nichtwissenwollen 77
– sexuelle Phantasie 80, 81
– symbolische Körpersprache als Ausdruck primitiver Bedürfnisse 83
– Symptome als Kommunikation 83
– Trauma in der Ätiologie 85
– vorzeitige Sexualentwicklung 78
Ich-Herrschaft 276
»Ithaka« (Kavafis) 128

Jones, E. 130, 131, 133, 256
Jung, C. G. 172

Kavafis, K. 128
Khan, M. M. R.
– Freuds Selbstanalyse 58
– Notwendigkeit des Scheiterns 202
– Perversionen 276
– potentielle Bedeutung der Mitteilungen des Patienten 157
– Verschlossenheit 151
– siehe auch Patienten
Kierkegaard, S. 283
Klein, M. 156, 291, 293
Kleinpaul, R. 180
Körperlichkeit 209
Kubisten 300
Künstler als Schöpfer 34

Laplanche, J. 168, 276, 277, 280
Lautréamont, Comte de 42
Lavater, J. K. 34
Leben, Anspruch auf 155
Leere im Kopf 197, 219-221
Lewin, B. 71
Lévi-Strauss, C. 137
Libido 278
»Lokalisierung des kulturellen Erlebens« (Winnicott) 158 f.
Lorand, S. 276
Luther, M. 20

Marcus, I. M. 276
Masochismus 277
Masturbation 276
mechanistische Konzeption 27
Menninger, K. 232, 276, 281
Merleau-Ponty, M. 20
Metaphysical Poets (Eliot) 14, 27
Milner, M. 75, 158, 159 f.
– siehe auch Patienten
Miró, J. 300
Moderne 13-16
Montaigne, M. de 16-22
»Möglichkeitsraum, Geheimnis als« (Khan) 151-153, 155-172

Nietzsche, F. 15, 156 f., 283

östliche Kulturen 297 f.

Patient
– Bedeutung der Krankheit 53 f.
– Grundrechte 54
– Verantwortung für Symptome 54
Patienten
– Anna O. (Breuer) 47-49, 129 f.
– Caroline (Khan) 161-172
– Elisabeth von R. (Freud) 52 f., 132
– Eliza (Winnicott) 75
– Emmy von N. (Freud) 51, 131 f.
– Frau X. (Khan) 64-66
– Jonathan (Khan) 140-153
– Judy (Khan) 91-128, 137 f.
– junge, verheiratete Frau (Khan) 87 f.
– junges Mädchen (Khan) 173-221
– Mann mit verkrüppelter Hand (Khan) 223-275, 284-289
– Susan (Milner) 75, 158, 159 f.
Periode des Zögerns 152
Perversionen 276
– Komplize (Opfer) 81
Pontalis, J.-B. 29, 71, 168, 195, 196, 203, 204, 216, 276, 277, 280
potentieller Raum siehe Möglichkeitsraum
Pouillon, J. 137
Primärprozeß 75

Psychoanalyse
– Theorie und Praxis in der Gegenwart 133 f.
– Ursprünge 129-133

Rickman, J. 179 f., 191
Ricœur, P. 220
Rilke, R. M. 295
Rimbaud, A. 33, 39-41
Robert, M. 131
Romanciers des 19. Jahrhunderts 42
romantische Steigerungen 33-42
Rousseau, J.-J. 28-32
Rycroft, Ch. 280

Sadismus 277
Sainte-Beuve, C. A. 21
Selbst, Abgrenzung gegenüber dem eigenen 54
Sharpe, E. 284
Sich-aufeinander-Beziehen und Beziehung 191 f.
Sprache 128 f.
Sprache, menschliche 128 f.
Starobinski, J. 32, 69
Strachey, J. 256
Surviving the Future (Toynbee) 281
Symptom
– als intrapsychische Mitteilung 52
– Verantwortung des Patienten 54

Teilhard de Chardin, P. 296
Therapeutische Verantwortung, gemeinsam getragene 54, 58
Tics 143 f., 150
Totem und Tabu (Freud) 277 f.
Toynbee, A. 281
»Träumen, Phantasieren und Leben« (Winnicott) 288
Traum
– Abwehrfunktion 69
– Anzeichen für das Unvermögen, im *Traumerleben* und mit ihm zu sein 74
– bizarrer 66
– »guter« 63 f.
– als Königsweg zum Unbewußten 71
– als Objekt 71
Traumdeutung (Freud) 58, 131
Traumerleben 63-76
Traumraum 68
Traumschlaf 70
Traumtext 67-71, 74
– klinischer Gebrauch 71
»Treatment and Rehabilitation of Sexual Offenders« (Fairbairn) 280
Trilling, L. 13, 14, 59

Unbehagen in der Kultur (Freud) 278
Unreife 197
Unterbringung 138, 195 f.

Voltaire 22
Vom Spiel zur Kreativität (Winnicott) 203
Vorhaut-Fetischismus 287

Wade, I. O. 27
Wahnsinn 134-137
Whatever Became of Sin (Menninger) 281
Winnicott, D. W. 75, 151, 158 f., 168, 180, 263
– Konzept der antisozialen Tendenz 83 f., 168

– Erfahrung des wechselseitigen Miteinanders 170
– Gebrauch des Objekts 191
– Holding-Funktion des Analytikers 158
– Management bei Regressions- und Borderline-Fällen 139
– der Mensch als existentielle Einheit 296
– Omnipotenz: des Ichs 278, des Individuums 257
– Periode des Zögerns 152
– Psychotherapie als gemeinsames Spiel 285
– Schnörkelspiel 68, 75, 159, 160, 284
– Unfähigkeit der Mutter zur Anpassung an die Ich-Bedürfnisse 84
– Unreife 197
– Unterbringung 138, 195 f.
– therapeutische Beratungsstunden mit Kindern 186
– Tics 143 f.
– »Träumen, Phantasieren, Leben« 288
– siehe auch Patienten
Witz, Mangel an 216
Wohlfahrtsstaat 297

Zetzel, E. R. 86

210/1/8.92

210/2/8.92

210/3/8.92